대한민국 주식투자
재무제표 · 재무비율 · 투자공식

대한민국 주식투자 재무제표 · 재무비율 · 투자공식

1판 1쇄 발행 | 2013년 12월 16일
4쇄 발행 | 2015년 8월 24일

지 은 이 | 류종현, 최순현
펴 낸 이 | 류종현
펴 낸 곳 | (주)한국주식가치평가원
편   집 | (주)한국주식가치평가원
북디자인 | 신은경

대표전화 | 070-8225-3495
팩   스 | 0504-981-3495
주   소 | (135-821) 서울시 강남구 학동로 311
홈페이지 | www.kisve.co.kr
이 메 일 | customer@kisve.co.kr
출판등록 | 2012년 4월 16일 제2012-000143호

ⓒ2013 By KISVE.Co.Ltd. All right reserved.

ISBN 978-89-969718-5-6 13320
값은 뒤표지에 있습니다.

이 도서의 국립중앙도서관 출판시도서목록(CIP)은 서지정보유통지원시스템 홈페이지(http://seoji.
nl.go.kr)와 국가자료공동목록시스템(http://www.nl.go.kr/kolisnet)에서 이용하실 수 있습니다.
(CIP제어번호: CIP2013023131)

잘못 만들어진 책은 구입하신 서점에서 교환해 드립니다.
이 책에 실린 모든 내용, 디자인, 편집 구성의 저작권은
㈜한국주식가치평가원과 저자에게 있습니다.

THE CONQUEST of FINANCIAL STATEMENTS

대한민국 주식투자 성공시리즈 ❺

현명한 가치투자자를 위한 재무손익·투자 교과서

대한민국 주식투자 재무제표 재무비율 투자공식

류종현 외 주식가치평가사 저

KISVE
한국주식가치평가원

서문

(주)한국주식가치평가원에서는 공부를 통해 주식투자에 성공하려 하는 대한민국의 현명한 주식투자자들을 대상으로 오랜 준비기간을 거쳐 지난 몇 년 간 투자교육을 해오고 있으며, 그에 이어서 투자서적을 저술, 출판해오고 있습니다. 그 중 투자서적 부문에 있어서는 '대한민국 주식투자 저평가우량주', '대한민국 주식투자 산업·업종분석', '대한민국 주식투자 완벽가이드', '대한민국 주식투자 다이어리' 등 대한민국 주식투자 성공시리즈를 저술해오고 있습니다.

흥미 위주의 책이나 자극적인 내용 및 주제를 배제하면서 주식투자를(가치에 따르지 않은 투자는 투기이기 때문에 주식투자와 가치투자는 같다고 생각합니다) 한다면 반드시 읽고 공부해야 하는 책, 실질적인 도움이 될 만한 책을 펴내려고 하다 보니 혹시나 독자들이 재미없어하지는 않을까 하는 우려가 있었습니다. 그러나 다행히 주식투자에 있어서는 확실하고 안정적인 방법으로 투자에 성공하여 돈을 벌려는 열정이 가벼운 흥미에 대한 선호를 넘어서기 때문인지 끊임없이 많은 분들이 여러 권의 책을 차례차례 읽어나가는 등 평가원의 모든 책들이 출간 이래 수많은 투자자들께 인정을 받아온 것 같아 큰 감사와 보람을 느끼고 있습니다.

한편, 지금까지 짐이 되어 왔던 한 가지 주제, 바로 주식투자자로서 첫발을 디디려면 우선 공부해야만 하는 주식투자의 '숫자'에 대한 부분, 재무제표와 재무비율, 가치지표 등 투자공식에 대한 주제를 이번에 드디어 펴내게 되었습니다.

사실 미국에서 사업을 하려면 영어를 공부해야 하고, 컴퓨터 게임을 만들려면 기본적인 프로그래밍을 배워야 하듯이 주식투자를 하기 위해서도 기본적으로 익혀야 할 언어 혹은 공식이라는 것이 있습니다. 우리는 상대방과 여러 가지 대화를 나누고 상대방의 눈과 피부, 혈색을 살펴보면서 상대방이 건강한지 병들었는지, 지적인지 어리석은 편인지, 나이가 들었는지 젊은지 등을 파악할 수 있습니다. 마찬가지로 기업의 현 상황은 어떻고 이익을 잘 내면서 문제없이 성장하고 있는지, 향후 빚을 갚지 못해 큰 문제가 발생할 여지는 없는지 등을 파악하기 위한 개념들, 도구들이 있는 것입니다.

그 중에서 가장 기초적이고 개별적인 개념들이 재무제표 항목(예를 들면 자본잉여금)을 이해하는 것이고, 개별 항목들에 대해 이해하고 나면 기업을 보다 효과적으로 진단하기 위한 비율인 재무손익비율(재무제표 항목 간 비율)을 읽고 해석할 줄 알게 됩니다. 또한 이 기업이 주식시장에서 비싸게 거래되고 있어 향후 주가가 떨어질지 혹은 반대로 싸게 거래되고 있어 향후 주가가 상승할지 등을 판단하는 가치지표를(PEG비율 등) 볼 수 있어야 합니다. 가치지표를 보고 기업이 비싼지 싼지를 읽을 수 있고 또한 가치지표별로 무엇을 기준으로(예를 들면 PSR은 매출액) 접근했는지를 알 수 있어야 합니다. 마지막으로 재무제표, 재무손익비율, 가치지표는 아니지만 주식투자를 하면서 자주 맞닥뜨리게 되는 개념과 공식들(배당수익률 등)도 모두 이해하고 있어야 합니다.

실상 주식투자에 필요한, 나아가서 정통한 가치투자에 필요한 정량적(재무손익 수치) 지식은 그 양이 얼마 되지 않습니다. 현명한 주식투자자들에게 필요한 재무회계지식은 공인회계사들에게 필요한 재무회계지식과는 조금 방향성이 다릅니다. 아주 간략하게 말하자면 회계사들은 더 많은 개념들을 알아야 하고 더 세부적인 항목의 정의와 함께 다양한 측면(재무적, 회계적, 세법적)에서의 응용법을 익혀야 합니다. 하지만 애널리스트, 펀드매니저, 개인투자자 등 주식투자자들은 핵심적인 개념들의 심층적인 의미(투자자 관점에서)를 파악해야 하고 모든 재무제표 항목, 재무손익비율, 가치지표 등의 정보를 '기업의(주로 상장기업) 유지개선, 존속여부'와 '기업가치의 회복, 상승 및 상승속도'와 연관지어서 이해해야 합니다.

즉, 주식투자자들은 주식투자에 가장 최적화된 정량분석능력을 익히는 것이 목표이며 그 목표를 달성하는 과정에서 덤으로 바닥이 단단한(자신의 분석에 의한, 꾸준히 유지가 가능한) 투자수익률을 얻게 됩니다. 그러기 위한 첫 걸음이 바로 이 책에서 설명하는 재무제표 항목, 재무손익비율, 가치지표 및 기타 주요 투자공식들을 읽고 이해하는 것입니다.

물론 현재 대한민국에서 적용되고 있는 K-IFRS에 대한 핵심적인 내용도 본서에서 정리했습니다. 정량분석이 생소한 분들에게는 'K-IFRS가 적용되고 있다'라는 말이 굉장히 껄끄럽고 무겁게 다가올 수 있지만 실상 K-GAAP에서 몇 가지 기준과 원칙만 바꾼 것일 뿐 투자자가 소유하고 있는 기업의 내용을 이해하는 것이 재무제표와 재무손익비율이며 기업의 가치를 평가하는 것이 가치지표인 것에는 전혀 차이가 없습니다. 그러므로 IFRS를 가지고 책 한 권을 따로 내는 것은 별로 어려운 일이 아니나(이전 저서 중 한 권이 IFRS에 대한 책입니다) 회계담당자가 아니면 굳이 IFRS를 주제로 책 한 권 전체를 읽을 필요는 없기에 주식투자자에게 지금 당장 알아야 할 핵심적인 내용들만 별도의 챕터로 본서에서 정리했습니다. 쉽게 말해서 IFRS 챕터를 읽으면 다른 챕터에서 읽은 내용들이 다 뒤집어지고 새로이 익혀야 하는 그런 상황인 것이 아니라 재무제표, 재무비율, 가치지표 등을 모두 읽고 이해한 뒤 현재 적용되는 IFRS와 관련해서 추가적으로 알아야 할 것들은 무엇인지만 이해하면 되는 것입니다.

한편, 이 책의 본문내용을 크게 나누면 1부, 2부~6부, 7부 등 세 부분으로 구분할 수 있습니다.

첫 번째 부분인 1부에서는 재무제표, 재무비율, 투자공식, IFRS 등을 개괄적으로 설명하고 있습니다.

두 번째 부분인 2부~6부에서는 재무제표(재무상태표, 손익계산서, 현금흐름표)의 용어 설명, 재무손익비율(안정성, 수익성, 활동성, 성장성) 공식 및 설명, 가치평가용어 및 공식 설명, 기타 투자용어 및 공식설명, IFRS 핵심정리 등을 서술했습니다.

세 번째 부분인 7부에서는 가치투자 스타일 별로 대표적인 투자대가들(

벤저민 그레이엄과 워렌 버핏, 필립피셔 등)의 입장에서 재무제표와 재무손익비율들 중 어느 부분을 중시하고 중점적으로 검토하는지를 간단히 정리했습니다.

특히 전체 본문 중에서 항목 별로 설명을 하는 방식으로는 대체로 '개념의 정의', '공식', '기본 의미', '구체적인 내용 설명' 및 '심층 코멘트' 등의 필요한 설명들을 구체성과 심도 순으로 서술하여 이해를 돕도록 노력했습니다.

재무제표와 재무손익비율, 가치지표 및 기타 투자공식 등을 모두 종합적으로 배우고자 하지만 그 목적을 쉽고 빠르게 그리고 심도있게 달성하지 못하고 있는 대부분의 주식투자자들께 이 책이 큰 도움이 될 수 있기를 바라고 또 자신있게 기대하고 있습니다. 이 책을 읽는 독자분들의 성공적인 주식투자, 사업경영 및 인수합병, 취업과 창업 등을 위한 재무회계 지식에 큰 성과가 있기를 바라며 성공과 행복, 건강이 항상 함께 하시기를 진심으로 바랍니다.

KISVE(한국주식가치평가원) 대표 류종현

CONTENTS

chapter I 성공투자의 기본, 재무제표와 투자공식 개요
1. 왜 재무제표가 필요한가? — 18
2. 재무제표의 종류 및 특성 — 20
3. 재무제표 항목과 비율 — 25
4. 투자공식이란 무엇인가? — 27
5. IFRS란 무엇이고 어떤 부분이 중요한가? — 29

chapter II 3대 재무제표 및 용어설명
1장. 재무상태표와 용어설명
1. 재무상태표란? — 35
2. 자산 용어 설명 — 37
  - 유동자산
  - 당좌자산
  - 현금 및 현금성자산
  - 단기금융자산
  - 매출채권
  - 재고자산
  - 비유동자산
  - 투자자산
  - 유형자산
  - 무형자산
  - 기타비유동자산

－ 자산총계
　3. 부채 용어 설명　　　　　　　　　　　　　　70
　　　－ 유동부채
　　　－ 매입채무
　　　－ 단기차입금, 단기사채
　　　－ 유동성장기부채
　　　－ 비유동부채
　　　－ 장기차입금, 장기사채
　　　－ 기타비유동부채
　　　－ 부채총계
　4. 자본 용어 설명　　　　　　　　　　　　　　90
　　　－ 자본금
　　　－ 자본잉여금
　　　－ 자본조정
　　　－ 기타포괄손익누계액
　　　－ 이익잉여금
　　　－ 자본총계
　　　－ 지배지분 자본총계

2장. 손익계산서와 용어설명
　1. 손익계산서란?　　　　　　　　　　　　　　112
　2. 손익계산서 항목별 설명　　　　　　　　　　114
　　　－ 매출액

- 매출원가
- 매출총이익
- 판매비와관리비
- 영업이익
- 금융손익
- 이자손익 및 배당금수익
- 외환 및 파생상품관련손익
- 기타 금융손익
- 지분법투자자산 관련손익
- 기타 손익
- 법인세비용차감전순이익
- 법인세비용
- 당기순이익
- 지배지분순이익, 비지배지분순이익
- 기타포괄손익, 총포괄이익

3장. 현금흐름표와 용어설명

1. 현금흐름표란? 153
2. 현금흐름표 항목별 설명 155
   - 영업활동 현금흐름
   - 현금유출이 없는 비용
   - 현금유입이 없는 수익
   - 영업자산·부채변동
   - 투자활동현금흐름
   - 투자활동현금유입액
   - 투자활동현금유출액
   - 재무활동현금흐름
   - 재무활동현금유입액
   - 재무활동현금유출액
   - 현금의증감, 기초의현금, 기말의현금

chapter III 재무손익비율 설명

1장. 재무손익비율이란?
1. 재무손익비율의 의미와 활용   185

2장. 각종 재무손익비율 공식과 설명
1. 안정성 비율   188
   - 부채비율
   - 순부채비율
   - 자기자본비율
   - 유동비율
   - 당좌비율
   - 이자보상비율
2. 수익성 비율   202
   - 매출총이익률
   - 영업이익률
   - 세전계속사업이익률
   - 순이익률
   - ROE
   - ROA
   - ROIC
3. 활동성 비율   221
   - 총자산회전율
   - 유형자산회전율
   - 영업자산회전율
   - 재고자산회전율
   - 매출채권회전율
   - 매입채무회전율
   - 순운전자본회전율

4. 성장성 비율   241
- 매출액증가율
- 영업이익증가율
- 순이익증가율
- 유형자산증가율
- 총자산증가율
- 자기자본증가율

chapter IV 가치평가용어 및 공식 설명

1. 주당가치지표   258
- EPS(주당순이익)
- BPS(주당순자산)
- SPS(주당매출액)
- CPS(주당현금흐름)

2. 가치평가 공식   266
- PER(주가수익비율)
- PBR(주가순자산비율)
- PSR(주가매출액비율)
- PCR(주가현금흐름비율)
- PEG(주가수익성장비율)
- EV/EBIT
- EV/EBITA
- EV/EBITDA
- DDM(배당할인모형)
- DCF(현금흐름할인법)
- RIM(잔여이익모델)

3. 기타 가치평가 용어   294
- 상대가치평가
- 절대가치평가

- 할인율
- WACC(가중평균자본비용)
- CAPM(자본자산가격결정모형)
- 청산가치
- 계속기업가치(존속가치)
- 운전자본
- 자본적지출

chapter V 기타 투자용어 및 공식 설명 317

- 배당성향
- 사내유보율
- 배당률
- 배당수익률
- 유상증자
- 무상증자
- 유상감자
- 무상감자
- 우선주
- 자사주
- CB(전환사채)
- BW(신주인수권부사채)
- 듀퐁방정식

chapter VI IFRS 핵심정리

1장. IFRS란? 334
1. IFRS의 도입
2. IFRS 장점과 한계
3. 연결재무제표와 개별재무제표의 활용도

2장. IFRS로 인한 재무제표 변화   337
  1. 연결재무제표와 연결 범위(재무손익 공통)
  2. 지배지분과 비지배지분 설명(재무손익 공통)
  3. 재무상태표 관련 변화
  4. 포괄손익계산서 관련 변화
  5. 현금흐름표 및 주석 변화

3장. IFRS로 인한 재무상태표 주요 항목 변화   341
  1. 금융자산 항목 변화
  2. 재고자산 항목 변화
  3. 자산재평가 관련 변화
  4. 대손충당금과 상환우선주 항목 변화
  5. 영업권 항목 변화

4장. IFRS로 인한 손익계산서 주요 항목 변화   344
  1. 매출액 이하 손익항목 변화
  2. 매출인식 관련 변화
  3. 환율 관련 실적 변화
  4. 당기손익 항목 변화

5장. 재무손익분석 및 가치평가 관련 변화   346
  1. 재무손익분석 관련 변화
  2. 가치평가(밸류에이션) 관련 변화

chapter Ⅶ 가치투자대가 스타일별 성공투자, 재무분석

  1. 투자대가별 가치투자 스타일   350
  2. 재무제표로 2배 수익내는 법, 저평가 종목 투자   353
  3. 재무제표로 10배 수익내는 법, 스노우볼과 성장주 투자   355
  4. 간단히 정리하는 투자대가별 재무투자비율   358

chapter VIII 부록 - 가치투자체계 육성시스템

1. 재무손익, 기타 투자용어 정리 　　　　　　　　　　　　364
2. 주식투자 체계(격자구조) 및 정통가치투자 공부 　　　　370
3. 실전가치투자 특강 수강증 (한국주식가치평가원) 　　　392

Chapter I

THE CONQUEST OF FINANCIAL STATEMENTS

성공투자의 기본,
재무제표와
투자공식 개요

1
❝ 왜 재무제표가 필요한가? ❞

한 기업의 재무제표는 그 기업의 재무내용을 말해주는 여러 가지 표를 말한다. 좀 더 편한 표현으로 '기업의 언어를 재무제표'라고 말하기도 한다. 그러면 기업의 재무적인 내용을 말해주는 언어인 재무제표가 왜 필요할까.

주식투자자의 투자대상은 바로 증권의 실체에 해당하는 기업의 지분인데 기업 실체의 지분 중 일부를 주식으로 소유하면서 수익을 내는 것이 바로 주식투자이다. 물론 특정 기업의 주식을 통해 수익을 내는 것은 기업가치의 상승분만큼 가져가는 순수한 투자수익과 저평가에 매수하고 고평가에 매도하는 순수한 거래수익의 합산이다. 그런데 기업가치가 비교적 가파르게 상승하는 기업인지를 파악하기 위해서도 재무분석이 필요하고, 지금 기업가치에 비해서 저평가되어 있는지 고평가되어 있는지를 판단하기 위해서도 재무제표를 보는 법과 재무분석을 하는 법이 가장 기본이 된다. 쉽게 말해서 좋은 기업을 골라서 투자수익을 내려고 하건, 싼 기업을 골라서 거래차익을 내려고 하건 재무제표를 보는 것은 필수불가결한 것이다. 그렇다면 투자수익을 내기 위해서 필수불가결한 재무제표는 우리에게 무엇을 이야기해주는가, 아니 재무제표를 보고 우리는 무엇을 알 수 있는가.

재무제표는 기업의 상태와 활동을 알려준다. 재무제표는 특정한 시기의 기업 재무상태(사진을 찍은 것과 같다 하여 '스냅샷'이라고도 함)를 그대로 보여주기도 하고, 일정 기간 동안의 손익흐름(일정 기간에 걸친 흐름으로 '플로우' 개념으로 이해)을 보여주기도 한다. 그러므로 본체 개념의 재무상태(실체가 건강하게 존재하는지)를 파악할 수도, 활동 개념의 손익상태(바람직한 손익활동을 하는지)를 파악할 수도 있는 것이 재무제표이다.

　그러므로 주식투자자가 좋은 기업을 고르고 기업가치에 비해 싸게 매수하기 위해 여러 형태의 재무제표가 필요하며 또한 부실한 기업을 피하고 기업가치에 비해 비싸게 매수하는 것을 방지하기 위해서도 재무제표가 필요한 것이다.

　주식투자자가 수익을 내고 손실을 방지하기 위해서 해석할 수 있어야 하는 기업의 언어가 바로 재무제표로써 주식투자로 성공하기 위한 기본적인 무기인 것이다.

2
" 재무제표의 종류 및 특성 "

재무제표 중 가장 중요한 세 가지를 들자면 재무상태표, 손익계산서, 현금흐름표를 들 수 있다.

첫 번째로 재무상태표는 해당 기업이 자본을 어떻게 조달해서 어떤 자산으로 배분했는가를 보기 위한 표다. 그러므로 기업이 위험하거나 안전한 형태로 자본을 조달했는지, 효율적이거나 비효율적으로 자산을 구성(투자)했는지 등을 파악하기 위해 필수적인 표이다.

우선, 사업 전체에 필요한 돈을 채권자로부터(은행이나 채권투자자 등) 얼마나 조달했는지 보여주는 부채와 투자자들로부터(주주) 조달한 몫과 기업이 경영활동을 통해 벌어들인 몫을 합친 자본총계가 있다. 이 부분에서 주주수익률을 극대화하기 위해서 필요한 부채를 적절히 차입했는지, 기업 안정성을 유지하지 못할 정도로 부채를 너무 과다하게 끌어다 썼는지 등을 검토 및 감시할 수 있다. 좋은 기업은 안정적인 재무구조에 무리가 가지 않을 정도로 적당한 부채를 낮은 금리로 끌어다 쓰면서 주주수익률을 극대화한다.

다음으로 이렇게 조달한 부채와 자본으로 어떤 자산들에 투자했는지를 보여주는 총자산 이하 여러 가지 자산항목들이 있다. 여기서 기업의 자산항목은 개인의 자산항목과 좀 다른 면이 있는데, 기업의 자산항목은 장기적인 투자이건 단기적인 투자이건 간에 기업이 투자한 대상이라는(소비한 대상이 아니라) 것이다.

개인의 경우 오로지 투자 개념만이 아니라 때때로 순수한 소비개념으로 돈을 쓰기도 한다. 예를 들면 순전히 놀러가기 위한 목적으로 레저용 차를 산다든지 남보다 멋져 보이기 위해서 명품백, 명품시계를 사기도 한다. 그러나 기업의 경우 원칙적으로 자본을 쓸 때는 항상 투자 개념만 적용된다. 수십 년에 걸쳐 감가상각되지만 수십 년에 걸쳐 생산활동을 하는 공장, 일 년 단위로 비용처리하지만 향후 신제품 매출의 기본이 되는 연구개발비, 더 많은 수익 더 큰 기업활동을 위한 인력확충(인건비 증액) 등 기업은 항상 더 큰 수익을 내는 데 기여할 자산에 투자하는 것이다. 좋은 기업은 기업이 속한 업종의 특징, 산업수명주기(성장, 성숙 등) 등을 고려하여 가장 많은 수익을 올려줄 수 있는 형태의 자산에 집중적으로 투자한다.

재무상태표 상의 자산항목들이 원인에 해당한다면 결과에 해당되는 것은 무엇일까? 바로 수익창출을 위해 구비한 각종 자산들이 창출하는 수익과 비용 등 손익활동이 결과라고 할 수 있다.

그런 손익계산서를 다음으로 살펴보면, 손익계산서는 일정 기간에 걸쳐서 기업의 각종 수익과 비용을 보여주는 표이다. 영업활동을 통해 벌어들인 총수익에 해당하는 매출액, 재료비와 일부 감가상각비 등 제조원가(매출원가)를 차감한 매출총이익, 판매와 관리에 쓰인 비용(판매관리비), 판매관리비를 차감한 영업이익, 영업외적으로 수익비용을 가감한 영업외손익, 법인세와 당기순이익에 이르기까지 여러 단계의 수익과 비용을 볼 수 있다.

손익계산서를 좀 더 입체적으로 보는 법은 영업관련 손익과 비영업관련 손익을 나누어 보는 것인데 자세한 항목은 이후 재무제표 항목들을 설명한 본문에서 살펴보는 것으로 하고 일단 간단히 정리해보자.

손익계산서의 수익과 비용은 모두 같은 차원의 것이 아니다. 가장 근본적인 것에 해당하는 영업차원의 손익과 비영업 부문이지만 지속성과 반복성을 보여주는 손익 그리고 비영업 부문이면서 일회적인 손익 등 성격상 크게 세 가지로 나눌 수 있다. 예를 들면 영업차원 손익은 매출액과 매출총이익(매출원가를 차감), 판매관리비와 영업이익 등으로 볼 수 있고, 비영업 부문이지만 지속성과 반복성을 보여주는 손익은 크게 이자손익과 지분법손익, 비영업 부문이면서 일회적인 손익은 외환이나 파생상품, 각종 자산의 평가나 처분과 관련된 손익으로 볼 수 있다.

어쨌든 어떤 기업의 영업부문 실적이 좋은 이유가 매출액 증가에 있는지 매출원가나 판매관리비의 유지 및 감소에 있는지를 확인하거나, 영업부문은 상황이 좋은데 영업외적인 측면에서 어떤 항목이 기업의 수익성을 개선시키거나 갉아먹고 있는지 등을 분석할 수 있는 표가 바로 손익계산서이다.

재무상태표가 기업이 망하지 않을 안정성을 주로 검토하기 위한 재무제표라면, 손익계산서는 기업이 수익활동을 잘 해왔는지를 검토하기 위한 재무제표라고 할 수 있다.

그러므로 채권자에게 있어 손익계산서는 재무상태표보다 중요하지 않을 수 있으나, 투자자에게 있어서 손익계산서는 그 무엇보다도 중요한 재무제표이다. 주식투자라는 것이 근본적으로 기업가치가 상승할 것을 기대하면서 주가 역시 그만큼 혹은 그보다 더욱 상승하기를 기대하는 것이기 때문에 기업가치 상승이 매우 중요하다. 그리고 기업은 수익활동을 지속적으로 하는 법인격체로, 가만히 있으면서 거래가격만 변동하는 금괴나 원유와는 전혀 다른 그보다 우월한 가치상승률을 지닌다. 결국 주식투자자들은 기업의 수익성과 수익 자체가 증가하는 성장성 등을 확인할 수 있는 손익계산서를 가장 가까이 하고 깊이있게 읽을 수 있어야 한다.

마지막으로 현금흐름표라는 재무보고서가 또한 중요하다. 현금흐름표는 일정 기간 동안의 흐름(플로우)을 검토한다는 측면에서 손익계산서와 공통점이 있지만 한 가지 결정적인 차이점이 있다. 바로 손익계산서는 발생주의 회계를 따르는 데 반해 현금흐름표는 현금주의 회계를 따르기 때문이다.

발생주의 회계란 제품과 서비스를 공급하고 금전적 대가를 받는 실제 시점에 관계없이 어느 기간의 손익에 해당되는지를 명확히 구분하여 그 기간(대개 분기나 연 단위)의 손익으로 처리하는 방법이다. 반복적으로 거래가 계속되는 기업의 활동을 기간별로 구분하여 기간별 손익을 명확하게 산정하기 위해서는 현금주의 회계로는 재무적인 결과를 해석하거나 활용함에 있어서 부적당한 측면이 있기 때문에, 외상거래일지라도 돈을 받았다고 발생주의 회계로 인식하는 것이다.

반면에 현금주의 회계에 따르면 제품이나 서비스의 인수인도시점이 중요한 것이 아니라 현금을 주고받은 시점만이 기준이 된다. 그러므로 현금흐름표는 외상매출이 현금흐름 수익으로 잡히지 않는 등 수익 비용 대응원칙에 위배되고 추세분석이 용이하지 않아 주식투자에 있어서 손익계산서보다는 덜 활용되는 편이다.

그럼에도 불구하고 현금흐름표를 반드시 활용해야만 하는 이유가 있는데, 현금흐름표는 손익계산서에 비해서 조작하기가 어렵기 때문이다. 장부상으로 수익이 났다 하더라도 실제 현금수입이 없는 경우가 있다. 간혹 당기순이익이 꾸준히 흑자인 것처럼 보이는 기업이 실제로는 분식회계로 이익을 조작했음이 드러나서 상장폐지가 되는 경우가 있는데, 현금흐름표를 검토하면 이런 기업도 사전에 걸러낼 수가 있다.
　꼭 상장폐지 혹은 흑자도산 같은 무시무시한 이야기를 거론하지 않더라도 장부상 손익 혹은 일상적인 외상거래를 포함한 손익 뿐 아니라 실제 현금의 움직임을 파악하는 것이 기업활동을 이해하는 데 많은 도움이 된다.
　현금흐름표는 영업활동 현금흐름, 투자활동 현금흐름, 재무활동 현금흐름 등으로 나뉜다. 항목별 내용은 추후 본문에서 자세히 설명하느니만큼 각 부문별 핵심을 이야기하자면, 우선 영업활동 현금흐름은 말 그대로 주로 영업활동을 통해서 실제로 현금을 얼마나 벌었는지(혹은 잃었는지)를 나타내며 손익계산서의 당기순이익과 비교할 수 있다. 투자활동 현금흐름은 기업이 예금 및 투자상품, 유형자산 등에 실제로 현금을 얼마나 지출했고, 처분을 통해 얼마나 현금을 회수했는지를 나타내고, 재무활동 현금흐름은 기업이 부채나 자본을 증가시키면서 현금을 조달했는지 혹은 부채를 갚아나가면서 현금을 지출했는지를 보여준다.

　전체적으로 재무상태표를 보면서 해당 기업의 재무구조 안정성과(자본조달 경로) 자산배분전략(어떤 자산을 확대) 등을 알 수 있고, 구비한 자산들을 활용하여 얼마나 손익을 냈는지를 손익계산서를 보고 판단할 수 있고, 실제 영업활동을 통한 현금유입과 기타 중요 현금유출입이 어떠했는지 현금흐름표를 보고 알 수 있다.
　이 세 가지 재무제표의 항목을 보고 이해할 수 있고 일부 중요한 항목들을 연결한 재무비율을 이해하게 되면 중요한 기업언어를 알고 있다고 자신해도 좋다.

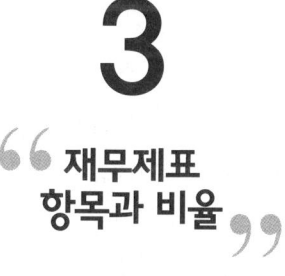

3
재무제표 항목과 비율

　기업의 재무적인 정보를 투자자의 입장에서 중요한 것 위주로 빨리 보는 방법에는 두 가지가 있다. 중요한 재무제표 항목들 위주로 최근 기말의 수치와 이전의 수치들을 비교하면서 볼 수도 있고, 특정 재무제표 항목들을 결합한 재무비율을 중심으로 최근 수치와 이전의 수치들을 비교할 수도 있다.

　재무제표 항목이란 매출액, 영업이익, 부채 등 개별 항목을 말하는 것이며, 재무비율이란 재무제표의 특정한 두 항목을 대비하여 구한 값으로 예를 들면 매출액영업이익률(영업이익 나누기 매출액, %)을 들 수 있다.

　가장 투자자에게 사랑받고 자주 쓰이는 재무제표 항목들은 손익계산서의 매출액, 매출총이익, 판관비와 영업이익, 순이익 등이 있고 재무상태표 항목들은 총자산, 현금 및 현금성자산, 유무형자산, 부채총계, 유동부채, 자본총계 등이 있다.

　최근 기말의 매출액이 3300억, 영업이익이 330억인 기업의 이전 기말 매출액이 3000억, 영업이익이 150억이었다면, 해당 기업은 1년간 매출액이 300억 늘고 영업이익이 180억 늘었다고 말할 수 있다.

　하지만 재무비율로 표현하자면 1년 동안 매출액 영업이익률이

5%(150억÷3000억)에서 10%(330억÷3300억)로 상승했다고 말할 수 있으며, 매출액 성장률은 10%(3300억÷3000억-1)라고 할 수 있다.

  재무제표의 다양한 항목들이 결합된 재무비율들은 크게 안정성, 수익성, 활동성, 성장성 등으로 구분된다.

  베테랑 투자자들은 중요 재무제표 항목들 위주로 훑어보거나 핵심적인 재무비율들 위주로 기업의 상태를 파악할 수 있다.

4
"투자공식이란 무엇인가?"

투자공식이란 수학공식과 같이 성공적인 투자를 위한 일종의 공식을 의미한다. 확실하게 성공하기 위한 투자공식이란 사실 복합적인 것으로 증권시장 평가를 통한 주식비중 결정, 저평가된 우량기업들에 대한 분산투자, 시장등락에 따른 비중조절 등을 통해 누적수익률을 극대화하는 것이다.

다만 주식투자자가 우선 용어상으로 익혀야 할 투자공식은 크게 세 가지로 나눌 수 있다. 주당 가치지표와 가치평가 공식 그리고 기타 가치평가 용어가 적당한 분류이다.

첫 번째로 주식투자의 성공이 싸게 사서 비싸게 파는 가장 기본적인 전략에서 시작한다면 '무엇'에 비해서 주가가 싸다고 말하는 그 '무엇'을 우선 알아야 할 것인데, 주가와 비교되는 주당 수치 즉 '주당 가치지표'를 들 수 있다. 예를 들면 시가총액이 매출액(sales) 대비 몇 배 정도로 지금 주가가 싸다 혹은 비싸다고 판단하는 것을, 일반적으로 투자자들이 쉽게 이해하는 주가(시가총액을 주식수로 나눈 수치)와 주당매출액(SPS, sales per stock)을 비교함으로써 판단하는 것이다.

두 번째로 주당순이익, 주당매출액 등의 단순한 주당 가치지표를 이해했다면, 주가수익비율(혹 주가수익배수, PER), 주가순자산비율

(PBR) 등 본격적인 가치평가 공식을 이해하고 활용하면 된다.

물론 가치평가 공식에는 주당순이익(혹은 당기순이익)과 주가(혹은 시가총액)를 비교하는 PER 같이 개념 자체는 쉽고 간단한 공식도 있는가 하면, 잔여이익모델(RIM)같이 개념들이나 공식 자체가 몇 단계의 이해와 체계적인 이론을 요구하는 가치평가 공식들도 있다.

마지막으로 직접적인 투자공식은 아니지만 투자공식을 잘 이해하고 활용하기 위해서 반드시 선행적으로 이해해야 할 개념들인 '기타 가치평가' 용어들이 있는데 할인율, 청산가치 등 다양한 가치평가 개념들을 포함한다.

5
"IFRS란 무엇이고 어떤 부분이 중요한가?"

    IFRS는 유럽식 국제회계기준으로 큰 골자를 그대로 하여 K-IFRS라는 이름으로 국내에 이미 도입되었다.

    IFRS의 아주 큰 특징을 말하자면, 주주보다는 기업활동 중심의 회계기준이며, 국가 별로 상이한 회계기준을 통일하고자 하는 회계기준이기도 하고, 우리나라가 이전에 사용한 K-GAAP과는 달리 연결기준이 부각된다는 점이다.

    IFRS의 각 특징에 대한 자세한 설명과 재무제표 항목이나 재무비율, 가치평가에 있어서 IFRS를 어떻게 적용할 것인지 등은 본문에서 다루도록 하되, 여기서는 중점사항을 간단히 정리하고 이해하자.

    유럽식 IFRS 원칙들을 우리나라에 그대로 적용할 경우 주주 즉 투자자가 정보를 다소 알기 어려운 문제점들이 있어, 주주 중심의 정보를 알 수 있도록 지금까지 상당히 수정, 혹은 병기(이전 기준과 신 기준을 동시에 기재)를 거쳐서 문제점을 극복해 왔으며, 보다 장기적으로는 국제적으로 유럽식 IFRS와 미국식 GAAP이 논의과정과 절충을 통해서 통합될 가능성도 있어 보인다. 즉, 자잘한 내용의 조항들은 향후에 다시 한 번 세계적인 통합과정에서 수정될 여지가 있다는 것이다.

그럼에도 불구하고 현재 국내에서 적용되고 있는 IFRS 회계기준의 최고 중점사항을 우선 말하자면, 유럽식 IFRS 회계주의 자체의 의도 등에 상관없이, 주주가 실질적으로 소유하고 있는(주주에게 귀속되는) 몫을 계산하는 것이 여전히 주식투자자들에게 가장 중요하다는 점이다.

모기업(자회사를 소유한 기업)이 자회사의 지분을 50% 가지고 있어 실질적으로 지배하고 있다고 할지라도, 자회사가 일으키는 매출의 50%, 자회사가 벌어들이는 당기순이익의 50%만이 모기업의 몫이라는 것은 GAAP과 IFRS를 떠나서 수학적 진리이고 당연하고 논리적인 결과이다. 그러므로 IFRS 연결재무제표에서 모기업이 50% 이상 소유한 자회사를 종속회사(모기업이 실질적으로 지배하는 자회사)라고 부르면서 종속회사의 매출액 100%와 당기순이익 100%를 모기업의 매출과 이익에 그대로 합친 수치는(기업집단 규모를 파악하는 효과는 크지만), 주식투자자에게는 별 의미가 없다.

결국 IFRS로 인해 재무제표 항목들을 어떻게 표기하게 되었는지 이해한 후에는 모기업만의 몫과 모기업이 소유한 자회사들의 지분율 만큼의 몫을 합한 '지배지분'이라는 개념에 주목하기만 하면 된다.

주주에게 귀속되는 몫, 즉 투자자가 신경 써야 할 투자대상 기업의 실적과 가치 등 모든 투자지표는 모기업이 자회사들에 대해서 소유하지 않은 지분율은 제거한, '지배지분 기준'으로 계산을 하면 완벽하게 해결된다.

기본적으로 IFRS는 기업활동 중심이며, 국제적으로 통일하기 위한 목적이고, 연결 중심의 회계기준이다. 주식투자자들의 경우 IFRS를 이해한 후 지배지분에 중점을 두면 된다는 것만 여기서 이해하고, 이후 본문에서 보다 구체적이고 자세한 설명을 참조하자.

한편, 지금까지 재무제표가 왜 주식투자자들에게 필요하며, 주요 재무제표인 재무상태표와 손익계산서 및 현금흐름표가 기업에 대해서 어떤 것을 말해주는지, 또한 재무제표 개별항목과 재무비율의 차이는 무엇인지를 개략 알아보았다.

그리고 이런 재무지식을 활용하여 직접 투자하기 위한 투자공식이 무엇인지도 감을 잡았으며, IFRS로 인해서 무엇을 유의해야 하는지도 이해했다.

자, 이제 재무제표 및 재무항목, 재무비율과 가치평가용어, 기타 투자공식 및 IFRS 등에 이르기까지 구체적이고 심층적인 내용을 다음 장부터 본격적으로 알아나가자. 또한 모든 개념들과 공식들을 이해한 다음에는 주식투자대가들이 중시하는 재무투자특성을 참조하여 자신만의 재무투자비율 리스트를 만들고 응용해도 좋을 것이다.

Chapter II

THE CONQUEST OF FINANCIAL STATEMENTS

3대 재무제표 및 용어설명

1

" 재무상태표와 용어설명 "

1. 재무상태표란?
2. 자산 용어 설명
3. 부채 용어 설명
4. 자본 용어 설명

1. 재무상태표란?

재무상태표는 얼마만큼의 자본을 어떻게 조달해서(부채, 자본) 영업과 경영을 위해서 어떤 자산을 구축했는지(자산) 그리고 총 보유자산(자산)에서 각종 부채를 상환했을 경우 주주에게 돌아갈 몫이 얼마나 되는지(자본) 등을 파악하기 위한 재무제표이다.

즉, 재무상태표의 핵심은 자산과 부채 그리고 자본으로 이루어진 재무적 특성이며, 세부적으로는 자산, 부채 및 자본의 내용(세부 재무제표 항목)인 것이다.

예를 들어, 특정 기업이 사업을 영위하기 위해서 공장과 본사 등 유형자산과 재고자산, 영업에 쓸 기본적인 현금 등 총 필요자본이 1000억 원이라고 하자. 자기자본 600억 원이 있을 경우 은행, 채권자 등으로부터 나머지 400억 원을 빌려서 1000억 원을 모으는 것이 바로 자본조달이다. 조달된 1000억 원으로 영업과 사업에 필요한 여러 가지 자산에 투자하는 과정을 거쳐서 자산항목별 금액이 결정되는 것이다.

세부적으로는 기업이 소유한 자산의 유동성에 따라 유동자산과 비유동자산으로 나눌 수 있으며, 자산의 항목 별로 기업의 영업 및 사업활동에 기여도 차이가 나기도 한다. 기업이 빌린 부채 역시 유동부채와 비유동부채로 나뉘며, 부채의 성격에 따라서 나쁜 부채와 좋은 부채로 달리 판단할 수 있다. 또한 자산에서 부채를 차감한 수치가 주주의 몫인 자본으로써 바람직한 형태로 자본이 증가했는지 검토가 필요할 때도 있다. 자세한 것은 재무상태표의 개별 항목 설명을 통해 잘 이해할 수 있을 것이다.

  결론적으로 주식투자자에게는 기업의 재무구조와 안정성 등의 내용을 파악할 수 있는 재무제표가 바로 재무상태표인 것이다. 그러므로 재무상태표는 주식투자자에게 있어서 사업의 성과 및 성장 기대감이 좋아서 주가가 오를 종목을 찾기 이전에, 최소한의 안전망(기업의 안정성)을 구축하기 위한 정보의 보고이다.

  한편, 손익계산서가 주식투자자들의 영원한 로맨스 대상인 것과 마찬가지로, 재무상태표는 채권투자자들의 영원한 로맨스 대상이며 재무제표 중에서 1순위 점검후보라고 할 수 있다.

2. 자산 용어 설명

유동자산

유동자산	유동부채
당좌자산	매입채무
현금 및 현금성자산	단기차입금
단기금융자산	단기사채
매출채권	유동성장기부채
재고자산	**비유동부채**
비유동자산	장기차입금
투자자산	장기사채
유형자산	기타비유동부채
무형자산	
기타비유동자산	

부채총계

자본금
자본잉여금
자본조정
기타포괄손익누계액
이익잉여금

자본총계
지배지분자본총계

자산총계

chapter2_ 1. 재무상태표와 용어설명

1. 개념 정의

유동자산은 1년 또는 해당 기업의 정상영업주기 기간 내에 현금화되거나 소비될 자산을 말한다. 정상영업주기란 원재료를 구매한 후 그것으로 제품을 만들고, 제품 판매 후 판매대금을 현금으로 수취하기까지의 기간을 말하며, 일반적으로 1년 이내이다.

2. 기본 의미

유동자산은 크게 당좌자산과 재고자산으로 나뉜다. 당좌자산은 당장 현금으로 바꿀 수 있는 자산을 말하며, 주요 계정과목으로는 현금 및 현금성자산, 매출채권 등이 있다. 재고자산은 생산이나 판매를 통해 현금화가 될 자산으로 제품, 상품 등이 속한다.

3. 내용 설명

유동자산은 빠른 시일(통상적으로 1년) 내에 현금화가 될 자산을 말하므로 기업의 유동성을 평가하는 중요한 잣대가 된다. 기업에 유동자산이 부족하면 유동성 위기에 빠질 수 있고 심하면 흑자부도로 기업이 사라지는 경우도 생긴다. 따라서 기업이 단기적인 채무를 변제할 수 있는지 가늠하려면 유동자산(혹은 유동비율)을 봐야 한다.

유동자산의 순환경로를 살펴보면 기업이 돈을 벌어들이는 과정을 알 수 있다. 기업은 제품(재고자산)을 만들어서 외상으로 팔고(매출채권) 후에 외상금(현금)을 받는다. 받은 외상금(현금)으로 원재료(재고자산)를 사서 다시 제품(재고자산)을 만든다. 기업은 이 같은 과정을 반복함으로써 수익을 창출하는 것이다. 따라서 재고자산, 매출채권, 현금의 순환을 통해 기업 영업과정을 이해할 수 있다.

한국주식가치평가원 심층코멘트

 주택연금에 들지 않는 이상 한 채 가진 집은 수익을 창출하는 수익형 자산이 아니며, 반면에 임대수익형 부동산의 최대 가치는 현금흐름 창출이다.
 상장기업은 위와 같은 논리가 가장 극대화된 전형적인 수익형 투자대상이다. 계속기업으로서 돈을 벌기 위해서 기업은 자산을 구축하며, 이 중 장기적으로 수익을 내기 위해 근본적으로 구축하는 자산이 비유동자산, 직접적인 현금 혹은 현금의 전 단계에 있는 자산이 유동자산이다.
 비유동자산은 연도별 혹은 분기별로 금액이 급등락하지 않고 중장기적으로 전략적인 변화를(대체로 증가) 보이지만 유동자산은 업황이 좋고 나쁘고에 따라서 수치 변화 사이클을 겪으므로 잘 살펴보면 업황파악에 도움이 된다. 관련 중요 비율로 유동비율이 있다.

당좌자산

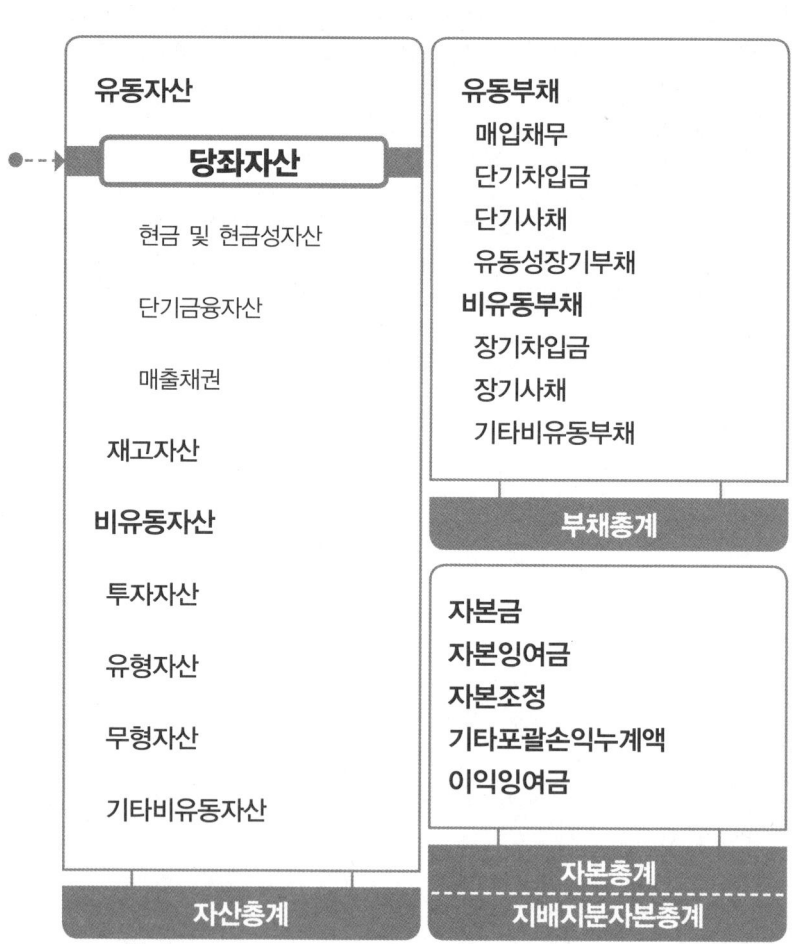

1. 개념 정의

당좌자산이란 1년 이내에 현금화가 될 자산(유동자산) 중 별도의 판매과정 없이 바로 현금으로 전환될 수 있는 자산을 말한다.

2. 기본 의미

당좌자산의 주요 계정과목으로는 현금 및 현금성자산, 단기금융자산, 매출채권, 미수금, 미수수익, 선급금, 선급비용 등이 있다.

3. 내용 설명

유동자산은 당좌자산과 재고자산으로 나뉘는데, 당좌자산과 재고자산의 차이는 현금화 단계이다. 당좌자산은 판매과정 없이 바로 현금화가 되므로 유동성이 높지만 재고자산은 판매를 통한 현금화가 반드시 필요하기 때문에 당좌자산에 비해 상대적으로 유동성이 낮다. 따라서 당좌자산만을 따로 떼어낸 당좌비율로 기업의 유동성을 체크할 수도 있다.

당좌자산의 주요 계정과목은 현금 및 현금성자산, 단기금융자산, 매출채권 등이며, 주요 항목의 내용은 따로 설명한다.

기타 당좌자산에 속한 항목으로 미수금과 미수수익은 기업의 주 상거래와 관련되지 않은 기타 거래에서 외상으로 판매할 때 발생하는 자산 항목이다. 선급금과 선급비용은 미리 대금을 선납하였으나 아직 상품, 제품, 서비스 등을 받지 못한 경우 발생하는 자산(받을권리) 과목이다.

한국주식가치평가원 심층코멘트

당좌자산은 유동자산 중에서 재고자산을 제외한 현금 및 현금성자산, 단기금융자산 및 매출채권 등을 주로 말한다. 세 주요 항목들 중 매출채권의 비율이 과도하게 높아지는 경우를 제외하면, 총자산 중 당좌자산 비율 자체가 추세적으로 상당히 증가하는 기업의 경우, 수익회수기에 접어들었으며 뚜렷한 투자기회가 보이지 않음을 의미한다.

반대로 매출채권의 비율이 과도하게 낮아지는 경우를 제외하면, 총자산 중 당좌자산 비율 자체가 추세적으로 상당히 하락하는 기업의 경우, 업황부진으로 현금이 잘 회수되지 않거나 돈이 나가야 할 부문이 많기 때문에 현금이 회수되는 속도보다 지출되는 속도가 더 빠르다는 것을 말한다.

현금 및 현금성자산

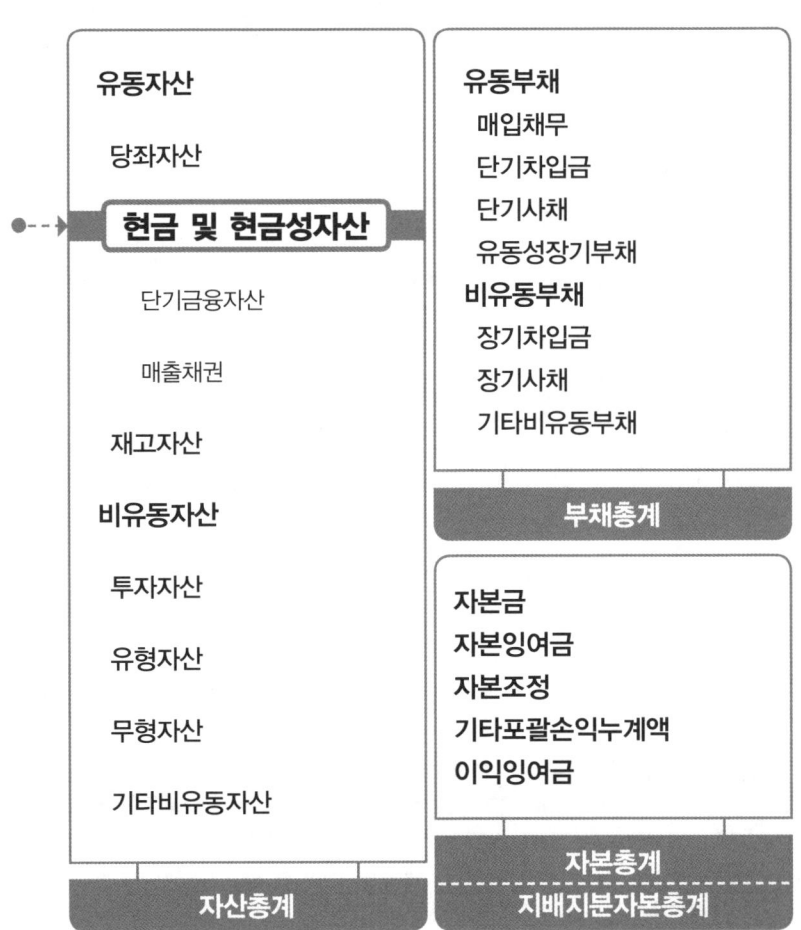

1. 개념 정의

현금 및 현금성자산은 이름에서 알 수 있듯이 현금과 현금성자산으로 나뉜다. 현금에는 동전, 지폐, 타인발행수표, 당좌예금, 보통예금 등이 있고, 현금성자산에는 3개월 이내에 만기가 도래하는 CD,

CMA, 채권 등이 포함된다.

2. 기본 의미

현금 및 현금성자산은 가장 현금화가 쉬운 자산이다. 현금은 그 자체가 현금이고, 현금성자산은 3개월 이내에 현금화가 될 가능성이 높다. 따라서 일반적으로 재무상태표에서 가장 위쪽에 위치한다.

3. 내용 설명

현금과 현금성자산은 따로 구분할 필요 없이 그냥 현금이라고 생각하면 쉽다. 기업은 이러한 현금으로 공장을 짓고, 기계장치를 구축하고, 원재료를 사고, 제품을 만든다. 만들어진 제품은 시장에서 팔려 더 많은 현금으로 회수된다. 이와 같은 사이클을 통해 기업은 현재의 현금으로 미래의 더 많은 현금을 벌어들이는 것이다.

이 사이클이 올바르게 작동한다면 기업에 현금이 쌓이고 그것으로 재투자를 하게 된다. 하지만 올바르게 작동하지 못한다면 현금이 부족하게 되고, 모자란 현금을 보충하기 위해 주식이나 채권을 발행한다. 이 때 주식발행은 장기적 혹은 일시적으로 주주가치를 훼손시키고, 과도한 사채발행은 기업의 재무안전성을 떨어뜨린다. 따라서 투자자는 과거에 해당 기업이 주식이나 채권을 발행해 현금을 얼마나 보충해 왔는지 검토해 보아야 한다.

한국주식가치평가원 심층코멘트

　현금 및 현금성자산(이하 '현금') 항목은 너무 적어도 문제지만 너무 많아도 문제이다. 기업운영에는 돈이 들어가는데 현금이 모자라면 바람직하지 않은 것은 당연지사이지만 현금이 너무 많아도 문제가 되는 것은 무슨 이유일까?

　그것은 주식투자 행위가 예금이나 국채 등 안전자산보다는 높은 투자수익률을 바라고 하는 것이기 때문이다. 기업이 소유한 현금과 예금자산의 형태는 예금수익률을 초과할 수 없는데, 기업(주식)의 리스크는 예금상품보다 훨씬 높다. 그러므로 어떤 기업의 자산 중 현금성 자산의 비율 자체가 점점 커지게 되면 기업 전체의 수익률이 낮아지게 된다.

　이론적으로 현금 덩어리의 기업을 생각하면 자본을 투자한 대가인 자본수익률이 0%가 되는 것으로 그 기업은 주식으로서의 존재가치가 없다.

　적정한 현금비율이라는 것은 딱히 정해진 바는 없으나, 기업 별로 영업활동과 기업운영에 필요한 일정 수준의 현금규모를 유지하는 편이 좋으며, 사업상 가장 유리한 투자대상을 찾기 전에 몇 년 정도는 현금이 쌓이다가 투자를 집행한 직후에 현금이 소진되고, 또 몇 년 동안 현금을 쌓은 후 투자에 사용하는 바람직한 사이클이 좋다. 특별히 투자할만한 매력적인 대상이 떠오르지 않을 경우 경영진이 적극적으로 자사주를 매입하거나 주주에게 배당을 함으로써 기업의 자본수익률 저하를 막을 수 있다.

　한 기업의 현금성 자산을 과거 8년 정도(적어도 5년 이상) 살펴보면, 업황의 변동이나 투자전략의 결과로써 대략적인 현금성 자산의 증감패턴을 파악할 수 있다.

단기금융자산

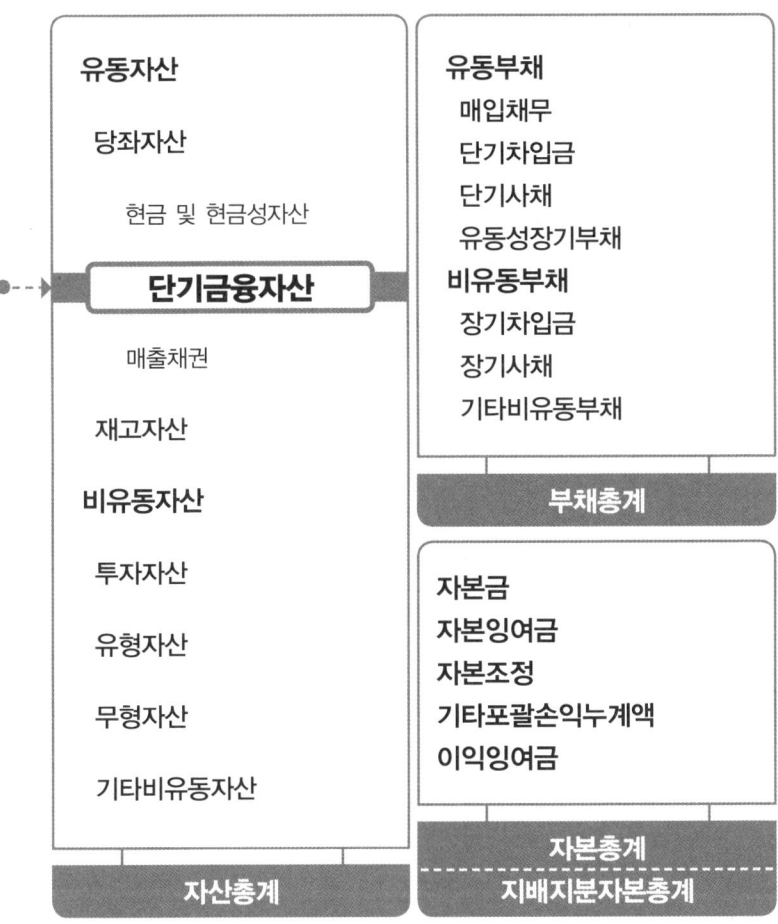

1. 개념 정의

단기금융자산이란 투자한 자금을 단기에 수취하게 되는 금융자산을 말한다.

2. 기본 의미

단기금융자산에는 단기에 만기가 도래하는 단기금융상품, 단기에 상환받기로 되어 있는 단기대여금, 단기에 팔아치울 목적으로 보유하고 있는 단기매매증권 등이 있다. 여기서 단기란 보통 1년 이내를 말한다.

3. 내용 설명

단기금융자산은 금융자산에 속한다. 그런데 금융자산에 관한 내용은 IFRS가 도입되면서 변화한 항목 중 하나이다. 기존 GAAP 기준에서는 '유가증권'을 단기매매증권, 매도가능증권, 만기보유증권, 지분법적용투자주식으로 분류하고, 금융기관과의 거래로 인한 단기금융상품, 장기금융상품 등이 '금융자산'의 세부 계정과목이었다.

그러나 IFRS 에서는 금융자산을 대여금 및 수취채권, 당기손익인식금융자산, 매도가능금융자산, 만기보유금융자산 등 네 가지 항목으로 나누면서 매출채권과 지분법투자자산은 재무상태표에 따로 표기하게 하고 있다.

하지만 재무상태표에 기재하는 항목의 방식은 IFRS 방식과 GAAP 방식 중에서 기업의 자율에 맡기고 있으며, 따라서 단기금융자산 항목의 경우 IFRS 이후에도 GAAP 기준의 내용과 크게 다를 것이 없다. 단기금융자산은 단기금융상품, 단기대여금, 단기매매증권 등으로 나눌 수 있다.

한국주식가치평가원 심층코멘트

　현금 및 현금성자산(이하 '현금') 항목은 너무 적어도 문제지만 너무 많아도 문제라고 했는데, 이는 단기금융자산도 마찬가지이다. 현금과 단기금융자산의 유일한 차이는 남는 현금을 현금 그대로 가지고 있느냐 단기금융상품이나 단기매매증권의 형태로 가지고 있느냐의 차이일 뿐이다.

　한 기업의 현금성 자산과 단기금융자산을 합한 금액을 과거 8년 정도(적어도 5년 이상) 살펴보면, 업황의 변동이나 투자전략의 결과로써 대략적인 현금성 자산의 증감패턴을 파악할 수 있다.

매출채권

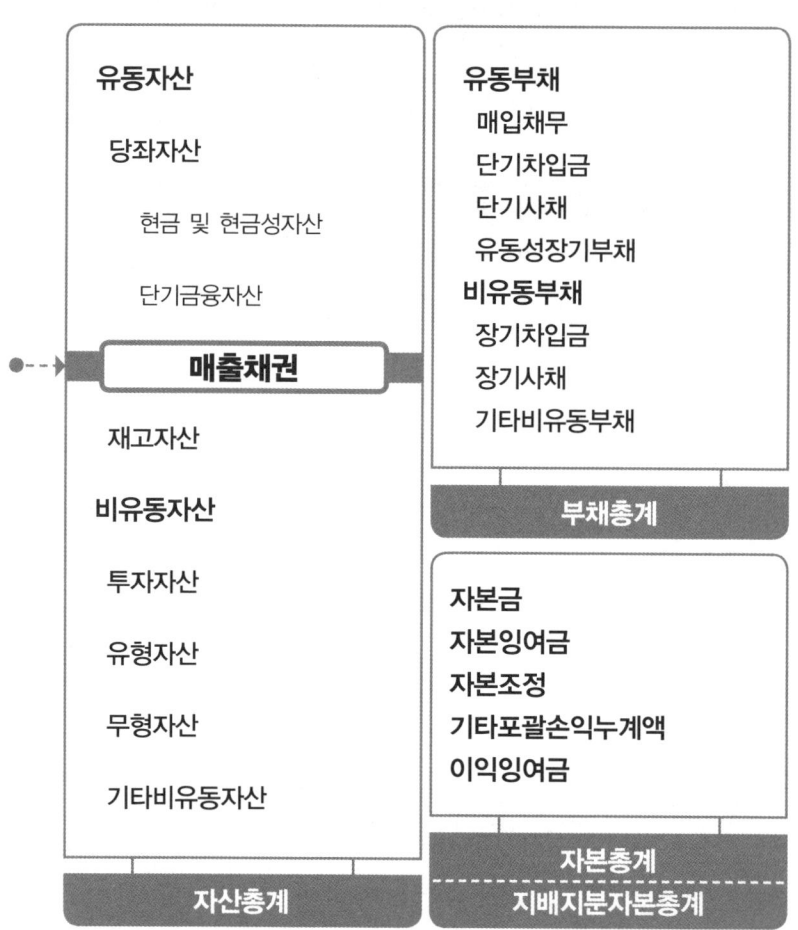

1. 개념 정의

매출채권은 상품이나 제품의 외상거래 시 발생하는 계정과목으로 외상매출금과 받을어음을 통칭하는 말이다. 외상매출금이란 통상적으로 3개월 이내에 회수가 가능한 채권을 말하며, 이를 어음으로 받는 경우 받을 어음으로 장부에 기록된다.

2. 기본 의미

매출채권은 회사가 제공하는 제품이나 서비스에 대한 항목이다. 컴퓨터 제조업체를 예로 들면 컴퓨터를 외상으로 팔 때 매출채권이 생긴다. 그러나 토지나 건물, 기타 제조를 위한 기계장치 등을 외상으로 팔 때는 매출채권으로 기록되지 않는다.(미수금으로 기록)

3. 내용 설명

매출채권은 외상거래에 기반을 두기 때문에 받지 못하고 떼일 염려가 존재한다. 기업은 받지 못할 가능성이 있는 매출채권을 대손충당금이라는 계정과목에 쌓아 놓는다. 따라서 총 매출채권에서 대손충당금을 차감한 순 매출채권을 실질적으로 받을 수 있는 매출채권이라 생각해야 한다. 단, 대손충당금 평가기준은 기업이 조정가능하기 때문에 필요시 적정하게 책정했는지 확인해 보는 습관도 필요하다.

한편, 업종에 따라 매출채권의 비중은 다를 수 있다. 업종마다 관행적인 외상규모가 다르기 때문이다. 따라서 매출채권은 동종업계 경쟁기업과 비교하는 것이 바람직하다. 매출채권회전율 비교를 통해 경쟁사 대비 협상력이 우위에 있는가를 측정해 볼 수 있다.

한국주식가치평가원 심층코멘트

    매출채권은 매출액과 함께 절대 금액은 증가하는 것이 좋으며, 매출액 대비 비율은 유지하거나 줄어드는 것이 좋다. 매출채권이라는 것은 두 가지 의미를 지니는데, 제품서비스를 팔았다는 긍정적인 수치를 말하면서도 현금을 아직 받지 못했다는 부정적인 수치를 말하기도 한다. 외상거래인 만큼 현금거래보다 유동성 측면에서 못한 문제가 있지만 거래조건이 하루아침에 달라지지 않는 이상 매출액이 증가하면서 자연스럽게 증가하는 것이 바람직하다. 다만, 매출액이 증가하는 속도보다 더 빨리 매출채권이 증가하면 좋지 않은데, 이는 재무비율에서 추가로 설명하기로 한다.

    한편 기본적으로는 위 설명이 옳지만 경쟁사들 중 취약한 업체들을 산업 밖으로 밀어내려는 목적으로 자금력이 있는 1위 및 2위 업체가 일시적으로 수요처의 물량을 다 가져가려는 경우를 생각해보자. 이런 상황에서 자금력이 있는 업체들의 경우 전략적으로 시장점유율(M/S) 확대 및 과점상황 도출을 위해 일정 기간 동안(때로는 몇 년 동안) 매출채권의 비율이 다소 증가하는 것을 감내할 수도 있다. 다만 이 경우에도 기업운영에 필요한 현금흐름을 고려해서 지나칠 정도로 매출채권의 비율이 높아지는 것은 좋지 않다.

재고자산

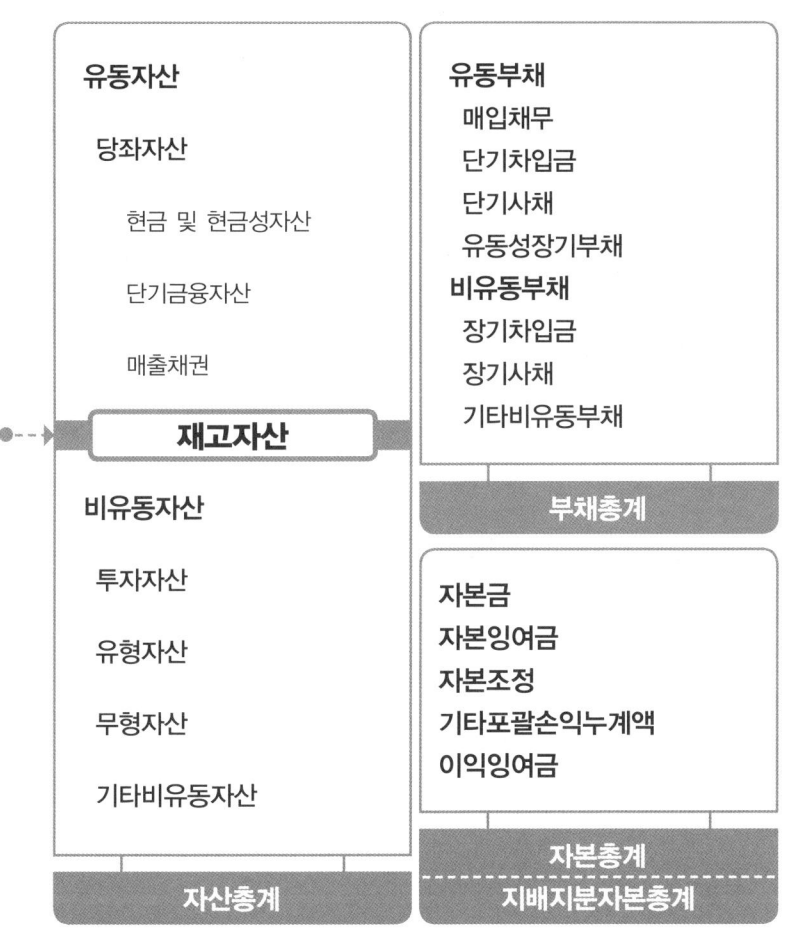

1. 개념 정의

재고자산은 결산일 현재 판매를 위해 보유하고 있는 자산을 말하며, 상품(완제품을 구입하여 판매), 제품(직접 제조하여 판매), 반제품(판매가 가능한 중간 제품), 원재료(제품을 생산하기 위해 사용되는 원료) 등으로 나뉜다.

2. 기본 의미

재고자산은 판매를 목적으로 보유하고 있는 자산으로 자동차 제조업체가 가지고 있는 토지, 건물 등은 재고자산이 아니다. 반면, 부동산회사가 판매하기 위해 소유하고 있는 토지, 건물 등은 재고자산에 속한다.

3. 내용 설명

일반적으로 재고자산은 많으면 좋지 않다. 재고자산이 많다는 것은 기업의 상품이나 제품이 팔리지 않고 쌓인다는 이야기이다. 따라서 어떤 기업의 재고자산이 (매출액에 비해 급격히) 증가한다면 물건이 팔리지 않는다는 신호이다. 제때 팔리지 못한 재고자산은 언젠가는 싼 값에 처분해야 하므로 기업에 손실을 가져다준다. 특히, 의류산업의 재고자산은 그 가치가 급격히 떨어지므로 재고자산이 과도해지면 그것을 헐값에 팔 수 밖에 없다. 그러면 해당 기업의 수익성은 악화된다. 투자자는 재고자산을 주의 깊게 살펴보아 의류기업의 수익성을 파악할 수 있다.

경기둔감업종에 속한 기업은 재고자산이 일정하거나 변화가 심하지 않다. 반면, 경기에 민감한 사업을 영위하는 기업은 경기 호불황에 따라 재고자산의 변화가 큰 특징이 있다. 한편, 서비스를 제공하는 서비스업체라면 재고자산이 없거나 극히 미미하다.

투자자는 재고자산회전율을 통해 재고자산이 잘 팔리고 있는지 점검해 볼 수 있다.

한국주식가치평가원 심층코멘트

　재고자산에 대한 이해는 두 가지 단계를 거친다. 첫 번째는 재고자산에 대한 기본적인 이해이다. 매출채권처럼 재고자산 역시 매출액이 늘어나면서 자연스럽게 증가하는 것은 바람직하지만 매출액증가율보다 빠른 증가율로 재고자산이 늘어나는 것은 좋지 않다.

　재고자산은 반드시 필요하다. 독점업체가 아닌 이상 수요가 급증했을 때 수요업체에 대한 납기를 지키지 못하면 장기적으로 경쟁업체가 해당 물량을 가져가 버릴 수 있다. 그러나 재고자산을 과도하게 보유하는 것은 어리석은 일이다. 왜냐하면 아직 판매를 통해 현금화되지 않은 재고자산의 비중이 늘게 되면 기업운영에 필요한 현금이 부족할 수 있기 때문이다.

　두 번째 단계는 추세적인 흐름에서 벗어난 재고자산 비율 증가에 대한 이해이다. 물건이 팔리지 않아 재고가 쌓일 때도 재고자산 비율이 증가할 수 있지만 향후 수요가 개선 혹은 확장될 것이 기대될 때 전략적으로 재고를 일시적으로 확충할 수도 있는데, 이는 수요(혹 전방산업)를 보고 판단할 수 있다.

비유동자산

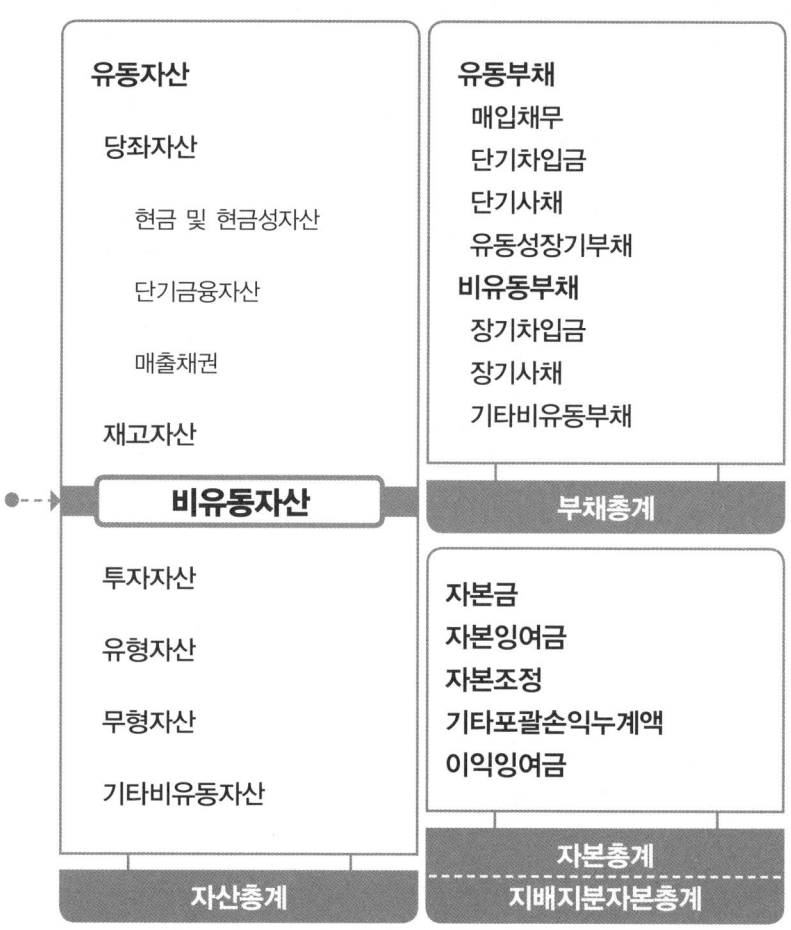

1. 개념 정의

비유동자산은 유동자산에 대응되는 항목으로 유동자산이 1년 이내에 현금화가 될 자산이라면 비유동자산은 1년 이후에 현금화될 자산을 말한다.

2. 기본 의미

비유동자산은 크게 투자자산, 유형자산, 무형자산, 기타비유동자산으로 나눌 수 있다.

3. 내용 설명

비유동자산의 계정과목을 세부적으로 살펴보면, 투자자산은 본사의 사업(영업)에 필요한 자산이 아니라 부수적/간접적인 사업(재테크 또는 자회사 투자)에 해당되는 자산을 말한다. 유형자산이란 통상적으로 기업의 설비자산과 일치하며, 토지, 건물, 기계장치 등 형체가 있는 자산을 지칭한다. 반면 무형자산은 영업권, 특허권, 광업권과 같이 형체가 없는 자산을 뜻하며, 기타비유동자산은 위 세 항목에 포함되지 않는 나머지 자산을 모아놓은 계정과목이다.

한국주식가치평가원 심층코멘트

투자자산, 유형자산, 무형자산 등 개별 항목은 따로 설명하기로 하고 우선 비유동자산 전체에 대해서 이해해보자. 비유동자산은 과거 용어로 고정자산이라고 표현하기도 했는데, 1년 내로 현금 회수가 되지 않는 자산으로 보통 설명한다. 이게 무슨 소리인가 하면, 공장이나 기계장치, 혹은 연구개발 결과로 쌓아올린 특허, 관련 사업에 진출하기 위해 설립 및 투자한 자회사 등 비유동자산은 일시적으로 비용이 많이 들어가지만 그에 대한 수익이(현금 회수) 오랜 기간 동안 창출되는 자산을 말한다. 수익이 오랜 기간 동안 창출되기에 대개 비용도 오랜 기간(십 년 혹은 수십 년)에 걸쳐 나누어 처리하게 된다.

이것을 통해 알 수 있는 비유동자산의 특징은 바로 '수익창출의 핵심수단'이라는 점이다. 기업은 수익을 좋아하고, 수익 중에서 가장 좋은 것은 현금이다. 그런 기업활동(그리고 투자자들의 투자활동)을 고려할 때 오랜 기간에 걸쳐서 이익이 회수되는 비유동자산에 아무렇게나 대충대충 투자할 수 있겠는가? 팔리지도 않을 연구개발 특허, 팔리지도 않을 제품의 공장에 막대한 돈을 쓰는 기업의 오너, 경영가는 없다. 그러므로 총자산 중 적지 않은 비중이 비유동자산에 집중된 기업의 경우, 비유동자산이 전략적인 수익창출자산임을 이해해야 한다.

투자자산

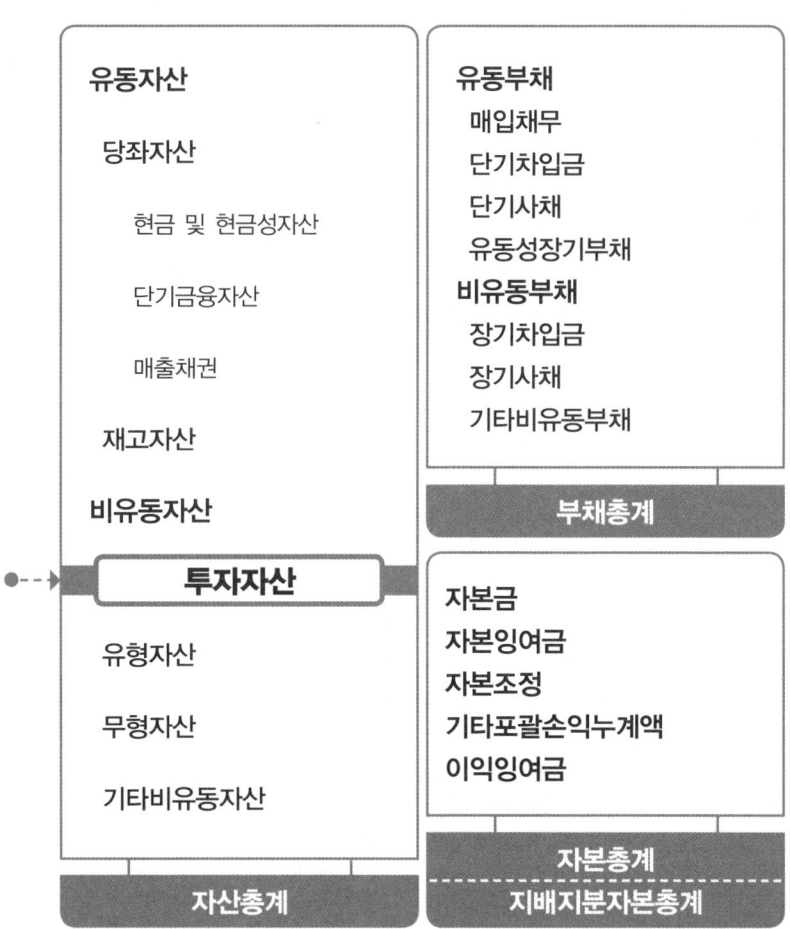

1. 개념 정의

투자자산은 기업의 주력 사업이 아닌 부수적인 기업활동을 위한 자산으로 1년 이상의 기간 동안 보유할 것으로 예상되는 자산을 말한다. 대표적으로 장기금융상품, 매도가능증권, 만기보유증권, 지분법적용투자주식(혹은 관계기업과 종속기업), 투자부동산 등이 있다.
 한편, 지분법적용투자주식은 IFRS 회계기준에서 관계기업(모기업의 지분율 20% 이상 50% 미만), 종속기업(모기업의 지분율 등 50% 이상, 후술) 등으로 구분되기도 한다.

2. 기본 의미
 기업의 부수적인 활동 중 대표적인 것으로 재테크와 경영지배를 들 수 있다. 기업은 금융상품, 주식, 채권, 부동산 등에 투자하여 시세차익을 노리며, 특정 회사의 주식을 20% 이상 취득하여 경영권을 지배한 후 그 회사의 수익을 공유하기도 한다.

3. 내용 설명
 투자자산은 기업 본연의 활동이 아닌 부수적인 활동을 위한 자산이므로 기업 분석의 중요한 요소가 아닌 것 같아 보인다. 그러나 그렇지 않다. 워렌 버핏의 회사 버크셔 해서웨이는 본래 본업이 섬유제조였으나 투자자산으로 다른 우량한 회사들을 사들였다. 그 결과 현재 50개가 넘는 자회사를 소유하고 있으며, 그 가치를 인정받아 시가총액이 2000억 달러에 달한다.
 버크셔 해서웨이는 특수한 경우로 다양한 종류의 자회사가 있지만 기업은 일반적으로 본업과 연관된 사업을 하는 회사를 자회사로 두는 경우가 많다. 이 경우 본업과의 시너지 효과를 통해 본회사와 자회사 모두 '윈윈'하는 결과가 나올 수 있다. 또한 자회사의 가치가 아직 본회사에 반영되지 않은 경우도 종종 있어 투자자에게 매력적인 투자 기회를 주기도 한다. 자회사는 투자자산 중 지분법적용투자주식(혹은 관계기업 및 종속기업)을 통해 확인할 수 있으며, 사업보고서의 '계열회사 등의 현황'에 관련된 세부사항이 나와 있다.

한국주식가치평가원 심층코멘트

비유동자산의 주요 항목 중 하나인 투자자산은 크게 재테크를 위한 항목들과 지분법적용투자주식(관계기업 및 종속기업)으로 나눌 수 있다. 그리고 영업손익과 더불어 기업의 본질적인 손익에 해당하는 지분법손익을 창출하는 지분법적용투자주식이 중요한 항목이라 할 수 있다.

★ 실질적으로 모기업에 투자한 주식투자자에게 귀속되는 당기순이익은 모기업만의 당기순이익에 '모기업이 소유한 지분율 만큼만 계산한 자회사들의(관계기업이든 종속기업이든) 당기순이익'을 합산한 '지배지분 당기순이익' 이다. 여기서는 일단 지분법적용투자주식으로 설명하고, IFRS 부문에서 관계기업 및 종속기업에 대해서 따로 나누어 설명한다.

재테크를 잘 하는 사람들의 수는 적지 않지만 재테크를 하고 있는 전체 참여자들 중 성과가 좋은 사람들의 비율은 그 중 일부일 뿐이다. 마찬가지로 재테크를 잘 하는 기업들도 있지만 재테크를 하고 있는 전체 기업들과의 비율을 보면 그 비율이 얼마 되지 않는다. 누구나 본업을 가장 잘 하는 것이며, 일반적인 기업의 경우에는 타 기업의 주식을 사고팔아 일시적인 깜짝 수익을 내는 것보다, 시너지가 나는 연관업종이나 진출하고자 하는 국가를 고려하여 출자한 해외자회사(지분법적용주식투자)쪽이 투자수익률이나 수익의 지속성 등 여러 가지로 더욱 중요하다.

유형자산

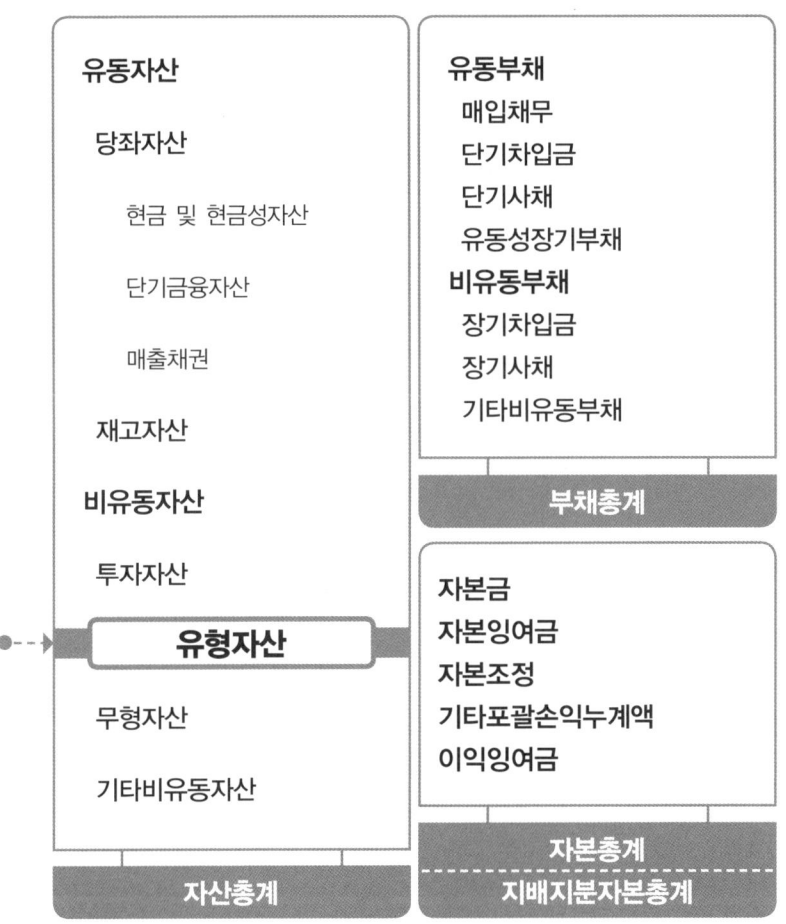

1. 개념 정의

유형자산은 영업활동을 지원하기 위한 자산으로, 실체가 있다는 점에서 무형자산과 구분되며 판매를 위한 자산이 아니라는 점에서 재고자산과 구분된다. 유형자산에는 토지, 건물, 구축물, 기계장치,

차량운반구, 공기구, 비품, 건설중인자산 등이 있다.

2. 기본 의미

기업의 영업활동은 유형자산이 있어야만 가능하다. 제조업, 유통업, 금융업 등 대부분 업종의 경우 공장, 기계장치, 물류센터, 영업소 등이 있어야 제품, 서비스를 창출하고 판매할 수 있으며, 아무리 지식기반 서비스업이라도 사무실과 사무기기, 연구소와 실험기기 등이 필요하기 때문에 유형자산은 영업활동에 필수적인 자산이다.

★ 한편, 영업을 목적으로 하지 않고 투자의 목적으로 소유하는 토지, 건물 및 기타 부동산의 경우 투자부동산 계정으로 분류하며, 일반적으로 타 자산 항목들에 비해 기업가치 및 수익활동에 미치는 영향이 상대적으로 미미하여 따로 설명을 생략한다.

3. 내용 설명

건물, 기계장치 등의 유형자산은 시간이 지날수록 그 가치가 떨어지게 된다. 이러한 현상을 재무제표에 반영시키기 위해 감가상각이라는 절차를 수행한다. 하지만 특정 유형자산의 가치감소분을 정확하게 측정할 수 없기 때문에 일정 법칙(정액법, 정률법 등)에 의거하여 매년 감가상각을 해 주며 이는 손익계산서 중 감가상각비 항목에 기입된다.

유형자산의 재투자가 크게 필요치 않은 기업의 경우 감가상각으로 인하여 전체 자산 중 유형자산 비중이 지속적으로 낮아지는 특성이 있다. 반면, 주기적으로 유형자산의 재투자가 필요한 기업은 유형자산 비중이 유지되거나 증가하게 된다.

워렌 버핏은 재투자가 크게 필요하지 않은 기업을 선호했는데, 자동차 회사인 제너럴 모터스보다 껌을 제조하는 회사 리글리를 선택한 이유가 여기에 있다.

한국주식가치평가원 심층코멘트

　유형자산은 본사, 공장, 기계장치 등 다양한 항목을 포함하지만 기업을 설립하는 시기나 그룹 계열사들을 한 지역에 집결하는 등 특별한 경우를 제외하면, 유형자산 항목들 중에서 기업가치의 향방을 좌우하는 것은 본사보다는 공장이라고 할 수 있다.

　기업이 이익을 늘리려면 매출을 늘리거나 비용을 줄여야 하는데, 적극적인 성장정책은 매출을 늘리는 것을 목표로 한다. 매출을 두 배, 세 배로 늘리기 위해서는 본사를 두세 배로 늘리는 것이 아니라, 생산량을 두세 배로 늘려야 하기 때문에 공장을 추가로 짓게 되는 것이다. 물론 기계장치 역시 생산량을 늘려주는 항목이기는 하지만 보다 감가상각 기간이 길고 근본적인 생산량(capa) 확충 수단은 공장인(비제조업의 경우 지점 및 영업소 등) 것이다.

　물론, 좀 더 길게(10년 이상) 관점을 갖고 보면 소형기업에서 중형기업으로, 중형기업에서 대형기업으로 성장하기 위해서 먼저 수요시장을 확대하는 경영역량을 키워야 한다. 그러므로 전략기획, 연구개발 및 마케팅 능력 등 기업 역량을 키우는 과정에서 장기적으로는 연구소나 본사의 규모를 늘려가는 모양새가 바람직하다.

무형자산

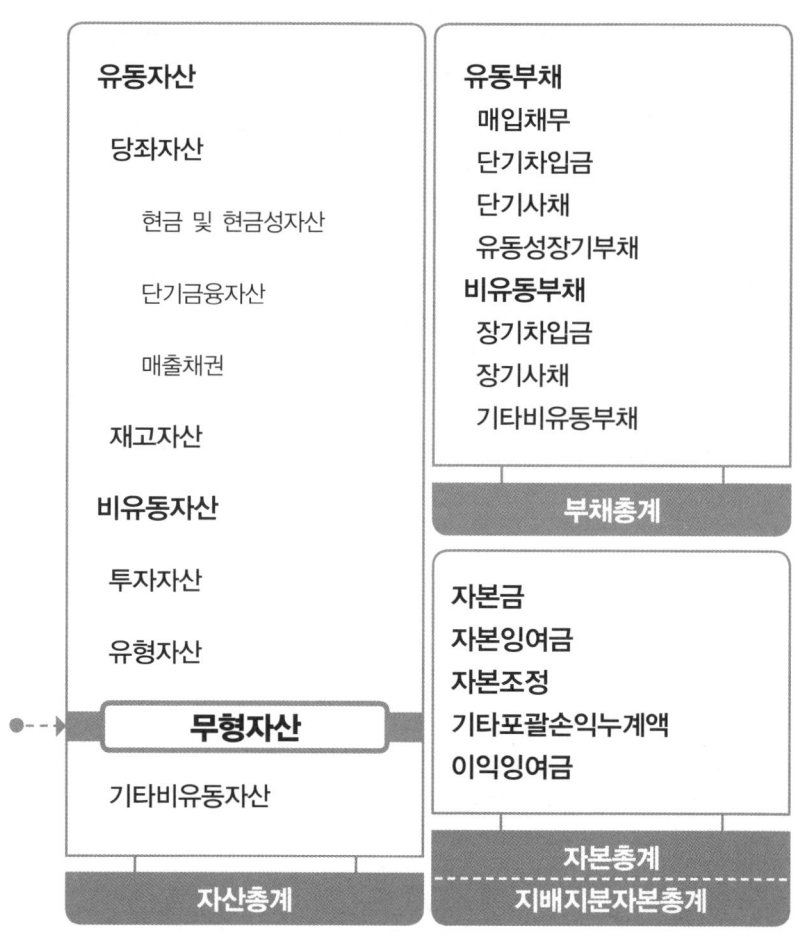

1. 개념 정의

무형자산은 형체가 없고, 향후 수 년 이상의 경제적 효익을 가져다 줄 수 있는 자산으로 영업권, 산업재산권, 개발비 등이 있다. 이 중 개발비는 기업의 R&D를 통해 내부에서 창출된 무형자산으로, 외부에서 취득된 영업권과 구분된다.

2. 기본 의미

영업권은 다른 기업을 인수합병할 때, 인수가격과 피인수기업의 공정가액 간의 차이를 말한다. 산업재산권은 일정 기간 동안 독점적·배타적인 법적 권리를 갖는 무형자산으로 특허권, 실용신안권, 의장권, 상표권 등이 있다. 개발비는 제품 사용 및 판매의 실현가능성, 구체적인 미래수익창출 계획 등의 조건에 부합하는 형태로 기업이 무형자산으로 적립한 항목이다.

3. 내용 설명

재무상태표에 무형자산 액수가 크다면 그 내막을 검토해 볼 필요가 있다. 무형자산은 미래 경제적 효익을 가져다 줄 것으로 예상되는 자산이지만 그것이 정말로 확실하게 수익을 벌어다 줄지는 장담할 수 없다. 만일 특정 기업 무형자산의 비율이(총자산 대비) 낮지 않다면 해당 무형자산 항목이 미래에 수익으로 보답할 것인지 꼼꼼하게 따져 보아야 한다. 그러므로 일반적으로 재무상태표 상의 무형자산 비중이 적을수록 주식투자자들의 고민거리는 줄어든다.

한편 투자자는 재무상태표의 수치에 반영되지 않은 무형자산에(숨어있는 가치) 대해서도 생각해야 한다. 예를 들어, 시장에서 코카콜라의 브랜드 가치는 690억 달러 전후로 추산되지만 이 같은 무형자산은 재무상태표에 기록되지 않는다. 국내로 눈을 돌려 삼성전자, 네이버 등의 브랜드 가치 또한 생각해 볼 수 있다.

한국주식가치평가원 심층코멘트

　대부분의 기업에 있어서 무형자산 중 큰 항목을 차지하는 것은 영업권 혹은 개발비이다. 인수하는 기업이 피인수되는 기업의 공정가치 자본총계보다 비싸게 인수했을 경우 그 차액만큼이 영업권으로 잡힌다. 즉, 공정가치 자본총계가 100억인 기업을 150억으로 인수할 시, 50억이 영업권이 되는 것이다.
★ 공정가치 자본총계 : 공정가치 총자산 - 공정가치 부채, 직관적으로 쉽게 이해하자면 실제 순자산

　흔히 볼 수 있는 빵집이나 카페를 인수할 때도 잘 되는 가게에는 잘 되는 만큼 권리금이라는 것이 존재하는데, 영업권 역시 수익성 혹은 잠재수익성이 높은 기업에 대해서 청산가치보다 웃돈을 주고 인수하는 것이라 생각하면 된다. 다만, 투자자들은 피인수기업의 수익성이 높다는 것을 과거 실적을 통해 확인하거나 잠재수익성이 높다는 것을 인수기업과의 시너지효과 등을 통해 확인해야 한다. 수익성이 좋지 않거나 잠재수익성이 좋지 않음에도 큰 영업권을 발생시키며 인수했다면, 향후 정기적인 영업권 평가를 통해 영업권이 손상될(손실로 인식) 수 있고, 그럴 경우 기업가치와 주가가 동시에 하락하게 된다.

　한편, 기업이 매해 지출하는 연구개발비 중에서 일부는 당기에 비용처리를 하고 일부는 개발비라는 무형자산 항목으로 적립하는데, 연구개발이 중심이 되는 IT업종, 제약업종 등에서 주로 개발비 항목 비중이 높다. 개발비의 경우 영업권에 비해서 금액이 합당한지 판단하기가 더 어렵다. 왜냐하면 개발비라는 항목으로 최초 적립될 때에는 시기상 제품으로 인한 매출과 이익이 발생하기 전이기 때문이다.

　투자자의 경우 같은 연구개발비용이라도 무형자산으로 쌓는 기업보다는 가능하면 보수적으로(이익 계상을 적게) 비용처리하는 기업에 관심을 가지는 편이 안전하다. 만약 개발비의 비중이 적지 않은 기업에 투자하려거든 해당 특허나 기술로 향후 안정적으로 수익을 낼 수 있을지를 업종 언론, 협회자료 등을 통해 확인해야 한다.

기타비유동자산

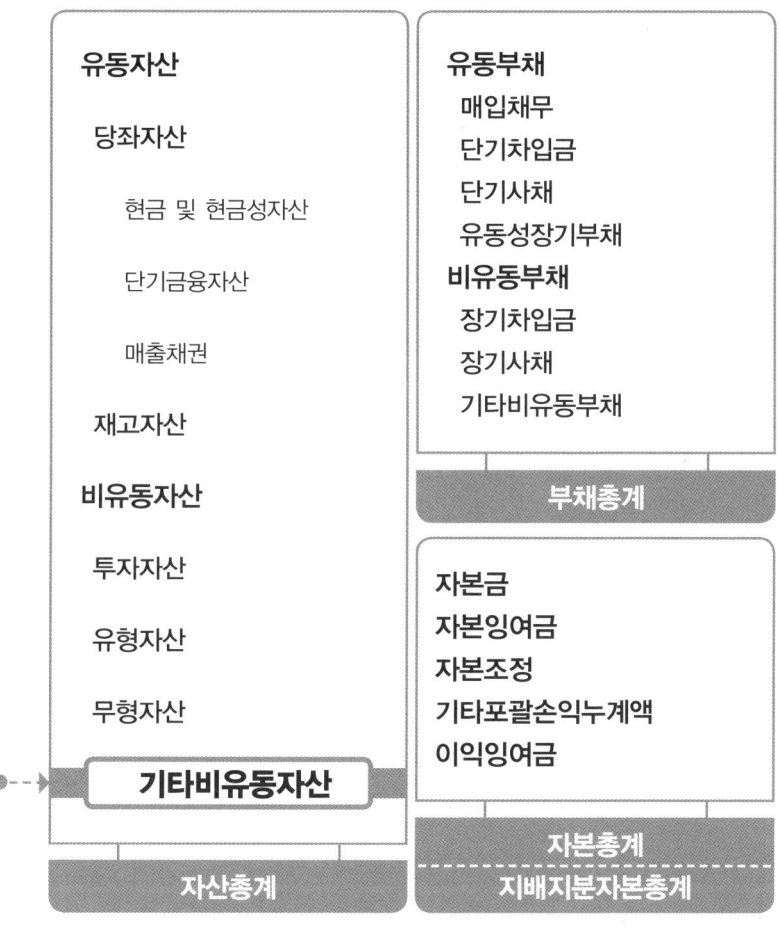

1. 개념 정의

기타비유동자산이란 1년 이후 현금화가 될 자산 중 투자자산, 유형자산, 무형자산에 속하지 않는 자산들을 모아놓은 항목이다.

2. 기본 의미

기타비유동자산에는 기간이 장기인 이연법인세자산, 임차보증금 등이 있으며, 그 외에도 장기매출채권, 장기미수금, 장기선급비용 등의 비유동자산 항목들이 있다.

3. 내용 설명

기타비유동자산 중 이연법인세자산은 세무상 결손금 등의 이유로 미래에 경감될 법인세 부담액을 말하며, 기타 장기매출채권, 장기미수금, 장기선급비용 등은 영업 및 비영업 부문에서 1년이 지나서 받을권리에 해당하는 금액이다.

기타비유동자산의 세부항목들은 기업가치의 구성요소와 주식투자자의 투자정보 입장에서 다른 항목들에 비해서 그 중요도가 높지 않은 항목이다. 다만, 장기매출채권, 장기미수금, 장기선급비용 등의 합산금액이 예외적으로 크거나 지속적으로 커지고 있는 기업의 경우에는 실제로 받지 못할 가능성을 검토할 필요가 있다.

자산총계

유동자산	유동부채
당좌자산	매입채무
현금 및 현금성자산	단기차입금
단기금융자산	단기사채
매출채권	유동성장기부채
재고자산	**비유동부채**
비유동자산	장기차입금
투자자산	장기사채
유형자산	기타비유동부채
무형자산	
기타비유동자산	

부채총계

자본금
자본잉여금
자본조정
기타포괄손익누계액
이익잉여금

자산총계　　　　　**자본총계**
　　　　　　　　　　지배지분자본총계

1. 개념 정의

자산이란(자산=총자산=자산총계) 기업이 영업활동을 위하여 보유하고 있는 재산을 말하며 재무상태표의 왼쪽에 기록된다. 자산은 유동자산과 비유동자산으로 구성된다. 자산총계는 기업의 규모를 측정할 때 일반적으로 사용하는 주요 항목 중 하나로 부채와 자본을 합한 수치와 같아야 한다.

2. 기본 의미

현금, 매출채권, 제품, 공장 등 기업이 보유하고 있는 모든 것이 자산이다. 따라서 자산항목별 금액(혹 비중)을 통해 기업이 자금을 어떻게 배분하여 수익을 창출하고 있는지를 알 수 있다. 기업별로 자산항목을 분석하면 현금이 많은지, 제품이 많은지, 아니면 기계장치가 많은지 등을 파악할 수 있다.

3. 내용 설명

기업은 현금, 매출채권, 원재료, 제품, 토지, 건물 등 다양한 형태의 자산을 소유하고 있다. 이들은 모두 재무상태표의 왼쪽에 기록되는데 왼쪽 가장 밑을 보면 총자산이 얼마인지 확인할 수 있다.

재무상태표는 1년을 기준으로 그 이전에 현금화될 자산을 유동자산으로, 그 이후에 현금화될 자산을 비유동자산으로 구분해 놓고 있다. 유동자산은 당좌자산과 재고자산으로 나눌 수 있고, 비유동자산은 투자자산, 유형자산, 무형자산, 기타비유동자산 등으로 구분된다.

재무상태표의 오른쪽(부채와 자본)이 자금을 어떻게 조달했는지를 보여준다면, 왼쪽(자산)은 조달된 자금을 어떻게 활용하는가를 보여주고 있다. 따라서 자산을 분석해보면 회사가 어떠한 자산을 많이 가지고 있고 어떠한 자산을 적게 가지고 있는지 확인할 수 있으며 이를 통해 기업 경영활동의 원천을 파악할 수 있다.

한국주식가치평가원 심층코멘트

모든 상장사에 대해서 투자자는 자본총계만큼을 소유하고, 채권자는 채권(부채의 일부)전체를 소유한다. 그러면 과연 영업 및 경영활동을 실제로 영위하는 기업의 실체는 무엇일까? 주식투자자에게 받은 자본 덩어리일까, 채권자로부터 받은 부채 덩어리일까.

기업의 구성요소 중 자본은 주주에게 채권은 채권자에게 귀속되지만 기업 자체는 자본이나 부채 덩어리가 아니라 총자산으로 볼 수 있다. 즉, 기업 자체는 자본과 부채의 합산인 (예를 들면) 5000억짜리 현금 덩어리가 아니라, 자본과 부채를 통해 조달한 5000억 원으로 사업과 영업을 하기 위해 구축한 자산 덩어리인 것이다.

본사와 공장, 영업소와 물류차량, 각종 받을권리(매출채권 등)와 현금, 예금 및 주식투자자산, 웃돈을(영업권) 주고 인수한 자회사와 신제품을 통해 매출을 확대시키고자 무형자산으로 적립해온 개발비 등 모든 자산들의 합이 기업이며, 이러한 자산항목들을 활용하여 기업은 비로소 돈을 벌 수 있는 것이다.

결론적으로 총자산의 항목들은 돈을 벌기 위한 기업활동자원 전체에 해당하며, 총자산 금액은 기업활동자원의 총액인 것이다.

★ 각 기업활동자원의 가격을 공정하게 계산한 총자산(공정가치) 금액에서 부채총계를 뺀 금액을 청산가치라고 한다.

3. 부채 용어 설명

유동부채

유동자산	유동부채
당좌자산	매입채무
현금 및 현금성자산	단기차입금
단기금융자산	단기사채
매출채권	유동성장기부채
재고자산	**비유동부채**
비유동자산	장기차입금
투자자산	장기사채
유형자산	기타비유동부채
무형자산	
기타비유동자산	

부채총계

자본금
자본잉여금
자본조정
기타포괄손익누계액
이익잉여금

자본총계
지배지분자본총계

자산총계

1. 개념 정의

1년 이내에 현금화가 될 자산이 유동자산이라면, 1년 이내에 지급하여야 할 부채가 유동부채이다. 일상적인 영업활동 관련 자산이 유동자산에 포함되었듯이 유동부채 역시 일상적인 영업상 부채 항목들을 포함한다.

2. 기본 의미

유동부채의 주요 계정과목으로는 매입채무, 단기차입금, 미지급이자, 미지급금, 선수금, 미지급비용, 미지급법인세, 미지급배당금, 유동성장기부채 등이 있다. 투자자에게는 이 중 일반적으로 매입채무, 단기차입금, 유동성장기부채 항목이 중요하며, 건설이나 조선 등 수주를 기반으로 하는 일부 업종의 경우 선수금 항목도 중요할 수 있다.

3. 내용 설명

유동부채는 1년 이내에 갚아야 할 부채이기 때문에 기업의 유동성을 측정하는 핵심 요소이다. 만일 유동부채가 유동자산보다 많다면, 1년 이내에 받을 수 있는 액수보다 1년 안에 갚아야 할 액수가 크다는 뜻이므로 유동성에 문제가 생길 수 있다.

유동부채는 적을수록 좋지만 아예 없을 수는 없다. 유동부채는 대부분 영업활동으로 인해 불가피하게 발생하기 때문이다. 단, 단기차입금이나 단기사채 등 단기외부조달자금이 많다면 자금압박을 받는 실제적인 유동부채 비중이 커지게 된다.

한국주식가치평가원 심층코멘트

주식투자자에게 중요한 유동부채 항목은 매입채무 및 선수금과 단기차입금 및 유동성장기차입금 등이다.

우선 매입채무는 매출채권과 반대개념으로 생각하면 쉬운데, 제조를 위해 원재료나 부품을 사왔지만 아직 대금을 지급하지 않았을 때 매입채무(영업관련 부채)가 발생한다. 대개 부채가 많은 것은 좋지 않은 것으로 이해하고 있고 그것이 맞지만 매입채무는 좀 다르다. 여러 가지 요인으로 구매력이 강해진 기업의 경우 매입채무를 늘림으로써 영업에 묶인 돈을 줄이고 현금흐름을 개선할 수 있다.

한편, 일반소비자에게 판매하는 형태가 아니라 전산시스템 개발, 조선, 건설 등 개별 프로젝트 수주 형식으로 매출이 발생하는 경우, 제품이나 서비스를 완전히 인도하기 전에 우선 선수금을 받고 프로젝트에 착수하기도 한다. 그러므로 B2B 수주형태를 띄는 업종의 경우 일단 선수금이 증가하면 시차를 두고 실적이 호전되는 경우가 있다.

단기차입금은 말 그대로 1년 이내에 갚아야 하는 금융부채이고, 유동성장기차입금은 1년 이후에 갚아도 되는 장기차입금의 만기가 어느새 1년 이내로 가까워졌음을 의미한다. 두 항목의 합산수치가 급격히 커지는 것은 실제 갚아야할 단기 금융부채가 늘어나는 것으로, 해당 금액에 대한 기업의 단기상환능력을 검토해야 한다.

매입채무

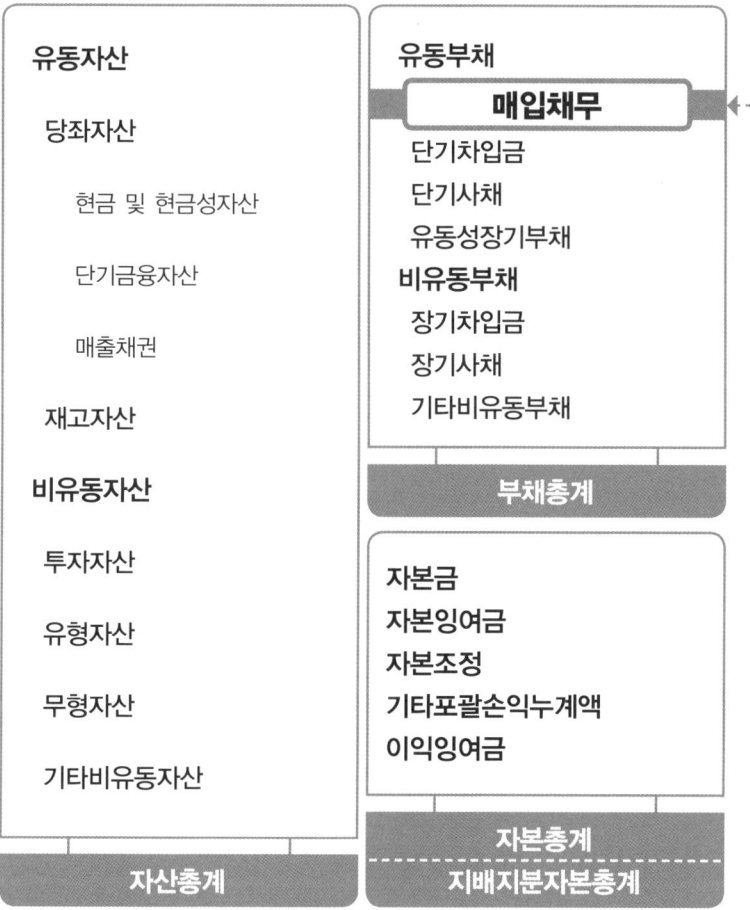

1. 개념 정의

매입채무란 상품이나 원재료 등 기업의 제조 및 판매활동과 관련된 재화를 외상거래할 때 발생한다. (매출채권과 반대되는 개념) 매출채권이 외상매출금과 받을 어음으로 구성된 것처럼 매입채무도 외상매입금과 지급어음으로 이루어져 있다.

2. 기본 의미

외상매입금이란 외상으로 물건을 구매했을 때 발생하며, 그것을 어음으로 지급할 때 지급어음이 생긴다. 이처럼 매입채무는 구매거래처와의 관계에서 발생하기 때문에 해당 기업의 구매처와의 협상력을 엿볼 수 있다.

3. 내용 설명

매입채무금액이 크다는 것은 구매처에서 외상으로 상품이나 원재료를 다량 구매했다는 뜻이다. 이것은 구매처와의 관계에서 협상력이 우위에 있다는 말이 된다. 업종마다 관행적인 외상규모가 다르기 때문에 절대적인 수치로 판별할 수는 없지만 과거 추이를 통해 현재 해당 기업의 협상력의 수준을 확인할 수 있다. 단, 원재료 값이 폭등하거나 폭락할 때도 매입채무의 급변동이 생길 수 있으므로 이 점을 유의해서 매입채무를 살펴보아야 한다.

한국주식가치평가원 심층코멘트

　　매입채무는 줄어야 좋은 금융부채가 아니라, 늘려야 좋은 영업부채이다. 기업규모가 커지거나 업종 내 경쟁구조가 독과점이 될 경우, 구매협상력이 상승하여 원재료와 부품 값에 대해서 대금지급을 다소 늦출 수 있게 된다. 안정적이고 지속적으로 매입채무 비중이 커진다는 이야기는 그만큼 현금흐름이 개선되어 남는 현금흐름을 수익성 높은 부문에 집중할 여력이 생긴다는 뜻이다.
　　한편, 매입채무는 매출채권과 비교하면서 판단해야 할 항목으로 매입채무회전율과 매출채권회전율을(재무비율 부문에서 설명) 함께 검토하면 기업의 현금회수능력 추이를 판단할 수 있다.

단기차입금, 단기사채

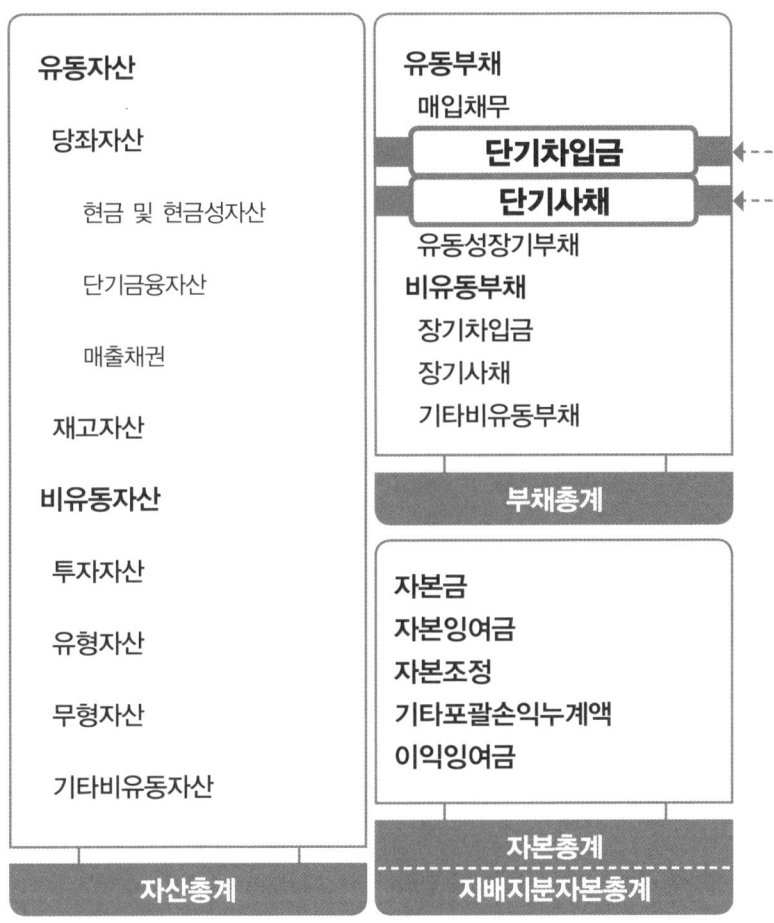

1. 개념 정의

단기차입금은 결산일을 기준으로 1년 이내에 만기가 도래하는 차입금을 말하며, 1년 이후에 만기가 돌아오는 차입금은 장기차입금이다. 단기차입금은 1년 이내에 갚아야 하기 때문에 운전자금 등 단기자금 용도로 사용된다.
　또한 기업은 자금을 조달하기 위하여 사채를 발행하게 되는데, 이때 만기가 1년 이내에 도래하는 사채를 단기사채라고 한다.

2. 기본 의미

　보통 차입금은 금융기관에서 빌린 경우가 대부분이다. 하지만 주주, 임원, 종업원이나 관계회사에서 빌린 경우도 있다. 차입금에는 이자가 붙는데 보통의 경우에는 단기이자율이 장기이자율보다 낮은 편이다. 단기사채는 운전자본과 같은 단기자금이 부족할 때 발행하는데, 단기사채 역시 장기사채보다 낮은 금리로 자금을 빌릴 수 있기 때문에 기업 입장에서 유리하다.
　한편, 단기차입금과 단기사채는 1년 이내에 상환해야할 의무가 있기 때문에 투자자는 단기차입금과 단기사채를 지급할 유동성이 기업 내에 갖추어져 있는지 검토해야 한다.

3. 내용 설명

　단기차입금과 단기사채가 많더라도 보유하고 있는 현금 및 현금성자산, 단기금융자산 등이 충분하다면 상환에 큰 문제는 되지 않는다. 하지만 보유하고 있는 현금 및 현금성자산, 단기금융자산 등에 비해서 단기차입금과 단기사채 금액이 과도한 수준이라면 기업의 유동성에 문제가 생길 수 있다. 뿐만 아니라 단기차입금은 이자비용을 수반하기 때문에 과도할 경우 기업의 순이익을 감소시키는 원인이 되기도 한다. 하지만 수익성이 좋은 기업에 한하여 적절한 차입금은 경영에 도움이 된다.

한국주식가치평가원 심층코멘트

    기업은 경영활동(수익활동)을 위해서 항상 자금이 필요하다. 다만 이상적인 상황으로는 기업활동 내부적으로(영업 및 영업외) 발생하는 수입만으로 사업에 필요한 자금을 충당할 수 있는 경우이나, 수익이 회수되는 속도보다 사업을 확대해야 할(성장시장의 점유율 확보, 업종 내 경쟁우위 확립 등 목적으로) 속도가 더 빠르다면 외부에서 자금을 조달하게 된다.

    그 중 단기차입금과 단기사채의 경우 단기적으로 필요한 자금을 조달하기 위한 수단이며, 기본적으로 적어야 좋다. 다만 기업의 각종 자본수익률보다 차입이자율이 낮고 차입금의 절대 금액 규모가 크지 않다면, 자금효율성을 위해서 단기자금 조달이 꼭 나쁜 것만은 아니다. 그러나 차입규모가 추세적으로 증가하거나 거시경제 상황상 이자율이 상승하는 구간에 있다면, 기업의 재무리스크가 커지거나 이자비용이 증가할 수 있다.

유동성장기부채

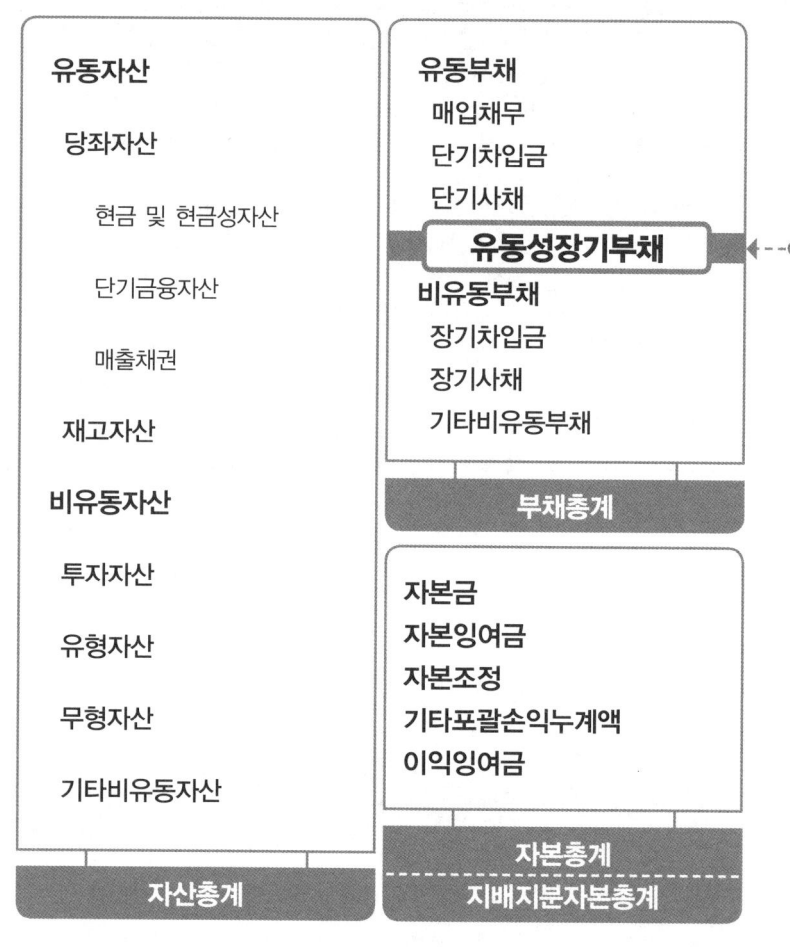

1. 개념 정의

유동성장기부채란 원래는 비유동부채였으나 시간이 흘러 1년 이내에 상환해야 하는 상황이 되었을 때 유동성장기부채 항목으로 전환하여 유동부채에 기입한 항목을 말한다.

2. 기본 의미

예를 들어 3년 후 상환해야 하는 장기차입금을 빌렸는데 2년이 지나 상환일이 1년 이내로 다가왔을 때는 더 이상 장기차입금이 아니라 유동성장기부채 항목으로 전환되는 것이다. 즉 비유동부채가 유동부채로 변하게 된 것이다.

3. 내용 설명

유동성장기부채는 이자발생부채로 차입금, 사채 등과 함께 유심히 지켜보아야 할 항목이다. 과도한 이자로 인하여 기업의 수익성이 악화되진 않는지 혹은 심한 차입활동으로 기업 재무 건전성이 떨어지지는 않는지 검토해야 한다.

한국주식가치평가원 심층코멘트

유동성장기부채와 관련하여 유의할 점은 단기차입금 및 단기사채와 거의 유사하다. 한 가지 차이점이 있다면 유동성장기부채는 기존 장기부채의 만기가 1년 이내로 도래한 것으로, 새로이 단기자금을 조달한 것이 아니라는 점 정도이다.

한 기업의 부채 중에서 영업과 무관한 단기금융부채 규모를 판단할 때, 단기차입금과 단기사채, 유동성장기부채 등의 합산규모를 참조하면 된다.

비유동부채

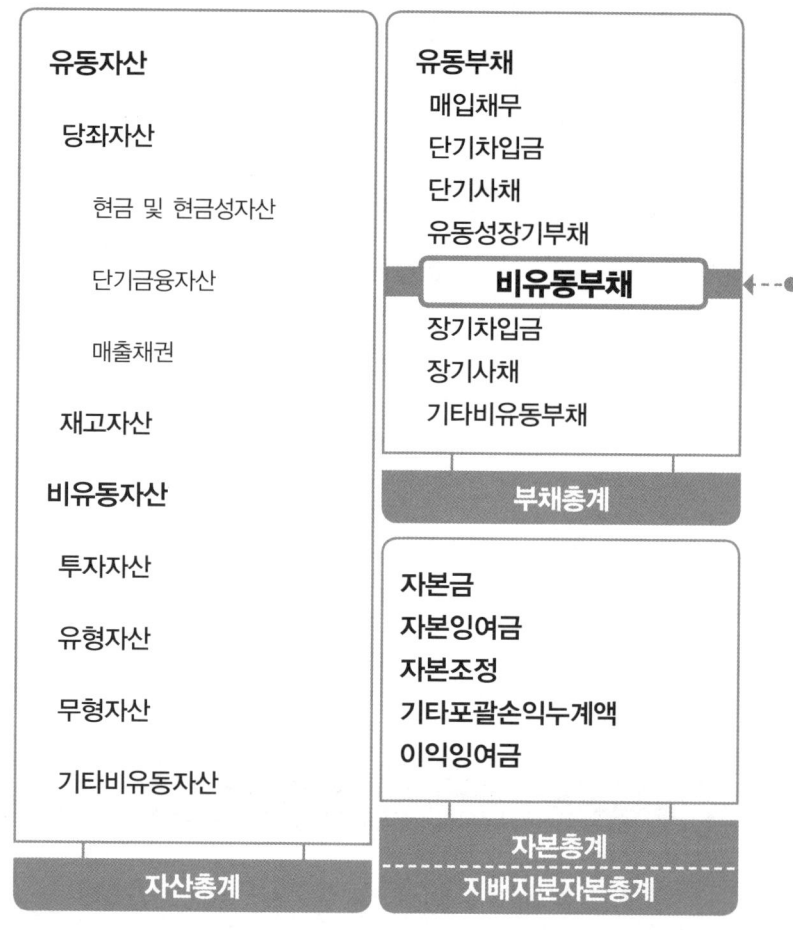

1. 개념 정의

비유동부채는 1년 이후에 상환해야 할 의무가 있는 장기부채를 말한다. 주요 계정과목으로는 장기차입금, 사채 등이 있고, 기타 퇴직급여충당부채, 장기매입채무, 이연법인세부채 등이 있다.

2. 기본 의미

비유동부채는 주로 장기차입금, 사채 등 장기간에 걸쳐 상환이 가능한 항목들로 구성되기 때문에 유형자산이나 투자자산 등의 장기자산을 취득할 때 많이 사용된다.

3. 내용 설명

특정 기업의 비유동부채 비중이 크다면 일반적으로 장기차입금과 사채의 비중이 크며, 이들 계정과목은 언젠가 상환해야 할 뿐만 아니라 이자도 발생시켜 순이익을 감소시킨다. 따라서 비유동부채 비중이 큰 기업은 그 안의 이자발생부채도 확인해 보아야 한다.

한국주식가치평가원 심층코멘트

워렌 버핏은 투자할 기업의 재무제표를 검토할 때 비유동부채의 비중이 적은 기업을 선호한다고 알려져 있다. 하지만 워렌 버핏뿐 아니라 전문적인 가치투자자라면 누구나 투자할 기업이 경기변동형기업이냐 소비재 스노우볼 기업이냐, 수익이 확대되고 있는 성장기업이냐에 따라서 조금씩 다른 최적의 기준을 들이댈 것이다.

워렌 버핏 본인이 말하지 않은 이상 의중을 알 수는 없지만 가치투자의 상식으로 판단해도 기본적으로는 비유동부채의 비중이 적은 기업이 좋다. 왜냐하면 장기적인 투자를 위한 자금을 내부적으로 조달하는 기업이 애초에 장기 전략과 단기 수익성 간의 균형을 잘 유지하는 기업이기 때문이다.

그럼에도 불구하고 본격적인 수익회수기에 접어들지 않은 성장기업의 경우, 장기매출 극대화를 위해 현재의 이익보다 큰 규모로 투자해야 할 때가 있으며, 이 때 조달할 수 있는 장기자금 중에서는 장기차입금이나 사채 등이 주주가치 보존 측면에서 가장 유리한 수단이 된다. 다만, 발생하는 이자보다 영업이익이 지속적으로 몇 배 이상 커야 하며, 성장과정에서 수익이 회수되면서 장기차입금과 사채의 비중을 줄여나가는 편이 좋다.

장기차입금, 장기사채

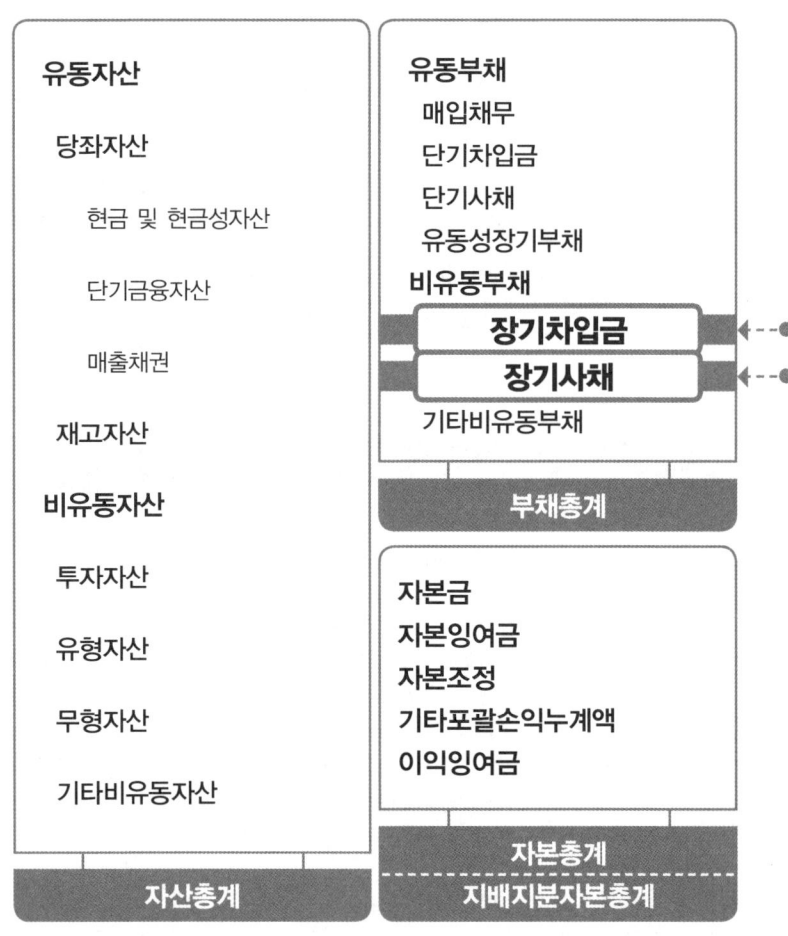

1. 개념 정의

장기차입금은 1년 이후에 만기가 도래하는 차입금이다. 또한 기업이 자금을 조달하기 위해 발행하는 채권을 사채라고 한다. 사채는 금융기관을 거치지 않고 회사에서 직접 채권을 발행하는 형태이기 때문에 이를 직접금융이라고 말한다. (차입금은 간접금융의 형태이다.)
두 항목 모두 장기간 사용이 가능하기 때문에 주로 투자자산이나 유형자산과 같은 기업의 장기자산을 취득하는 용도로 사용된다.

2. 기본 의미

장기차입금은 보통 은행에서 빌리지만 주주, 임원, 종업원이나 관계회사 등에서 차입하는 경우도 있다.
사채 역시 차입금과 마찬가지로 이자를 지급해야 한다. 차입금의 경우 금융회사에 이자를 지급한다면, 사채는 해당 채권을 구입한 사람에게 이자를 지급해야 한다. 반대의 경우로 기업이 사채를 구입했다면 그 기업의 재무상태표에서 투자자산으로 기록된다.

3. 내용 설명

장기차입금은 단기차입금과 마찬가지로 이자를 수반하는 부채이다. 따라서 과도한 차입금은 기업의 수익성을 떨어뜨릴 수 있다.
사채는 차입, 주식 발행과 함께 기업에 자금을 조달하는 대표적인 방법 중 하나이다. 외부에서 자금을 조달할 필요가 없이 내부 유보금만으로 사업 확장이 가능한 기업은 사채를 발행하지 않아 해당 계정과목이 없다.
기업에서 발행하는 사채도 종류가 많은데 그 중에서 전환사채(CB: Convertible Bond)와 신주인수권부사채(BW: Bond with Warrant)를 눈여겨보아야 한다. 전환사채란 주식으로 전환이 가능한 사채를 말하며, 신주인수권부사채란 회사가 새로운 주식을 발행할 때 인수할 수 있는 권리가 부여된 사채이다. 전환사채와 신주인수권부사채는 부여된 권리를 행사했을 때 주식수가 늘어나게 되어 주주가치가 희석되는 결과를 초래한다. 따라서 기업에 투자할 때 전환사채와 신주인수권부사채가 과도하게 있는지 사업보고서를 통해 체크해 보아야 한다.

한국주식가치평가원 심층코멘트

　기본적으로 장기차입금과 사채의 비중이 크지 않은 편이 좋으나, 각종 금융부채로 인해 발생하는 이자금액보다 영업이익이 몇 배나 크다면 크게 상관없다. 다만, 기업의 매출액과 당기순이익이 성장하는 과정에서(이익도 반드시 성장해야 성장기업) 부채를 상환해나가므로 장기차입금과 사채의 비중이 지속적으로 줄어드는 것이 정상이다.

　전환사채나 신주인수권부사채 등 하이브리드 채권(순수한 채권이 아니라 주식에 대한 권리가 섞인 채권)에 대해 보다 근본적인 것만 정리하자면 네 가지 정도를 명심하면 된다.
　첫째로 기업이 오죽 어려우면(혹은 불순하면) 하이브리드채권을 발행하는가를 생각해야 한다. 주주 입장에서 그나마 자본조달을 손실(주주가치 희석)없이 할 수 있는 수단이 차입금 또는 사채 발행이다. 그런데 기업의 각종 재무실적 지표로 인해 신용도가 낮을 경우 낮은 금리로 차입하거나 일반적인 사채를 발행할 수 없다. 일반적인 형태로 자본을 모으기 힘든 기업의 경우 주주가치의 훼손을 무릅쓰고 일반 사채보다 더욱 매력적인 하이브리드 채권을 발행하게 된다.
　둘째로 하이브리드 채권이 발행되는 순간 주주가치가 그만큼(보통주로 전환될 주식 수 만큼) 일시에 희석된다. 또한 희석되는 비율을 대개 초과하여(주식시장은 과민 반응하므로) 주가가 하락할 수 있다.
　셋째로 당기순이익은 변함이 없는데(늘어나지 않는데) 보통주의 주식수가 늘어나거나 늘어날 것으로 예상되면서 일시적으로 한 주당 주식가치가 희석되는 것처럼 보이지만 하이브리드 채권 역시 자본을 유입한다. 너무 낮은 가격으로 보통주를 취득하지 않는 한, 유입된 자본을 활용하여 수익자산을 구비하고 시간을 두고 기업의 매출과 이익은 더욱 커지게 된다.(유입한 신규자본으로 수익을 창출하지 못하면 좋지 못한 기업이다) 그러므로 결국 어느 정도는 주주가치(주당 가치)를 회복하게 된다.
　마지막으로 하이브리드 채권은 전혀 없는 것이 좋지만 기업의 매출과 자산이 성장하면서 이익도 꾸준히 증가하는 소형 성장주의 최대주주 지분율이 낮을 경우, 종종 최대주주 집단을 대상으로 하이브리드 채권을 발행하는 것을 볼 수 있다. 사실 기타 주주 입장에서는 불합리하고 배은망덕한 일이나 그 발행 비율이 낮을 경우 주식을 매도할 정도는 아니다. 다만 하이브리드 채권의 과도한 발행을 피하려면 애초에 최대주주 집단의 지분율이 30%는 넘는 편이 비교적 안전하다고 할 수 있다.

기타비유동부채

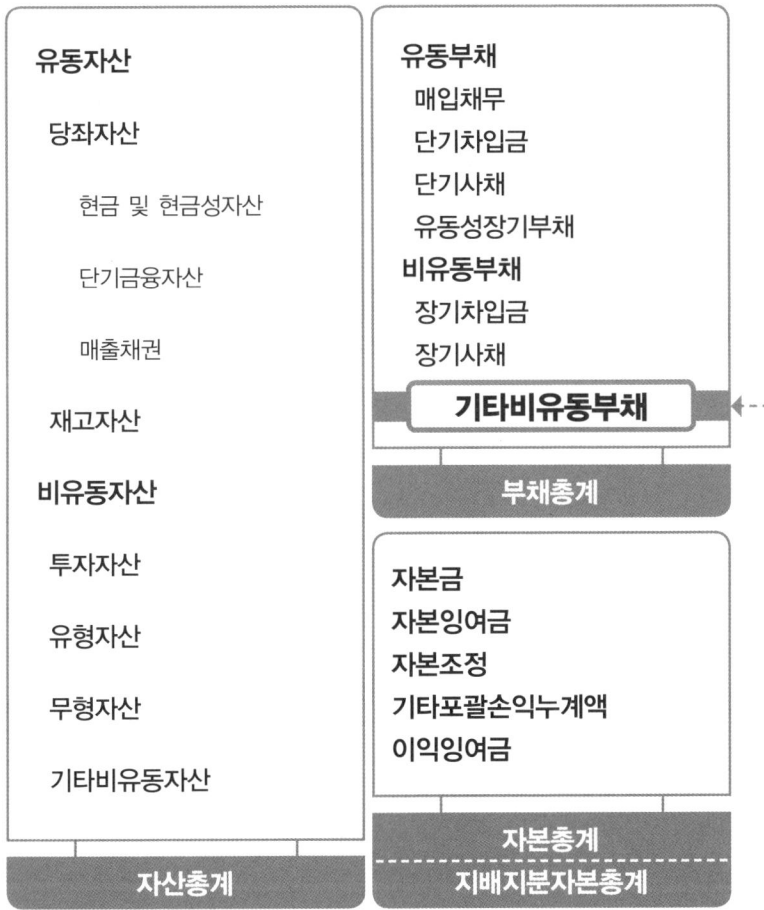

1. 개념 정의

기타비유동부채란 1년을 초과하는 기간 동안 상환해야 할 부채 항목 중, 장기차입금과 장기사채에 속하지 않는 부채들을 말한다.

2. 기본 의미

비유동부채에는 장기차입금과 장기사채 등 주식투자자들에게 중요한 금융부채 말고도, 장기매입채무, 퇴직급여충당부채, 이연법인세부채 등의 기타 비유동부채 항목들이 있다.

3. 내용 설명

장기매입채무는 기간이 1년 이상인 매입채무를 말하며, 상품이나 원재료를 외상거래 혹은 어음을 지급하고 구매할 때 발생하는 계정과목이다. 퇴직급여충당부채라는 것은 일종의 부채성충당금으로 회사가 임직원에 대해 퇴직할 경우에 지급할 퇴직충당금으로써의 부채이다. 이연법인세부채는 당기말 현재 존재하는 가산할 일시적 차이로 인하여 증가될 법인세 부담액을 말한다.

기타비유동부채의 세부항목들은 기업가치의 구성요소와 주식투자자의 투자정보 관점에서 다른 항목들에 비해서 그 중요도가 높지 않은 항목이다. 다만, 이연법인세부채 금액이 지속적으로 커지고 있는 기업의 경우에는 향후 일시적으로 법인세가 증가할 수 있으며, 퇴직급여충당부채의 비중이(금액이 아니라) 지속적으로 커지고 있는 기업의 경우에는 근로자로 인한 미래 채무부담이 커지고 있음을 알아야 한다.

부채총계

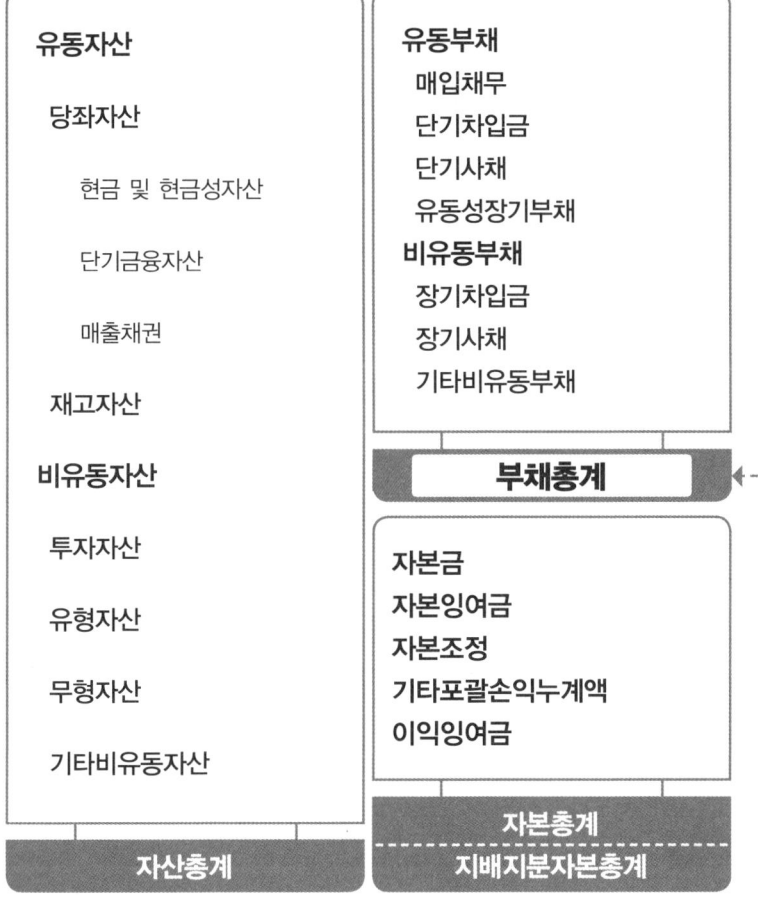

1. 개념 정의

부채는 채권자로부터 빌린 자금을 말한다. 기본적으로 기업이 자금을 조달하는 방법은 주주에게 자금을 납입받는 방법과 주주 이외의 채권자에게 자금을 빌리는 방법이 있다. 이 중 채권자에게 빌리는 경우 부채 항목에 기록되는 것이다.

2. 기본 의미

부채는 주주 이외의 제3자에게서 자본을 조달받았다 하여 '타인자본'이라고 한다. (주주에게 조달받은 자본은 '자기자본'이라 한다.) 제3자를 채권자라고 하고 채권자는 기업에 자금을 빌려준 대가로 이자 등을 수취해간다.

3. 내용 설명

부채는 채권자에게 빌린 자금이기 때문에 이자를 지급해주어야 하지만(이를 금융부채라 한다) 반드시 그런 것은 아니다. 매입채무, 선수금 등은 기업의 일상적인 영업활동을 통해 발생하는 채무로(이를 영업부채라 한다) 부채항목에 기록되나 별도의 지급이자는 없다. 따라서 이들 영업부채가 많다고 하더라도 재무 안정성에 큰 악영향을 끼치지 않는다. 투자자들이 조심해야 할 항목은 이자를 발생시키는 부채인 차입금, 사채, 유동성장기부채 등이다. 즉, 금융부채에 해당하는 세부항목을 검토해봐야 한다. 기업규모에 비해 부채가 과도하면 재무 건전성이 나쁘다는 이야기이다.

한편, 부채는 1년 이내에 상환해야 할 유동부채와 1년 이후에 상환해도 되는 비유동부채로 나뉜다. 유동부채가 많다면 단기채무 지급능력을 확인해야 하고, 비유동부채가 많다면 장기적으로 이자비용과 원금을 상환할 수 있는지 체크해야 한다.

한국주식가치평가원 심층코멘트

부채는 필요악이요 중용이다. 무슨 말인가 하면 부채가 전혀 없이 기업경영을 하면 오너 자신을 포함한 모든 주주로부터 커다란 잠재수익률을 박탈하는 셈이 된다. 쉽게 생각해서 총자산순이익률 10%를 창출할 수 있는 좋은 사업기회를 발견한 창업주가 자신의 사업자금 100억만으로 10억을 버는 것과 자신의 사업자금 100억과 은행 차입 100억(이자 5%)으로 20억을 버는 것 중 어느 편의 수익률이 높을까? 100억으로 10억을 벌면 10%, 100억으로 15억(20억−은행이자 5억)을 벌면 15%이므로 후자가 훨씬 수익률이 높다. (5%이면 복리로 어마어마한 차이가 난다) 즉 돈을 많이 벌기 위한 것이 목적이 아니라 사업 자체가 좋아서 경영을 하는 돌부처 같은 오너와 주주라면 부채가 필요없겠지만 그 외의 모든 투자주체는(오너와 주주) 자본수익률을 위해서 낮은 이율로 조달할 수 있는 부채가 반드시 필요하다.

그러나 부채는 악이자 중용이기도 하다. 상식적인 이야기이지만 부채비율이 과다하면(특히 금융부채) 단기적으로는 이자비용이 상승하고, 장기적으로는 재무구조로 인한 리스크가 커진다. 어느 정도의 부채가 적당한지에 대해서는 이후 재무비율 편에서 상술한다.

4. 자본 용어 설명

자본금

유동자산	유동부채
당좌자산	매입채무
현금 및 현금성자산	단기차입금
단기금융자산	단기사채
매출채권	유동성장기부채
재고자산	**비유동부채**
비유동자산	장기차입금
투자자산	장기사채
유형자산	기타비유동부채
무형자산	**부채총계**
기타비유동자산	**자본금** ←--•
	자본잉여금
	자본조정
	기타포괄손익누계액
	이익잉여금
자산총계	**자본총계** / **지배지분자본총계**

1. 개념 정의

자본금은 주주가 기업에 투자한 액면가액을 말하며, 주당 액면가에 발행주식수를 곱한 금액이다. 만약 주당 액면가가 5,000원이고 총 100만주를 발행했다면 자본금은 50억 원이 되는 것이다.

2. 기본 의미

자본금은 주식을 발행하면 쌓이게 된다. 보통주를 발행하면 보통주자본금이, 우선주(5부에서 상술)를 발행하면 우선주자본금이 재무상태표에 기록된다.

3. 내용 설명

자본금은 보통주자본금과 우선주자본금으로 나뉘는데, 우선주를 발행하지 않은 기업은 우선주자본금 계정이 없다. 우선주는 자본에 속해 있지만 그 내용을 파악해보면 부채의 개념에 더 알맞다. 우선주는 의결권이 없는 대신에 보통주보다 우선하여 배당을 지급하는 주식이다. 꾸준히 배당금을 지급해야 하는 우선주의 특성은 일정한 이자를 지급하는 사채, 차입금의 특성과 유사하다.

기업이 주식을 발행하면 자본금이 증가한다. 주식 발행은 자금을 조달하는 주요한 방법이나 기존 주주들의 주주가치를 희석시키게 된다. 유상증자 공시가 떴을 때 주가가 일시적으로 하락하는 이유도 이 때문이다.

한국주식가치평가원 심층코멘트

　자본금 자체는 이미 상장한 주식을 거래하는 투자자들에게 있어서 그다지 중요한 영향을 미치는 항목은 아니다. 다만 기업은 상장 후에도 추가로 주식을 발행함으로써 자본금이 증가할 수 있는데, 이 부분은 중요하다.

　주식투자수익과 채권이자율을 함께 제시하는 하이브리드 채권보다는 낫지만 유상증자도 장기차입금과 장기사채에 비해서 주주에게 다소 불리한 방식의 자본조달이다. 자신이 수익성이 높은 사업을 이미 영위하고 있다고 가정할 때, 추가로 동업자(최종 수익을 퍼센트 단위로 배분해야 하는)를 구하겠는가, 은행이나 채권자한테 빌리겠는가. 당연히 은행이나 채권자한테 빌리고 이자를 갚아나가면서 기업을 키우고 부채를 갚아나가는 길이 가장 수익률이 높다.

　그러므로 유상증자라는 이벤트가 발생하는 순간, 고정된 순이익 대비 주식수가 늘어나므로 한 주당 가치가 희석되어 주가가 급락할 수 있다. 다만, 유상증자라는 것은 그만큼 자본도 유입되므로 시간을 두고 자본덩어리가 수익자산으로 변하고, 수익자산이 매출과 이익을 발생시키면서 주당 가치는 회복된다. (유입된 자본이 현금이나 단기금융자산 형태로만 오래 쌓여 있으면 주당 가치를 회복할 수 없다)

자본잉여금

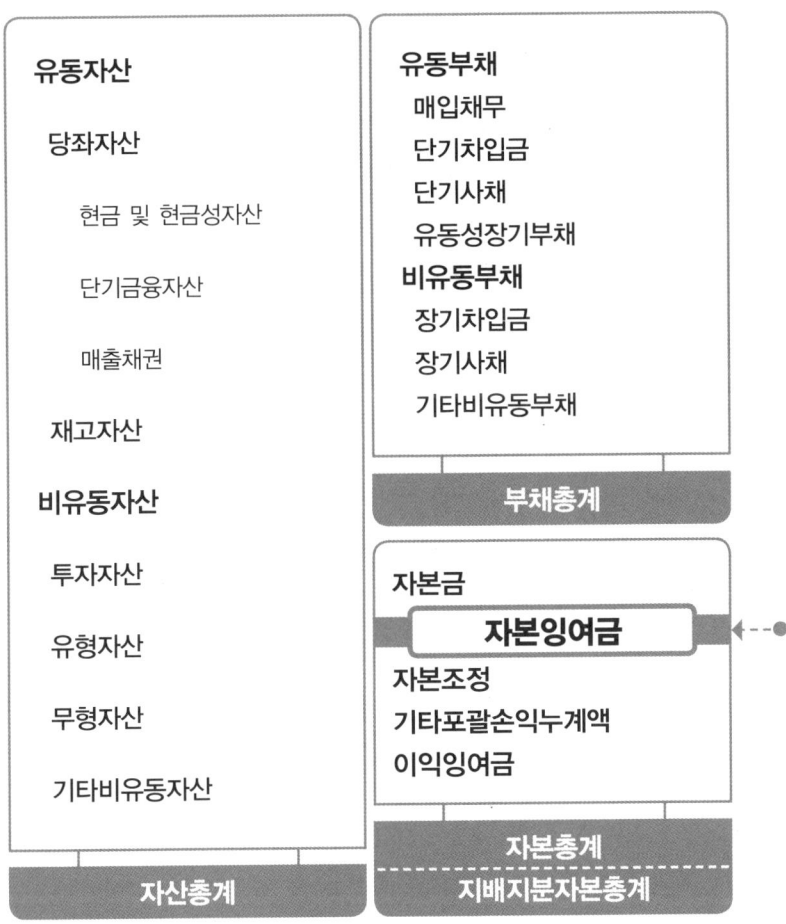

1. 개념 정의

자본은 자본금과 잉여금으로 나눌 수 있는데, 자본거래로 발생한 잉여금을 자본잉여금이라고 한다. 자본잉여금의 대표적인 계정과목으로 주식발행초과금이 있고 기타 재평가적립금이 있다.

2. 기본 의미

자본잉여금 중 가장 중요한 항목인 주식발행초과금이란, 주식 발행 시 발행가액이 액면가액을 초과할 경우 그 차이를 말한다. 예를 들어, 액면가가 5,000원인 주식을 15,000원에 발행했다면 자본금이 5,000원, 주식발행초과금이 10,000원이 되는 것이다.

3. 내용 설명

기업이 주식을 발행하면 현금이 들어옴과 동시에 자본금과 주식발행초과금 계정에 쌓이게 된다. 이를 유상증자라 한다. 돈을 받고 주식을 발행하는 것이다. 반면, 돈을 받지 않고 주식을 발행하는 무상증자도 있다. 무상증자는 자금 조달을 위한 것이 아니기 때문에 자산, 부채, 자본 총계의 아무런 변화가 없지만 자본 내의 세부항목 변화가 이루어진다. 잉여금(자본잉여금, 이익잉여금)에서 자본금으로 자본을 전입하는 것이다. 주주 입장에서 무상증자는 보유 주식수를 늘리고 그만큼 주가는 하락하게 된다. 그러나 무상증자로 발행주식수가 두 배가 될 경우 주가는 반이 되는 등 결과적으로 총 주식 보유금액은 동일하기 때문에 무상증자 전과 주주가치의 차이는 없다.

한국주식가치평가원 심층코멘트

　유상증자가 발생한 후 단기적으로 주당가치가 희석되고, 이후 유입된 자본을 수익자산에 투자하여 수익자산으로 매출과 이익을 증가시킴으로써 주당가치를 어느 정도 회복한다는 '유상증자' 이벤트와 관련해서는 자본금 항목의 설명과 차이가 없다.

　다만, 주식투자자들에게는 자본잉여금 항목의 중요성이 자본금의 중요성보다 훨씬 큰데, 한 눈에 볼 수 있을 정도로 금액이(자본금보다) 크기 때문에 필요한 재원을 자본의 형태로 얼마나 끌어들였나를 단적으로 볼 수 있기 때문이다. 구체적으로는 자본잉여금과 이익잉여금을 비교함으로써 주주로부터 자본을 충당한 비중이 큰지(자본잉여금), 영업 및 경영활동을 통해서 이익을 창출한 비중이 큰지(이익잉여금)를 알 수 있다.

　당연히 자본잉여금이 적은 편이 좋은 기업이다.

자본조정

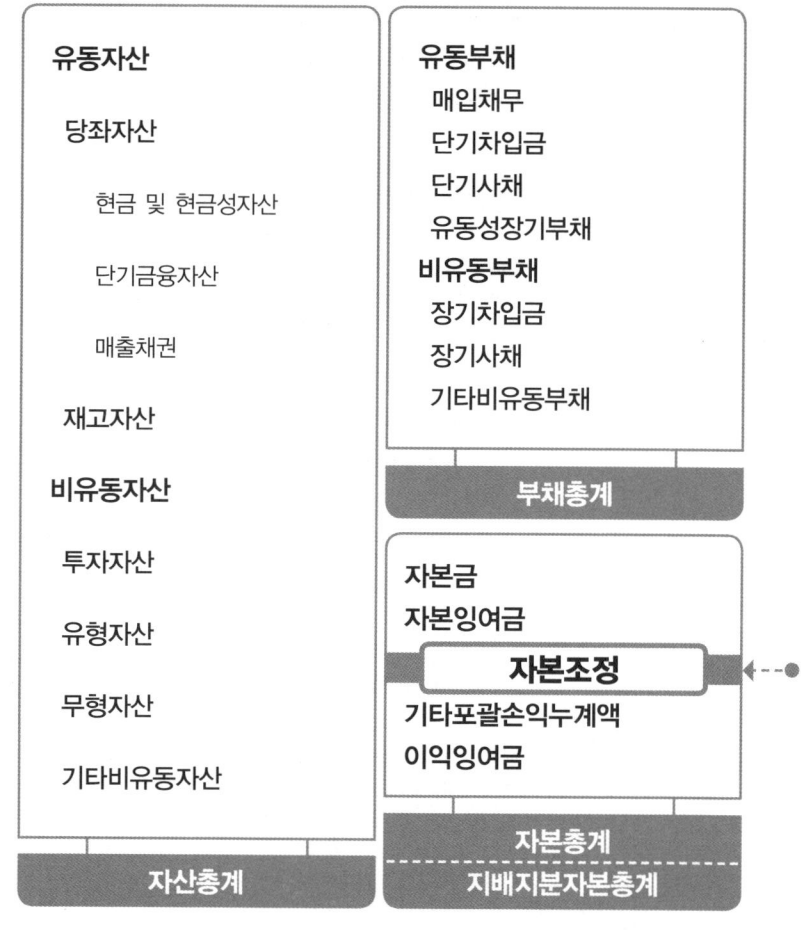

1. 개념 정의

자본조정은 자본거래에 속하기는 하나 자본금도 아니고 자본잉여금도 아닌 것을 모아놓은 계정이다. 주요 계정과목으로는 자기주식, 주식할인발행차금 등이 있다.

2. 기본 의미

 자기주식은 회사가 자기회사의 주식(자사주)을 매입한 것을 뜻하며 그만큼 자본총계에서 조정(차감)한다. 주식할인발행차금이란 주식발행초과금과 반대되는 개념으로 주식 발행 시 액면가액보다 발행가액이 낮을 경우 그 차액을 말하며 역시 그만큼 자본총계에서 조정한다.

3. 내용 설명

 자사주를 매입하는 기업에 투자하라는 말이 있다. 매입된 자사주는 소각이 되어 사라지거나 회사 내에 보유한 후 다시 시장에 팔리게 된다. 자사주가 소각이 된다면 주식수가 감소하여 주주가치가 증대된다. 하지만 자사주가 소각이 되지 않고 시장에 다시 출회된다면 주주가치의 변화는 없게 된다. 따라서 자사주 매입이 반드시 주주가치 상승을 동반하는 것은 아니다.
 그러나 어떤 기업이 자사주를 매입한다는 것은 투자자에게 유용한 정보를 제공한다. 기업은 스스로의 내부 사정을 가장 잘 알고 있기 때문에 현재 주가가 저평가인지 고평가인지 알고 있을 확률이 크다. 따라서 기업의 자사주 매입 시기는 그 기업의 주가가 저평가일 가능성이 농후하다.

한국주식가치평가원 심층코멘트

　가치투자의 관점에서 좋은 기업을 아주 단순하게 정의하자면, 다른 주체가 아니라 바로 '주주'에게 '돈을 잘 벌어주는' 기업이 좋은 기업이다.
　자본조정에서 의미가 있는 항목은 자사주이다. 자사주를 사서 소각하는 기업은 좋은 기업이라는 것이 기초, 기본적인 이해이다. 다만, 심층적인 의미에서는 좀 더 중요한 의미가 있다. 자사주를 사서 소각을 하는 행위와 다시 시장에 파는 행위 자체에는 아무런 의미도 없고 아무런 주주가치의 변동을 일으키지도 않는다.
　자사주를 싸게 사서 소각하면 주주가치가 향상되고, 자사주를 싸게 사서 비싸게 시장에 내다팔면 이득을 본 차액만큼 주주가치(기존의 주주)가 향상된다. 자사주를 비싸게 사서 소각하면 기존 주주의 가치가 손실을 입고, 자사주를 비싸게 사서 싸게 시장에 내다팔면 손실을 본 차액만큼 기존의 주주가치가 하락한다. 이게 자사주 항목에 한해서는 주식투자자의 정답이다.
　핵심은 기존 주주(이미 매수한 사람들)에게 유리한 행위를 하려면 기업은 무조건 자사주를 싸게 사야 한다는 이야기다. 그리고 소각하거나 비싸게 팔아야 한다는 이야기다. 그런 기업이 주주들의 이익을 장기적으로 늘려나갈 수 있다. 그렇기 때문에 기업이 자사주를 유의미한 수준으로 매입을 하면 관심을 가지라는 기본적인 조언이 생기는 것이다.

기타포괄손익누계액

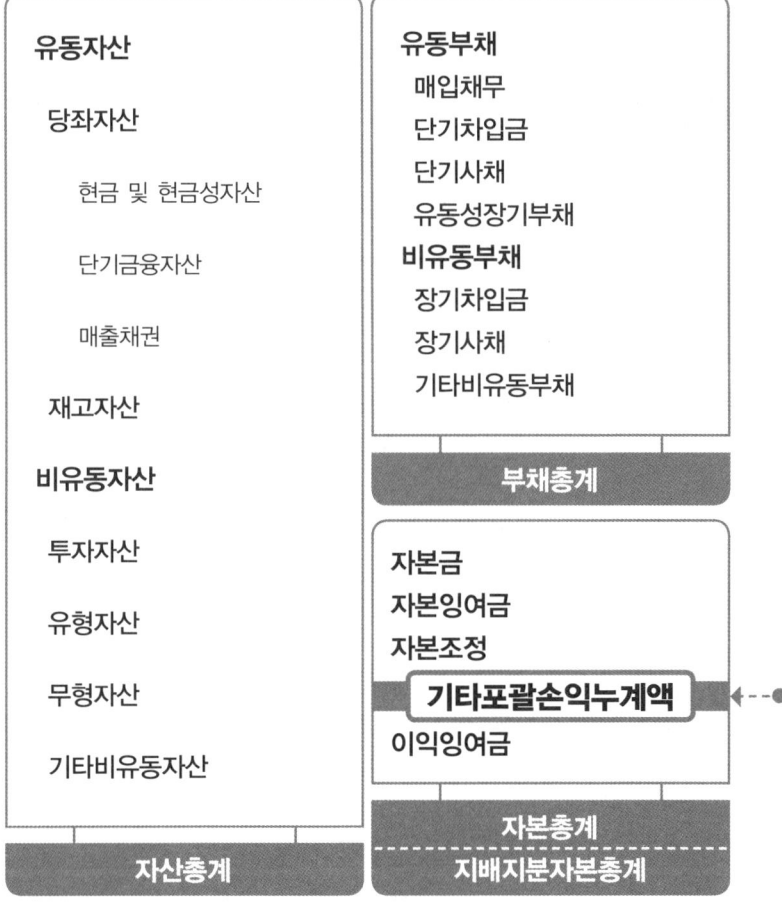

1. 개념 정의

기타포괄손익누계액은 자본거래를 제외한 자본 항목의 변동에 의해 발생하는 계정과목이다.

2. 기본 의미

기타포괄손익누계액의 세부항목으로는 매도가능증권평가손익, 유형자산재평가잉여금, 해외사업환산손익, 지분법자본변동 등이 있다.

3. 내용 설명

기타포괄손익누계액은 일단 재무상태표에만 반영되며 향후 손익계산서에 반영될 수도 있다(반영되지 않는 항목도 있다).

예를 들면 매도가능증권평가손익은 평가 시 손익계산서가 아닌 재무상태표의 기타포괄손익누계액에 기록되며 이후 매도가능증권이 실제로 처분되었을 때 비로소 손익계산서에 반영된다.

한편, 유형자산재평가잉여금은 유형자산을 재평가했을 때 장부가와의 차액만큼 기타포괄손익누계액에 기록되며, 해당 유형자산을 처분할 시에도 여전히 손익계산서에 반영되지 않는다.

이 외에도 모기업이 지분법적용투자주식을 취득한 후 피투자회사의 자본총계(자본금, 자본잉여금 등) 지분가액이 변동할 시 해당 변동액을 표시하는 '지분법자본변동', 본점과 독립적으로 운영되는 해외지점이나 해외소재 지분법적용투자주식의 외화자산 및 부채를 원화로 환산함에 따라 발생하는 '해외사업환산손익' 등이 있다.

한국주식가치평가원 심층코멘트

 기타포괄손익누계액 항목의 원인인 기타포괄손익은 영업에 무관한 '기타'손익이며, 확정이 되지 않은 '포괄'손익이다.
 재평가잉여금, 해외사업환산손익, 매도가능증권평가손익 등은 수익의 지속성과 영업의 계속성 등을 감안할 시 별로 중요하지 않은 항목이다. (공장을 투기하듯이 옮길 수도 없고, 환율변동이나 투자수익 결과는 항상 손익을 상쇄하면서 순환하기 때문에)
 다만, 모기업이 올바르게 자회사에 투자했다면 자회사 역시 우수한 재무구조와 실적으로 자본총계가 증가할 수밖에 없기에, 지분법자본변동 항목만큼은 보다 지속적이고 근본적으로 모기업의 자본총계 항목에 기여하는 항목이라 할 수 있다.

이익잉여금

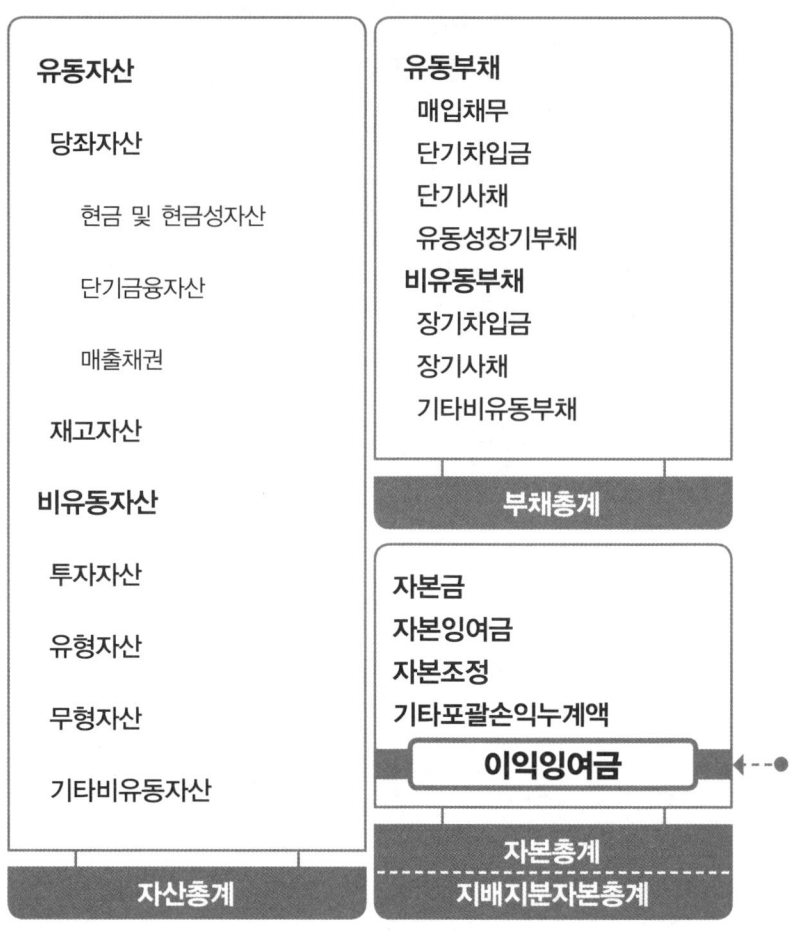

1. 개념 정의

자본은 크게 자본금과 잉여금으로 나뉜다. 잉여금은 자본거래로 발생한 자본잉여금과 기업의 영업활동으로 발생한 이익잉여금으로 나눌 수 있다.

2. 기본 의미

기업이 한 해 동안 영업활동을 하여 창출한 이익중 일부를 기업 내부에 유보하게 되는데 이 때 유보하는 장소가 이익잉여금 계정인 것이다.

3. 내용 설명

이익잉여금이 많다는 것은 기업 내부에 자금을 많이 유보했다는 뜻이다. 우량한 기업의 경우 이익잉여금이 꾸준히 증가하는 경향이 있는데, 기업이 벌어들이는 순이익을 이익잉여금에 차곡차곡 쌓고 있다는 말이 된다. 이익잉여금이 증가하면 자산이 증가하고 늘어난 자산은 더욱 많은 이익을 벌어들여 또 다시 이익잉여금이 쌓이는 선순환적인 성장이 이루어지게 된다. 따라서 투자자는 기업의 이익잉여금이 꾸준히 증가하는지 살펴보아야 한다.

한편, 성숙기에 접어든 우량기업의 경우 벌어들인 이익을 기업 내부에 이익잉여금으로 유보하지 않고 배당으로 나눠주기도 한다. 성숙기 산업에 속해있는 기업은 일반적으로 과도한 재투자가 필요치 않고 성장률이 안정화 되어가는 경향이 있다.

한국주식가치평가원 심층코멘트

    자본항목 중에서 가장 중요한 두 가지 항목인 이익잉여금과 자본잉여금을 비교해서 말하면, 이익잉여금이 점점 증가하고 자본잉여금인 정체되어 있는 기업이 가장 좋다. 이것은 진리에 가깝다.

    왜 그런가 하면, 주식이라는 자산은 기업에(정확히는 기업가치의 증가분) 투자하는 것이고, 기업의 가장 큰 강점이자 특성은 자생적 성장에 있기 때문이다. 우리의 근로를 제공해야 돈을 벌 수 있는 경제활동을 근로활동(화이트, 블루칼라 모두)이라 하고, 근로를 제공하지 않아도 돈을 벌 수 있는 경제활동을 비즈니스라고(돈을 버는 시스템) 한다. 비즈니스로써의 기업은 창출한 이익을 다시 수익자산에 재투자하여 이익을 더욱 증가시키는 순환시스템을 가진다. 그런데, 이 과정에서 주주의 호주머니를 털어 규모를 키우는 기업은 자본잉여금 항목이 커지고, 경영과 영업을 잘해서 규모를 키우는 기업은 이익잉여금이 항목이 커지기 때문에 이익잉여금이 커지는 기업이 좋은 기업이다.

    한편 향후 투자수익률이 낮아질 것으로 예상되는 성숙, 쇠퇴기 업종에 속한 기업은 이익을 재투자하는 대신에 자사주를 싼 값에 매입하여 소각하거나, 배당금을 지급하여 투자수익률을 유지할 수도 있다.

자본총계

```
유동자산
    당좌자산
        현금 및 현금성자산
        단기금융자산
        매출채권
    재고자산
    비유동자산
    투자자산
    유형자산
    무형자산
    기타비유동자산
────────────
   자산총계
```

```
유동부채
    매입채무
    단기차입금
    단기사채
    유동성장기부채
비유동부채
    장기차입금
    장기사채
    기타비유동부채
────────────
   부채총계
```

```
자본금
자본잉여금
자본조정
기타포괄손익누계액
이익잉여금
────────────
   자본총계
  지배지분자본총계
```

1. 개념 정의

자본이란 사업의 주인(주주)이 회사에 투자한 자본을 말한다. 타인에게서 빌린 자본이 아니라 주주 스스로가 납입한 자본이라고 해서 '자기자본'이라 부르기도 하고 '자본총계'라 하기도 한다.

2. 기본 의미

자본은 주주들의 몫으로써 기업이 사업을 통해 벌어들이는 이익 등을 자본 계정에 누적적으로 쌓게 된다. 이에 따라 자본이 늘어나고 기업가치가 증가하여 기업의 시가총액 및 주가도 상승하는 것이다.

3. 내용 설명

자기자본, 순자산, 장부가, 주주지분 등은 자본을 가리키는 또 다른 단어들이다. 기업의 재무상태표는 차변(왼쪽, 자산항목)과 대변(오른쪽, 부채 및 자본항목)으로 이루어져 있다. 대변에는 자금을 어떻게 조달했는지가 나타나고 차변에는 조달한 자금을 어떻게 활용하는지가 보여진다. 이때 차변과 대변은 항상 동일한 수치를 가지기 때문에 '부채+자본=자산'의 등식이 성립하게 된다. 여기에서 자본은 자산에서 부채를 뺀 순수한 자산으로 순자산으로 불린다. 또한 자본은 기업의 장부상 가치라고 하여 장부가로 불리기도 한다. 그리고 기업이 청산할 때 채권자에 원금과 이자를 상환한 후 남는 잔여금액을 주주들이 나눠가지기 때문에 주주지분 등으로도 불린다.

자본은 자본금, 자본잉여금, 이익잉여금, 기타포괄손익누계액, 자본조정으로 분류되며, 자본금과 자본잉여금은 주주로부터, 이익잉여금은 영업활동을 통해 벌어들인 것이다. 기타포괄손익누계액과 자본조정은 자본항목의 세부적인 변동에 의한 것이다.

한국주식가치평가원 심층코멘트

　주식투자자에게 가장 중요한 항목이 바로 자기자본이다. 주식 한 주를 샀을 때 한 주당 자기자본이 주주에게 귀속되는 가장 기본적인 금액 수치인 것이다. 그런데 한 가지만 더 알고 가면 좋을 것이다. 바로 자본총계는 실체가 없는 것이며, 결과치에 해당한다는 것이다.
　이게 무슨 소리냐 하면, 자본총계가 1000억 원인 기업은 1000억 원을 어디 금고에 넣어두었거나 한 것은 아니라는 것이다. 기업이 사업을 하기 위해 구축한 총자산이 2500억 원인데, 이 중에서 부채(주주가 아닌 채권자에게 돌려줘야 할 몫)가 1500억 원일 경우, '아, 주주의 몫은 1000억 원이구나'라고 말하는 것이다. 결코 애초부터 주주의 몫이 1000억 원이 자동으로 정해진 것이 아니다.
　주주들이 조심해야 할 경우를 한 가지 예로 들어보자. 어떤 기업의 총자산이 2500억 원, 부채가 1500억 원으로 재무상태표에 적혀 있다. 이 기업이 과거에 심한 적자가 이어져서 일정 시점에서 청산할 경우, 매각을 위해 총자산의 항목들을 검토해보니 800억 원에 해당하는 매출채권 중 300억 원을 받지 못하고 유형자산 1000억 원을 매각할 시 600억 원밖에 회수하지 못한다고 하자. 그러면 떼인 매출채권 300억 원과 유형자산 가치감소분 400억 원 등 700억 원만큼 줄어든 1800억 원이 총자산인 것이다. 여기서 1500억 원 부채를 빼면 자본총계는 300억 원으로 쪼그라들었다. 즉, 자본총계가 1000억 원인지 알았지만 알고 보니 300억 원에 불과한 것이다. 즉, 자본총계는 자산에서 부채를 뺀 결과치이지 현금덩어리같은 것이 아니므로 청산할 때는 그 계산이 매우 중요해진다.
　★ 청산이라는 극단적인 사례를 든 것일 뿐, 기본적으로 재무상태표 상의 항목들은 가능한 공정가치로 나타내게끔 각종 규정이 정하고 있다.

　다만, 수익을 내고 영업활동을 지속하는 계속기업의 경우 자본의 수익률 자체가 중요하므로 자본총계와 당기순이익의 비율이 가장 중요하며, 이 부분은 재무비율에서 더 다룬다.

지배지분자본총계

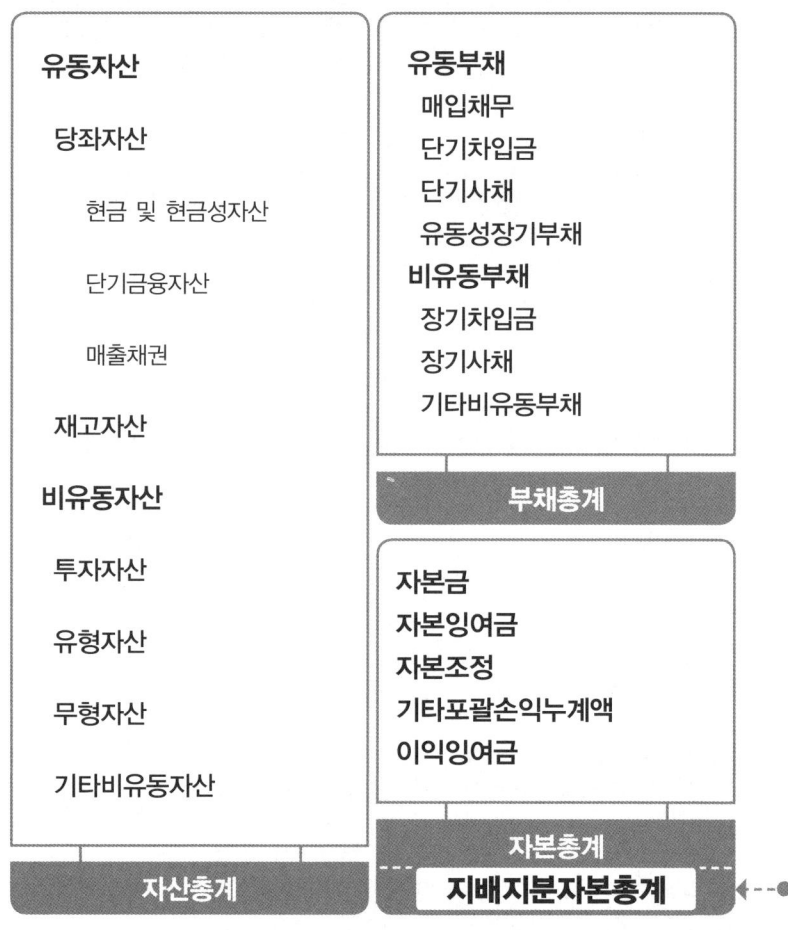

1. 개념 정의

지배지분 자본은 IFRS가 도입되면서 새롭게 등장한 항목으로 해당 기업에 투자한 투자자의 진정한 지분이라고 할 수 있다.

2. 기본 의미

 IFRS에서는 자본을 표기할 때 지배지분과 비지배지분을 구분하여 표기해야 한다. 기존 GAAP기준에서는 자본 항목 전부가 모두 투자자의 몫이었지만 IFRS에서는 그렇지 않다. 자본 항목 중 비지배지분을 제외한 지배지분만이 주주의 몫이다.

3. 내용 설명

 IFRS는 기본 재무제표로 연결재무제표를 사용한다. 연결재무제표란 지배기업과 종속기업의(지배기업이 50% 이상의 지분을 가진) 재무수치를 '100% 합산'하여 표시한 재무제표를 말한다. 따라서 연결재무제표에 기록된 자산, 부채, 자본 항목은 주주의 몫(지배기업 수치 및 자회사 수치 중 지배기업 소유분 만큼)이 아니라, 지배기업이 소유하지 않은 비율에 해당하는 종속기업의 수치까지 더한 것이다. 모기업이 종속회사에 대해 60%의 지분만 소유할지라도 나머지 40% 역시 연결재무제표에 포함되는 것이다.

 단, 자본 항목은 자산, 부채 항목과는 달리 지배지분과 비지배지분을 나누어서 표기한다. 여기서 지배지분이란 지배회사에 투자한 주주의 몫을 말하며, 기존 GAAP 기준에서의 자본총계 수치와 거의 일치한다.

한국주식가치평가원 심층코멘트

　주주 중심의 GAAP 회계기준에서 주주들은 자본총계 수치를 그대로 사용하면 되었지만 기업활동 중심의(기업경영 및 감사주체 중심) IFRS 회계기준에서 최소한 주주들은 자본총계를 그대로 쓸 수 없게 되었다.
　주주는 기업에 대한 소유권을 지니는 주체로, 자회사가 있는 기업에 투자할 경우 주주의 몫은 '모기업만의 자본총계' 및 '자회사의 자본총계 중 모기업이 소유한 지분율 만큼'이다. 그런데, 연결재무제표 상에서 자본총계는 종속기업(모기업 지분율이 50%를 초과)의 자본총계 중 모기업이 소유하지 않은 부분까지도 모기업의 자본총계에 모두 합한 수치로 표시된다. 이 부분의 부족함을 해결하기 위해서 연결재무제표에는 '지배지분'이라는 표현이 별도로 들어간다. 지배지분이란, '모기업만의 수치'와 '모든 주요 자회사(종속기업 포함)에 대해서 모기업의 지분율 만큼을 고려한 수치'를 합한 개념을 말하며, 진정 주주에게 귀속되는 수치이다.
　결론적으로 지배지분자기자본이란, '모기업만의 자기자본' 및 '모기업이 소유한 지분율 만큼의 자회사 자기자본'을 합한 수치를 말한다. 따라서 ROE(자기자본순이익률), BPS(주당순자산), PBR(주가순자산비율) 등 자본과 관련된 지표들은 지배지분자본총계 수치를 적용해야 한다.

②

"손익계산서와 용어설명"

1. 손익계산서란?
2. 손익계산서 항목별 설명

1. 손익계산서란?

　손익계산서는 주식투자자들의 영원한 로맨스 대상이며, 본질적이면서도(차트, 테마가 아닌) 중장기적으로 높은 주가상승률을 보이는 기업들은 모두 손익계산서가 좋은 기업들인 만큼, 손익계산서가 중요한 것은 말할 필요도 없다. 다만, 채권투자자의 경우 손익계산서보다는 재무상태표가 더 중요하고, 때때로 사업이 원활하지 않은 기업의 경우 손익계산서 뿐 아니라 현금흐름표를 더 깊이 보아야 하는 경우도 생긴다. 하지만 어디까지나 대부분의 경우 투자자에게 가장 중요한 재무제표는 손익계산서이다.

　손익계산서는 수익과 비용으로 나눌 수 있다. 그리고 영업과 비영업으로 나눌 수도 있다. 수익과 비용, 영업과 비영업 이 두 가지 구분법이 손익계산서를 가장 현명하게 해석하고, 주식투자 백전백승에 이르기 위한 발판능력이다.

　자세한 손익계산서 항목별 의미 및 해석은 개별 항목 설명에서 읽고 이해할 수 있을 것이다.

　여기서는 우선 '손익'계산 자체를 이해해보자. 수익은 매출액 이하 여러 단계의 이익이며, 비용은 매출원가 이하 여러 단계의 비용이다.

당연히 이익이 늘수록 좋은 것이며 비용이(향후 실적확대를 위한 투자 성격의 비용은 제외) 줄어들수록 좋은 것이다.

그리고 모든 항목은 영업수익과 비용, 비영업수익과 비용으로 나뉘기도 한다. 영업수익과 비용은 보다 지속적이고 순환적인(특히 경기변동형 기업일수록) 흐름을 따르지만 영업외수익과 비용은 대체로 (지분법손익 등 예외) 영업수익에 비해서 일시적인 형태를 띠며 장기적인 합산결과가 제로(0)에 수렴하기도 한다.

즉, 지속성이 있는 영업수익 항목이 꾸준히 증가하고 영업비용을 잘 관리하는지, 일시적인 비용이 발생했을 때 향후에 반복될 여지가 없는지 등을 검토하기 위한 것이 손익계산서인 것이다.

이하 설명할 여러 가지 손익계산서 항목의 개념과 의미를 잘 익혀서 주식투자자로서 기본적인 의사소통능력을 길러야, 기본적 분석을 통해 주식투자에서 꾸준히 성공을 반복할 수 있다.

2. 손익계산서 항목별 설명

매출액

매출액

- 매출원가
  매출총이익
- 판매비와관리비
  영업이익
+ 금융손익
    이자손익 및 배당금수익
    외환 및 파생상품관련손익
    기타 금융손익
+ 지분법투자자산 관련손익
+ 기타손익
  법인세비용차감전순이익
- 법인세비용
  당기순이익
    지배지분순이익
    비지배지분순이익
+ 기타포괄손익
  총포괄이익

1. 개념 정의

매출액은 기업이 일반적인 영업활동을 통해 벌어들인 수익을 말한다. 여기서 일반적인 영업활동이란, 제조업의 경우 제품을, 도소매업의 경우 상품을, 서비스업의 경우 용역을 제공하는 것을 말하며, 그 대가로 받은 수익의 총 합을 매출액이라 한다.

2. 기본 의미

일반적으로 특정 업종에서 기업의 위치나 순위를 파악할 때 매출액이 주로 사용된다. 예를 들어, 스마트폰 시장의 1, 2위는 삼성과 애플이라고 할 때 그 기준은 매출액이 되는 것이다.

3. 내용 설명

매출액은 포괄손익계산서의 가장 위에 위치한 항목이다. 포괄손익계산서는 매출액에서 특정 비용들(매출원가, 판관비, 법인세 등)을 차감하여 순이익이 도출되는 구조이다. 따라서 매출액은 기업 최종 이익의 첫 출발점으로 그 중요도가 매우 높다.

매출액은 기업이 제공하는 상품, 제품, 서비스의 판매가격에 판매된 수량을 곱하여 산출된다. 즉, 판매수량이 많을수록, 판매가격이 높을수록 매출액이 증가하게 되는 것이다. 따라서 기업들은 이 두 가지 요소에 주력하여 매출액을 증가시키려고 노력한다.

한국주식가치평가원 심층코멘트

　나관중의 역사소설 삼국지에서 전투장면을 묘사한 글에는 어김없이 제일 먼저 선봉장이 나온다. 무예가 낮은 일반 병졸이 아니라 무예가 가장 뛰어나고 화려한 전쟁기술들을 가진 장수들이 대개 선봉장으로 나와서 아군의 기세를 돋운다. 아군의 선봉장이 상대방의 선봉장을 이기면 아군 전체의 사기가 북돋워지면서 전체적인 전투국면에서 매우 유리해진다.

　갑작스럽게 왠 선봉장의 예를 들었냐 하면, 기업의 손익활동 중에서 선봉장이 바로 매출액이기 때문이다. 기업은 이익을 내야 한다. 그리고 기업은 이익을 키워야 한다. 이 두 가지를 충족시키기 위해서는 기업이 비용절감을 최우선목표로 하는 것이 아니라 매출확대(이익이 나는 상황에서)를 최우선목표로 해야 함을 말한다. 왜냐하면 비용을 줄이는 것에는 한계가 있고, 또한 비용 중에는 이익을 내는데 반드시 필요한 비용들이 많기 때문이다. 매출을 늘려서 이익을 늘린 기업은 향후 비용을 줄여서 이익을 더욱 늘릴 여력이 있는 것이다.

　더욱이 여러 단계의 비용들이 모두 매출액 증가율에 연동되는(매출액이 증가한 만큼 증가하는) 것은 아니기 때문에, 매출액이 늘면서 비용의 비중이 줄어들게 되면, 당기순이익 증가율은 더욱 높아질 수 있다.

　한편, 매출액은 제품 및 서비스의 판매수량과 판매가격을 곱한 금액으로 성장산업의 경우 판매수량을 늘림으로써 양적성장을 이루는 것이 바람직하다. 그러다가 산업이 성숙기로 접어들면 판매수량 증가가 한계에 부딪히게 되는데, 이때 경쟁구도가 강한 업종의 경우 매출액이 정체되게 되지만 경쟁구도가 강하지 않은 업종의 경우 독과점업체들이 주기적으로 판매가격을 올려서 가격 중심의 매출액 성장이 가능하다.

매출원가

```
매출액
    - 매출원가
매출총이익
  - 판매비와관리비
  영업이익
  + 금융손익
      이자손익 및 배당금수익
      외환 및 파생상품관련손익
      기타 금융손익
  + 지분법투자자산 관련손익
  + 기타손익
  법인세비용차감전순이익
  - 법인세비용
  당기순이익
      지배지분순이익
      비지배지분순이익
  + 기타포괄손익
  총포괄이익
```

1. 개념 정의

매출원가는 기업이 상품, 제품 등을 매출하는 데 직접 연관되는 비용으로 상기업의 경우 상품매입금액으로 이루어지며, 제조업의 경우 제품을 생산하는 데 소요된 직접 비용인 원재료비, 노무비, 기타 경비 등으로 구성된다.

2. 기본 의미

제조회사의 경우 매출원가는 비용항목 중에서 가장 액수가 크며, 이로 인해 그 기업의 수익성을 결정짓는 매우 중요한 요소이다. 반면, 서비스업의 경우 제공하는 서비스와 직접 관련된 제품 생산이나 상품 매입이 적어 매출원가 액수는 적은 편이다.

3. 내용 설명

일반적으로 매출원가 중에서 가장 비중이 큰 항목은 원재료비이다. 원재료비는 거시경제나 해당 원재료 산업의 경기등락에 따라 변동하는 성격을 가진다. 경기가 하강하면 원재료 수요도 감소하여 원재료비가 줄어들지만 경기가 상승하면 원재료 수요도 증가하여 원재료비 역시 상승한다.

원재료 시장을 공급측면에서도 살펴보자. 원재료 공급자가 적으면 구매자가 원재료 가격을 그대로 수용할 수밖에 없으므로 구매기업에 불리하지만 원재료 공급자가 많으면 구매자의 가격 협상력이 증가하게 되므로 구매자에게 유리하다. 이렇게 재료비는 수요, 공급에 따라 변화하며 이로 인해 매출원가도 변동하게 되어 기업의 매출원가율(매출원가/매출액)을 변동시킨다.

한편, 원재료비가 증가하더라도 그 증가분을 판매가격에 전가할 수 있는 기업들이 존재한다. 이들 기업은 매출원가가 증가하는 만큼 매출액도 증가하기 때문에 기업의 수익성이 악화되지 않는다. 투자자들은 이러한 기업들을 눈여겨 볼 필요가 있다.

한국주식가치평가원 심층코멘트

　매출원가는 제조과정에서 직접 사용되는 재료비, 노무비 및 경비로 이루어진 비용 항목으로 '기술 및 지식중심 산업, 서비스업종' 등을 제외하면 일반적으로 가장 비중이 크고, 손익계산서에서 가장 먼저 차감되는 항목이다. 세부 항목으로는 재료비와 노무비, 경비(감가상각비, 외주가공비, 기타) 등으로 구성되는데, 직접 제조하는 기업의 경우 재료비가 가장 많이 들고, 외주생산하는 경우는 경비가 가장 많이 든다.
　일반적으로 매출액이 증가할수록 매출원가도 비례해서 증가하고, 매출액이 감소할수록 매출원가도 비례해서 감소한다. 이는 매출액에 연동되지 않는 감가상각비 같은 항목에 비해서 매출액에 연동되는 재료비나 외주가공비의 비중이 훨씬 크기 때문이다.

매출총이익

```
매출액
- 매출원가
    매출총이익
- 판매비와관리비
  영업이익
+ 금융손익
    이자손익 및 배당금수익
    외환 및 파생상품관련손익
    기타 금융손익
+ 지분법투자자산 관련손익
+ 기타손익
  법인세비용차감전순이익
- 법인세비용
  당기순이익
    지배지분순이익
    비지배지분순이익
+ 기타포괄손익
  총포괄이익
```

1. 개념 정의

매출총이익이란 매출액에서 매출원가를 뺀 금액으로 제품 생산이나 상품 매입과 관련하여 소요된 비용을 뺀 최초의 이익이다. 매출원가가 증가하면 매출총이익이 감소하고, 매출원가가 줄어들면 매출총이익이 늘어나는 구조이다.

2. 기본 의미

매출총이익의 크기는 매출액과 매출원가에 달려있다. 매출액이 100억 원이라도 매출원가가 90억 원이면 매출총이익은 10억 원에 불과한 반면, 매출액이 50억 원인 기업이라도 매출원가가 20억 원이면 매출총이익은 30억 원으로 첫 번째 기업보다 이익이 크다.

3. 내용 설명

매출총이익은 포괄손익계산서 상 최초 단계의 이익으로 매출액과 매출원가 두 항목에 영향을 받는다.

기업의 매출총이익이 증가하려면 매출액이 늘거나 매출원가가 감소해야 한다. 두 가지(매출액 증가, 매출원가 감소)가 동시에 일어나면 매출총이익은 급격히 늘어나게 된다.

매출액이 증가하기 위해서는 판매량이 늘거나 판매단가를 인상해야 하며, 매출원가가 감소하려면 원재료를 값싸게 들여오거나 생산효율성을 증가시키는 등의 노력이 필요하다.

한국주식가치평가원 심층코멘트

기업의 이익은 매출총이익에서 웬만큼 결정된다. 매출총이익은 매출액에서 매출원가를 뺀 항목으로 기업이 손쉽게 늘리거나 줄일 수 있는 항목이 아니다. (매출액과 매출원가는 근본적으로 통제하기 어렵다)

그럼에도 불구하고 매출총이익의 장기적인 증감추세는 읽을 수 있다. 제품 및 서비스를 구입하는 수요업종의(B2B의 경우) 업황이 개선되거나 수요자의(B2C의 경우) 소비심리가 살아나면 매출액이 증가하게 되고, 원재료나 부품을 공급하는 업체들의 경쟁이 심해지거나 공급량이 늘게 되면 매출원가가 하락하게 되어 매출총이익이 증가한다. 반대의 경우에는 매출총이익이 감소하게 되는데, 수요시장의 증감과 공급체의 가격등락이 순환의 형태를 띠므로 매출총이익 역시 중기적으로 증감하게 된다.

판매비와관리비

```
  매출액
− 매출원가
  매출총이익
─────────────────────
  − 판매비와관리비
─────────────────────
  영업이익
+ 금융손익
    이자손익 및 배당금수익
    외환 및 파생상품관련손익
    기타 금융손익
+ 지분법투자자산 관련손익
+ 기타손익
  법인세비용차감전순이익
− 법인세비용
  당기순이익
    지배지분순이익
    비지배지분순이익
+ 기타포괄손익
  총포괄이익
```

1. 개념 정의

판매비와관리비는 판매비와 관리비를 총칭하는 단어로 판매비란 기업의 판매활동에서 발생한 비용이며, 관리비란 기업의 일상적인 유지 및 관리를 위한 비용이다. 판매비와 관리비는 뚜렷하게 구별되지 않아서 판매비와관리비라는 계정과목을 사용한다.

2. 기본 의미

판매관리비에는 인건비, 수수료, 광고판촉비, 연구개발비, 각종 상각비 등이 있다.

3. 내용 설명

판매비와관리비의(이하 '판매관리비') 세부 계정과목을 살펴보면, 급여, 퇴직급여, 복리후생비, 접대비, 운반비, 광고선전비, 연구개발비, 감가상각비, 잡비 등 성격에 따라 다양한 종류의 계정과목이 존재한다. 그 중에서도 투자자가 필수적으로 알아야 할 몇 가지 판관비를 꼽아보면 인건비, 연구개발비, 감가상각비 등이 있다.

일반적으로 인건비는 판매관리비 항목 중 가장 비중이 크며 월급에 해당하는 급여, 퇴직금에 해당하는 퇴직급여, 보너스에 해당하는 상여 등이 있다. 연구개발비에는 기업의 R&D 중 연구단계에서 발생하는 연구비와 개발단계에서 발생하는 경상개발비가 있다. 감가상각비란 공장, 기계장치 등의 유형자산 취득원가를 특정 기간 동안 정액법, 정률법 등에 의거하여 비용으로 처리하는 계정이다.

한국주식가치평가원 심층코멘트

자본은 수익을 추구하며, 자본으로 설립된 기업이 비용을 지출할 때는 개인의 쇼핑과는 달리 수익을 창출할 목적으로만 비용을 지출한다. 그러므로 판매관리비 역시 모두 수익을 창출하기 위한 항목들이다.

예를 들면 인건비는 기본적인 경영활동을 위해 인력에 지출하는 경비이고, 광고판촉비는 단기적인 시장점유율 및 매출액 증가를 위해서 지출, 연구개발비는 제품을 추가로 개발하여 매출액을 증가시키기 위한 지출 경비이다.

소비자에게 판매하여 브랜드가 특히 중요한 업종의 경우 광고판촉비 비용집행을 눈여겨봐야 하고, 기술적인 경쟁력이 중요한 제약, 반도체(및 부품), 첨단기계 업종 등에 있어서는 연구개발비 항목이 특히 중요하다.

영업이익

```
        매출액
      − 매출원가
        매출총이익
      − 판매비와관리비
  ┌─────────────────────┐
  │       영업이익        │
  └─────────────────────┘
      + 금융손익
          이자손익 및 배당금수익
          외환 및 파생상품관련손익
          기타 금융손익
      + 지분법투자자산 관련손익
      + 기타손익
          법인세비용차감전순이익
      − 법인세비용
          당기순이익
             지배지분순이익
             비지배지분순이익
      + 기타포괄손익
          총포괄이익
```

1. 개념 정의

  영업이익은 매출총이익에서 판매비와관리비를 차감하여 산출된다. 영업이익은 기업의 본업에 의한 핵심이익으로 그 중요도가 매우 높다.

2. 기본 의미

영업이익은 영업수익에서 영업비용을 차감하여 산출되는 기업의 순수한 사업이익이다. 일반적으로 기업의 영업수익은 매출액을 말하며, 영업비용은 매출원가와 판매비와관리비를 총칭한다.

3. 내용 설명

투자자 입장에서 영업이익의 중요도는 매우 높다고 할 수 있다. 영업이익이야말로 핵심 사업에서 창출되는 기업의 본질적인 이익이기 때문이다. 포괄손익계산서에는 영업이익과 대비하여 영업외손익이 존재하는데 이는 기업의 본업이 아닌 부수적인 활동으로 발생한 이익이다. 따라서 기업 고유의 사업이익을 알아보려면 영업이익을 체크해야 한다.

영업이익을 증가시키려면 영업수익(매출액)을 늘리고, 영업비용(매출원가 및 판매비와관리비)을 줄여야 한다.

한국주식가치평가원 심층코멘트

영업 측면에서 기업의 최종손익은 영업손익이며, 기타 영업외손익이 있다. 기업의 주 사업영역에서 창출하는 이익이 영업이익이므로 당연히 대부분의 기업(지주사 등 제외)에서 영업이익의 지속성, 중요성, 비중 등이 영업외수익보다 크다. 영업이익이 결정되는 것은 매출액과 비용에 의해서이며, 비용은 매출원가와 판매관리비로 나눌 수 있다.

한편, 매출액이 상승함에 따라 동시에 증가하는 비용을 변동비라고 하며, 매출액이 증가하더라도 상승하지 않는 비용을 고정비라고 한다. 매출원가의 항목들은 대체로 변동비에(감가상각비 등 제외) 가까운 모습을 보이며, 판매관리비의 항목들은 대체로 고정비(운송비, 판촉비 등 제외)에 가까운 모습을 보인다. 변동비의 비율이 낮고 고정비의 비율이 높은 기업의 경우, 매출액 증가분보다 비용 증가분이 적기 때문에 장기적인 매출액증가율보다 장기적인 영업이익 증가율이 크다.

금융손익

```
    매출액
  − 매출원가
    매출총이익
  − 판매비와관리비
    영업이익
    ┌─────────────────┐
    │    + 금융손익    │
    └─────────────────┘
    이자손익 및 배당금수익
    외환 및 파생상품관련손익
    기타 금융손익
  + 지분법투자자산 관련손익
  + 기타손익
    법인세비용차감전순이익
  − 법인세비용
    당기순이익
      지배지분순이익
      비지배지분순이익
  + 기타포괄손익
    총포괄이익
```

1. 개념 정의

　금융손익이란 기업이 영업 이외의 경영활동을 통해서 벌어들인 영업외손익으로 금융기관이나 타법인 등과의 금융거래로 발생한 손익이다. 금융손익에는 이자손익 및 배당금수익, 외환 및 파생상품관련손익, 기타 금융손익이 있다.

2 기본 의미

이자손익 및 배당금수익은 자금을 예금하거나 빌리거나 타법인에 투자한 결과로 발생하며, 외환 및 파생상품관련손익은 외환이나 파생상품 거래로 인한 이익이며, 기타 금융손익은 금융거래와 관련된 다양한 손익을 모아놓은 계정이다.

3. 내용 설명

금융손익은 영업외손익의 세부항목으로 기업의 정상적인 영업활동으로 인한 이익이 아니기 때문에 일회적 성격이 강한 이익이 많다. 예를 들어, 외환거래로 인한 외환차익이나 외환차손은 환율의 상승과 하락에 따라 발생하는 일시적인 손익으로 기업의 본질적인 경쟁력과 큰 상관관계가 없다.

일반적인 기업의 외환관련 손익, 파생상품 관련손익, 금융자산의 평가 및 처분 관련손익의 경우, 초장기적으로 보면 모두 제로(0)에 수렴된다고 볼 수 있으며, 내재가치를 밸류에이션(가치평가)할 때 1회적이며 손익순환적인 항목들은 배제할 수 있다.

> **한국주식가치평가원 심층코멘트**
>
> 한편, 영업외손익 중에도 지속적이고 예측 가능한 이익이 존재한다. 어떻게 그럴 수 있을까? 그것은 기업의 중장기적 재무적 특성에 기인한 금융손익 항목과 영업손익이나 마찬가지인 또 다른 항목에 해당한다.
> 특정 기업이 수익성이 좋은데 성숙기에 있다면, 보유현금 중 일부를 예금 및 채권 등 이자수익이 발생하는 자산으로 가져갈 수 있다. 이 때 이자수익이 발생하는데, 재무구조상 잉여현금이 많아서 발생한 이자수익은 다른 영업외손익 항목보다는 변동성이 적다. 반대로 수익성이 좋은데 성장기에 있다면, 지속적으로 금융부채를 빌려서 사업에 활용하는데, 이 때 일정한 이자비용이 발생한다. 또 하나의 항목은 지분법손익인데 해당 항목에서 따로 설명한다.

이자손익 및 배당금수익

```
    매출액
  − 매출원가
    매출총이익
  − 판매비와관리비
    영업이익
  + 금융손익
 ┌─────────────────────┐
 │  이자손익 및 배당금수익  │
 └─────────────────────┘
    외환 및 파생상품관련손익
    기타 금융손익
  + 지분법투자자산 관련손익
  + 기타손익
    법인세비용차감전순이익
  − 법인세비용
    당기순이익
      지배지분순이익
      비지배지분순이익
  + 기타포괄손익
    총포괄이익
```

1. 개념 정의

이자손익 및 배당금수익은 '이자수익−이자비용+배당금수익'으로 계산된다. 이자손익 및 배당금수익은 금융손익 중 가장 지속적이고 예측 가능한 성격의 손익이다.

2. 기본 의미

일반적으로 무차입경영을 하는 기업의 경우 이자비용이 없어 이자손익 및 배당금수익은 양수를 나타낸다. 반면, 과도한 차입금을 가지고 있는 기업은 이자비용이 높아 이자손익 수치가 음수를 나타낸다.

3. 내용 설명

이자손익 및 배당금수익에서 가장 주의 깊게 봐야 할 항목은 이자비용이다. 이자비용은 기업이 대출을 하거나 채권을 발행하여 자금을 조달한 대가로 차입금, 사채 등의 부채항목이 원인이 되어 나타난 결과이다. 차입금이나 사채가 많은 기업의 경우 과도한 이자비용 때문에 기업의 수익성이 악화되고 심지어 적자를 기록하기도 한다. 투자자는 기업이 이자비용을 감당하고도 남을만한 이익을 내고 있는지 체크해야 한다.

이자비용의 반대 개념인 이자수익은 주로 단기금융자산이나 유가증권에서 발생한다. 현금이 쌓이는 기업의 경우 남는 현금을 예금해두는 경우가 많다. 이로 인해 이자수익이 발생하여 순이익을 증가시킨다. 한편, 배당금수익은 말 그대로 타 기업의 주식을 매수하여 그로 인해 배당금을 받는 경우를 말한다.

한국주식가치평가원 심층코멘트

향후 이자손익의 추정범주를 알고 싶다면, 이자수익을 내고 있는 기업의 경우 이자발생 자산을(예금, 채권 등) 처분하여 새로운 사업이나 자회사에 투자할 계획이 있는지 살펴보면 된다. 특별한 계획이 없는 성숙기 산업 기업의 경우 이자수익의 변동성은 낮을 것이다. 이자비용을 내고 있는 기업의 경우 이자발생부채(차입금, 사채 등)의 규모가 줄어드는 속도를 살펴보면 향후 이자비용의 증감을 예견할 수 있다. 성장정책을 위해 금융부채 규모를 유지하므로 이자비용이 유지될 기업, 혹은 지속적으로 금융부채를 갚아나가므로 이자비용이 감소할 기업으로 구분하고 판단할 수 있다.

배당손익의 추정범주는 배당금을 지급하는 주요 자회사의 장기적인 손익추이를 살펴보고 증가, 유지, 감소 여부를 판단할 수 있다.

외환 및 파생상품관련손익

```
  매출액
− 매출원가
  매출총이익
− 판매비와관리비
  영업이익
+ 금융손익
    이자손익 및 배당금수익
    ┌─────────────────────┐
    │ 외환 및 파생상품관련손익 │
    └─────────────────────┘
    기타 금융손익
+ 지분법투자자산 관련손익
+ 기타손익
  법인세비용차감전순이익
− 법인세비용
  당기순이익
    지배지분순이익
    비지배지분순이익
+ 기타포괄손익
  총포괄이익
```

1. 개념 정의

외환 및 파생상품관련손익은 외화의 거래 및 환산과 관련된 외환관련손익과 파생상품과 관련한 파생상품관련손익으로 나뉜다. 외환관련손익에는 외환차익, 외환차손, 외화환산이익, 외화환산손실이 있고, 파생상품관련손익에는 파생상품이익, 파생상품손실 등이 있다.

2. 기본 의미

기본적으로 외환 및 파생상품관련손익은 일회성 손익이다. 즉, 특정 시점에서는 기업 손익에 지대한 영향을 미치기도 하지만 장기적인 기업 고유의 가치에 포함시키기에는 무리가 있다.

3. 내용 설명

외환 및 파생상품관련손익 중 외환관련손익은 외화의 거래 및 환산과 관련한 이익이다. 외환차익과 외환차손은 외화의 거래로 인해 발생하며 외화환산이익과 외화환산손실은 외화의 환산과 연관된 손익이다. 예를 들어, 기업이 일본의 회사로부터 대여한 차입금을 상환했을 때(거래 성립) 환율 차이로 인한 이익이 난 경우 외환차익이라고 한다. 하지만 아무런 거래 없이 회계기간 말에 차입금을 평가하여 이익이 난 상태라면 외화환산이익이라고 한다. 외환차손과 외화환산손실 역시 거래가 성립되었는지 그렇지 않은지에 따라 계정과목이 구별된다.

파생상품관련손익이란 기업이 보유하고 있는 파생상품의 가치변화에 따라서 발생하는 손익계정이다. 파생상품은 상품, 통화, 이자율 등의 상품을 기초로 하여 파생된 상품을 말하며, 보통 기업에서는 기초상품 가격 변화에 대한 위험회피수단으로 보유한다.

한국주식가치평가원 심층코멘트

　외환관련 손익은 단기적으로 환율의 영향을 받으면서 당기순이익에 영향을 미칠 수 있으나, 외환관련 손익이 크게 발생해도 주가는 1회성으로 잠깐 등락할 뿐, 내재가치와 주가에 영향을 미치지 않는다. 기본적인 산업구조가 구축된 국가들(미국과 한국 등) 간의 환율이란 단기추세는 있을지언정 기업의 주요 손익항목들(매출액, 영업이익 등)처럼 누적적으로 증가할 수는 없기 때문이다. 즉, 일정 기간 동안 원달러 환율이 1,000원에서 1,500원이(1.5배) 되었다고 해서 다음 기간 동안 1,500원이 2,250원으로(1.5배) 오르고, 그 다음 기간 동안 2,250원에서 3,375원(1.5배)로 오르지는 않는다는 것이다.

　한편 파생상품관련손익의 경우, 기업들은 수출주도형, 특정 원자재가격 의존형 등 고유의 영업리스크를 헷지하기 위해서 활용하는 편이다. 파생상품관련손익 역시 장기적으로 합산금액이 제로에 수렴하지만, 잘 설계된 상품의 경우 환율이 변동하거나 원자재가격이 변동하는 과정에서 영업실적이 나빠질 때 수익이 나거나 영업실적이 좋아질 때 손실이 나는 경우가 많다.

기타 금융손익

```
    매출액
  - 매출원가
    매출총이익
  - 판매비와관리비
    영업이익
  + 금융손익
      이자손익 및 배당금수익
      외환 및 파생상품관련손익
   ▶ 기타 금융손익
  + 지분법투자자산 관련손익
  + 기타손익
    법인세비용차감전순이익
  - 법인세비용
    당기순이익
      지배지분순이익
      비지배지분순이익
  + 기타포괄손익
    총포괄이익
```

1. 개념 정의

기타 금융손익은 금융손익 중에서 이자손익 및 배당금수익이나 외환 및 파생상품관련손익에 포함되지 않는 기타의 손익을 말한다. 대표적으로 금융자산처분이익, 금융자산평가이익, 금융자산처분손실, 금융자산평가손실 등이 있다.

2. 기본 의미

기타 금융손익은 외환 및 파생상품관련손익과 마찬가지로 기업 고유의 가치에 크게 영향을 미치지 못하는 일회성 손익이라고 할 수 있다.

3. 내용 설명

대표적인 기타 금융손익으로 금융자산처분이익, 금융자산처분손실이 있다. 이름에서 알 수 있듯이 금융자산을 처분하면서 이익이나 손실이 생길 경우 발생하는 계정이다. 이와는 다르게 금융자산평가이익과 금융자산평가손실은 회계기간 말에 금융자산을 평가하여 이익이나 손실이 난 만큼을 반영해주는 계정과목이다.

이외에도 기타 금융손익에는 매출채권처분이익/손실 등이 있으나 앞서 언급했듯이 대부분 일회적인 성격의 계정으로 기업 내재가치에 미치는 영향은 미미하다.

지분법투자자산 관련손익

```
    매출액
  - 매출원가
    매출총이익
  - 판매비와관리비
    영업이익
  + 금융손익
      이자손익 및 배당금수익
      외환 및 파생상품관련손익
      기타 금융손익
  ┌─────────────────────────┐
  │ + 지분법투자자산 관련손익 │
  └─────────────────────────┘
  + 기타손익
    법인세비용차감전순이익
  - 법인세비용
    당기순이익
      지배지분순이익
      비지배지분순이익
  + 기타포괄손익
    총포괄이익
```

1. 개념 정의

지분법투자자산 관련손익이란 지배기업이 소유한 자회사들 중 관계기업(모기업의 지분율이 20%~50%)의 당기순손익을 지분율 만큼 적용한 손익이다.

2. 기본 의미

모기업이 투자한 자회사들 중 일반적으로 모기업의 지분율이 20~50%에 해당하는 자회사는 관계기업, 모기업의 지분율이 50% 이상(그 외 실질적으로 50% 이상 지배)인 자회사는 종속기업이라고 한다. GAAP 기준 지분법손익의 경우 20% 이상 소유하고 있는 모든 자회사(관계기업 및 종속기업)의 당기순손익 중 지분율 만큼 지분법손익으로 반영하지만 IFRS 기준 지분법손익의 경우 관계기업만의 지분법손익을 나타낸다.

3. 내용 설명

지분법투자자산 관련손익을 이해하기 위해서는 지배기업, 종속기업, 관계기업의 개념을 알아야 한다. 먼저, 지배기업이란 산하에 종속기업이나 관계기업을 거느리고 있는 모회사를 말하며, 종속기업은 모회사가 50% 이상의 지분을 가지고 있는 자회사(또는 50% 이하의 지분율이라도 실질 지배력이 그에 준하는 자회사)를 말하고, 관계기업이란 모회사가 20%에서 50%의 지분을 소유하고 있는 자회사를 말한다. 즉, 지배기업은 모회사, 종속기업과 관계기업은 자회사이다.

IFRS의 주재무제표는 연결재무제표로 지배기업과 종속기업의 매출액, 영업이익, 순이익, 자산, 부채, 자본 등 모든 항목의 수치를 합산한 재무제표이다. 따라서 주재무제표의 지분법관련손익은 종속기업의 지분법손익을 제외한(이미 매출액부터 포함되어 있으므로) 관계기업만의 지분법손익을 나타낸다. 이는 모든 자회사의 지분법손익을 나타냈던 GAAP 기준 지분법손익과 다른 점이므로 투자자들은 이 점을 유의해야 한다.

한국주식가치평가원 심층코멘트

　기업의 최종 이익 항목 중에서 영업이익이 그 지속성과 중요성 등이 크다고 설명했다. 그런데 영업외수익 중 지속성 측면에서 중요한 항목으로 앞에서 이자손익을 꼽았는데, 영업외수익 중 중요도 자체가 더 큰 항목은 지분법손익이다.

　모기업이 영업손익과 영업외손익을 거쳐 당기순이익을 내는 것처럼, 모기업이 출자한 자회사들도 당기순이익을 창출하기 때문에, 다른 영업외수익에 비해서 지분법손익이 보다 중요성 및 지속성이 있는 것이다. 자회사들의 당기순이익에 대해서 모기업이 소유하는 지분율 만큼 수익을 인식하는 지분법수익(혹 지분법손익)이 발생하는데, 불규칙적인 외부환경에 기인한 수익이 아니라 자회사의 사업결과에 따른 수익인 만큼 기타 영업외손익에 비해서 더 중요하다.

　다만, GAAP 기준 지분법손익이 모든 중요한 자회사들의(지분율 20% 이상) 손익을 지분율 만큼 반영함에도 불구하고, 바뀐 IFRS 기준 지분법손익은 관계기업(지분율 20~50%)만의 손익을 지분율 만큼 반영하므로 항목 자체만으로는 자회사들의 실적을 제한적으로 반영하는 측면이 있다.

　대안으로는 IFRS 연결재무제표 기준 지배지분 당기순이익에서 IFRS 개별재무제표 기준 모기업만의 당기순이익을 빼면, 그 차액이 대략 중요 자회사 전체를(관계기업 및 종속기업) 감안한 지분법손익이라 할 수 있다.

기타손익

```
    매출액
  - 매출원가
    매출총이익
  - 판매비와관리비
    영업이익
  + 금융손익
       이자손익 및 배당금수익
       외환 및 파생상품관련손익
       기타 금융손익
  + 지분법투자자산 관련손익
    ┌─────────────────────┐
    │   + 기타손익          │
    └─────────────────────┘
    법인세비용차감전순이익
  - 법인세비용
    당기순이익
       지배지분순이익
       비지배지분순이익
  + 기타포괄손익
    총포괄이익
```

1. 개념 정의

　기타손익이란 영업외손익 중 금융손익이나 지분법투자자산 관련 손익에 속하지 않는 기타의 항목을 말한다. 임대료, 기부금, 재고자산평가손실, 법인세환급액, 법인세추납액 등 다양한 세부 계정과목들이 존재한다.

2. 기본 의미

기타손익은 영업 외적으로 발생한 일회성 손익으로 기업 본질적인 내재가치와 직접적인 관련이 덜한 항목이다.

3. 내용 설명

특정 기업의 예상 이익을 계산할 때 가장 신경 쓰지 않아도 될 항목이 기타손익이다. 기타손익의 거의 모든 항목이 일회적인 성격의 이익(손실)으로 다음 분기 혹은 다음 년도에는 발생하지 않을 가능성이 높기 때문이다.

세부 기타손익 항목을 살펴보자. 재고자산의 가치가 취득시보다 떨어졌을 때 발생하는 재고자산평가손실, 법인세를 환급받을 때 발생하는 법인세환급액, 법인세를 추가로 납부할 때 발생하는 법인세추납액 등은 지속적으로 발생하지 않을 손익으로 기업의 본질적인 이익과 관계가 적은 항목들이다. 단, 위와 같은 일회성 항목들로 인하여 이익이 급감하고, 이에 따라 주식시장에서 비정상적으로 주가가 급락할 때는 매력적인 투자기회가 될 수도 있다.

법인세비용차감전순이익

```
        매출액
      - 매출원가
        매출총이익
      - 판매비와관리비
        영업이익
      + 금융손익
            이자손익 및 배당금수익
            외환 및 파생상품관련손익
            기타 금융손익
      + 지분법투자자산 관련손익
      + 기타손익
    ┌─────────────────────────┐
    │    법인세비용차감전순이익    │
    └─────────────────────────┘
      - 법인세비용
        당기순이익
            지배지분순이익
            비지배지분순이익
      + 기타포괄손익
        총포괄이익
```

1. 개념 정의

법인세비용차감전순이익은 영업이익에 영업외손익(=영업외수익-영업외비용)을 더하여 산출된다. 영업이익과 영업외손익을 더한 수치는 기업 고유의 영업활동(생산, 판매, 관리)과 부수적인 경영활동(재무 등)에서 발생한 모든 수익을 더한 것을 뜻한다.

2. 기본 의미

법인세비용차감전순이익은 이름에서 알 수 있듯이 법인세를 제외한 모든 비용을 차감한 순이익이다. 법인세비용차감전순이익에는 기업가치와 직접적으로 연관된 지속적인 이익과 기업가치와 동떨어진 일회성 이익이 모두 포함된다.

3. 내용 설명

법인세비용차감전순이익을 산출해내기 위해서는 영업이익(=매출액-매출원가-판매비와관리비)과 영업외손익을 알아야 한다. 영업수익(매출액)을 높이기 위해서는 매출량을 늘리거나 판매단가를 높여야 한다. 영업비용을 줄이기 위해서는 매출원가 혹은 판매비와관리비를 줄여야 한다. 영업외손익은 일회적인 성격의 손익이 많으므로 기업 본질적인 이익을 구할 때 배제해도 상관없으나 지속적인 성격의 영업외손익(이자손익 및 배당금수익, 지분법투자자산 관련손익 등)은 구별하여 포함시킬 필요가 있다.

법인세비용

```
      매출액
    - 매출원가
      매출총이익
    - 판매비와관리비
      영업이익
    + 금융손익
         이자손익 및 배당금수익
         외환 및 파생상품관련손익
         기타 금융손익
    + 지분법투자자산 관련손익
    + 기타손익
      법인세비용차감전순이익
         - 법인세비용
      당기순이익
         지배지분순이익
         비지배지분순이익
    + 기타포괄손익
      총포괄이익
```

1. 개념 정의

법인세비용이란 회사가 1년 동안 벌어들인 이익과 관련하여 국가에 납부해야 할 모든 세금을 말하며 여기에는 법인세, 주민세, 농어촌특별세가 포함된다.

2. 기본 의미

우리나라의 현행 법인세율을 살펴보면, 과세표준 2억 원 이하는 10%, 2억 원에서 200억 원까지는 20%, 200억 원 초과 기업에 대해서는 22%의 법인세율을 적용하고 있다. 여기에 10%의 주민세가 붙어서 순이익이 200억 원을 훨씬 초과하는 기업의 경우 세전이익의 24.2% 정도를 세금으로 납부하게 된다.

3. 내용 설명

세전이익이 200억 원을 초과하는 기업을 예로 들면 법인세비용차감전순이익의 24.2%를 법인세로 지출해야 하지만 실제 법인세비용은 이와 정확히 일치하지 않는다. 그 이유는 기업의 재무를 확인 및 정리하는 재무회계와 기업의 세금을 산출해 내기 위한 세무회계의 차이 때문이다.

한국주식가치평가원 심층코멘트

법인세율은 위와 같이 정해져 있으나 기업의 투자, 연구개발, 고용활동 등을 통해 경제사회 전체의 활력을 향상시키기 위해 정부에서는 중장기적인 정책에 따라서 각종 세무적 혜택, 촉진책 등을 수립하고 시행한다. 그러므로 기업에 따라서 혹은 같은 기업이라도 연도별로 법인세율이 소폭 다를 수 있다.

투자자들이 관심기업의 향후 법인세율을 추정하기 위해서는 해당 업종에 대한 정부의 세무적 지원 정책에 크고 새로운 변화가 없는 한, 일반적으로 과거 몇 년 간의 평균적인 법인세율로 대략 판단할 수 있다.

당기순이익

```
      매출액
    - 매출원가
      매출총이익
    - 판매비와관리비
      영업이익
    + 금융손익
          이자손익 및 배당금수익
          외환 및 파생상품관련손익
          기타 금융손익
    + 지분법투자자산 관련손익
    + 기타손익
      법인세비용차감전순이익
    - 법인세비용
      ━━━━ 당기순이익 ━━━━
      지배지분순이익
      비지배지분순이익
    + 기타포괄손익
      총포괄이익
```

1. 개념 정의

    기업이 한 해 동안 벌어들인 총수익(매출액, 영업외수익)에서 총비용(매출원가, 판매비와관리비, 영업외비용, 법인세비용)을 차감한 최종 이익을 당기순이익이라고 한다. 당기순이익은 주주의 몫으로 당기순이익 등락에 따라서 주가 역시 변동하는 특성을 가지고 있다.

2. 기본 의미

IFRS의 주재무제표인 연결재무제표의 당기순이익은 지배기업과 종속기업의 순이익, 관계기업 지분법손익 등을 합한 수치이며, 별도재무제표의 당기순이익은 지배기업만의 당기순이익을 나타낸다.

3. 내용 설명

당기순이익은 손익계산서 상에서 최종적으로 산출되는 이익이다. 기업은 영업부문에서 손익을 가감한 최종이익과 영업외 부문에서 손익을 가감한 최종이익을 더하고, 최종적으로 법인세까지 차감한 다음에야 당기순이익을 도출하게 된다. 또한 이 과정에서 채권자들의 몫인 이자비용까지 차감하게 된다.

그러므로 당기순이익은 영업과 영업외 등 기업이 영위하는 사업 전체를 통해 최종적으로 주주들의 몫으로 창출한 항목인 셈이다. 당기순이익은 주주에게 몽땅 배당을 줄 수도 있고, 기업에 100% 유보(남겨서 활용)해서 재투자할 수도 있고, 일부를 배당하고 일부를 유보할 수도 있다.

한편, 당기순이익 자체는 주주의 몫에 해당하는 이익 항목이며, 재무상태표에서 주주의 몫인 자본을 증가시키는 가장 주요한 요인이다. 그러므로 아주 기본적인 수준에서 말하자면 당기순이익 수치는 기업가치평가의 기준이 되는 이익이다. 예를 들어, 당기순이익이 꾸준히 100억 원 수준이었던 기업의 다른 모든 조건이 동일한 가운데, 꾸준히 창출할 수 있는 당기순이익이 200억으로 증가한다면 그 기업의 적정한 시가총액은 두 배가 된다. 이처럼 당기순이익은 주주에게 매우 중요한 지표이다.

한국주식가치평가원 심층코멘트

　당기순이익의 결정적인 중요성은 바로 그 수치가 주주들의 몫이라는 것이고 적정한 시가총액을 결정한다는 것이다. 그러나 당기순이익의 결정적인 약점은 바로 그 수치는 원인값이 아니라 결과값에 불과하다는 것이다.

　쉽게 말해서 작년의 당기순이익이 얼마였기 때문에 올해 당기순이익이 얼마일 것이라는 가정은 모두가 쓸모없다는 이야기이다. 당기순이익이 도출되는 것은 매출액에서 각종 비용을 빼고 난 후의 결과값이지, 당기순이익 자체가 애초에 일정한 수치로 존재하는 것은 아니기 때문이다. 그러므로 내년도 혹은 내후년도의 당기순이익을 산출해내기 위해서는 과거의 매출액증가율과 주요 비용의 증가율을 분석하여 계산하는 방법이 가장 타당하다.

　가장 비중이 크고 매출액 대비 비율이 규칙성을 띠는 핵심 비용 항목의 수치를 추정하면, 매출액증가율과 비용증가율이 대략 일치하는지, 매출액증가율에 비해서 비용증가율이 낮은지(우수기업 혹은 호황사이클) 혹은 비용증가율이 높은지(열위기업 혹은 불황사이클) 등을 알 수 있다.

　한편, GAAP 기준에서는 심플하게 당기순이익 수치 자체가 중요했으나, IFRS 하에서는 연결재무제표의 지배지분 당기순이익 수치가 중요하다. (물론, 개별재무제표가 전부인 기업은 지배지분 당기순이익 항목 자체가 없기 때문에 당기순이익 수치가 중요하다)

지배지분순이익, 비지배지분순이익

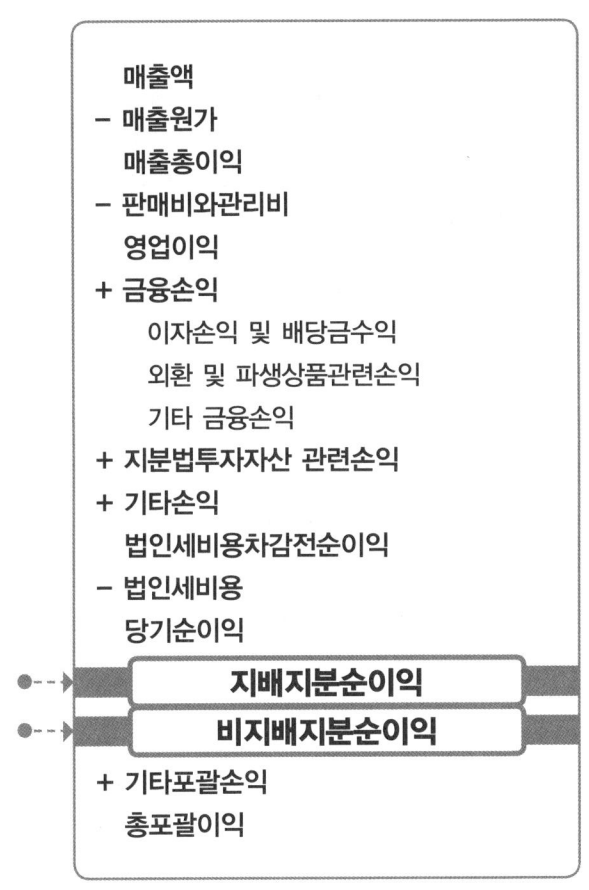

1. 개념 정의

지배지분순이익과 비지배지분순이익은 IFRS가 도입되면서 새롭게 생긴 계정과목이다. 지배지분순이익은 지배기업(모회사)만의 순이익과 자회사(종속기업, 관계기업)의 순이익 중 지배기업의 지분율만큼에 해당하는 순이익을 더한 것을 말한다. 비지배지분순이익은 종속기업(자회사)의 순이익 중 지배기업의 소유분을 제외한 순이익을 뜻한다.

2. 기본 의미

IFRS에서의 주재무제표는 지배기업과 종속기업의 수치가 합산된 연결재무제표이다. 주재무제표 중 하나인 연결포괄손익계산서도 마찬가지인데, 이 때 주주 입장에서 진정한 순이익은 지배기업에 귀속되는 순이익인 '지배지분순이익'이다.

3. 내용 설명

지배지분순이익은 지배기업(모회사)만의 순이익과 자회사(종속기업, 관계기업)의 순이익 중 지배기업의 지분율만큼에 해당하는 순이익을 더한 것이라고 했는데 구체적인 사례로 알아보자.

지배기업이 30% 지분을 가진 관계기업과 50% 지분을 가진 종속기업을 소유하고 있는 상황이다. 순수하게 지배기업의 당기순이익이 500억 원, 관계기업의 당기순이익이 100억 원, 종속기업의 당기순이익이 200억 원이라고 하자. 이 때 지배지분 순이익은 지배기업만의 당기순이익 500억 원과 관계기업을 통한 지분법수익 30억 원(100억×30%), 종속기업을 통한 지분법수익 100억 원(200억×50%) 등을 모두 더한 630억 원이다.

연결재무제표의 당기순이익은 지배지분순이익과 달리 730억 원인데, 그 이유는 종속기업의 당기순이익(매출액 등 모든 항목 동일) 200억 원을 지배기업의 당기순이익에 합치기 때문이다. 이렇게 종속기업과의 수치를 합치는 이유는 지배기업이 50% 이상 소유하고 있는 종속기업의 경우 사실상 기업 전체를 지배하고 있는(종속되어 있는) 것과 동일하다고 회계적으로 판단하기 때문이다.

다만, 회계적으로 판단하는 것과 주주들이 투자하는 것은 좀 다른 차원의 것으로 어디까지나 주주들의 몫(주가를 결정하는)은 지배지분순이익이라고 할 수 있다.

한국주식가치평가원 심층코멘트

IFRS 장에서 자세히 설명하겠지만 미국식 회계인 GAAP은 주주(자본가) 중심의 회계방식인데 반해, 유럽식 회계인 IFRS는 경영주체(기업) 중심의 회계방식이자 기업 연결집단을 파악하기 좋은 회계방식이다. 기존의 GAAP 기준에서는 당기순이익 자체가 주주의 몫이었다. 그러나 현재 IFRS 기준에서는 개별재무제표 밖에 없는 기업의 경우 당기순이익이 주주의 몫임은 변함이 없지만, 연결재무제표가 있는 기업의 경우(종속기업이 있다는 의미) 지배지분 당기순이익만이 주주의 몫임을 알아야 한다.

종속기업에 대해서 지배기업이 소유하고 있지 않은 지분에(다른 주체가 소유) 해당하는 당기순이익까지 주주의 몫으로 계산하면 명백한 오류가 생긴다.

따라서 PER(시가총액÷당기순이익), ROE(당기순이익÷자기자본) 등 당기순이익이 포함된 가치지표나 재무비율을 계산할 때는 지배지분순이익을 대입해야 한다.

기타포괄손익, 총포괄이익

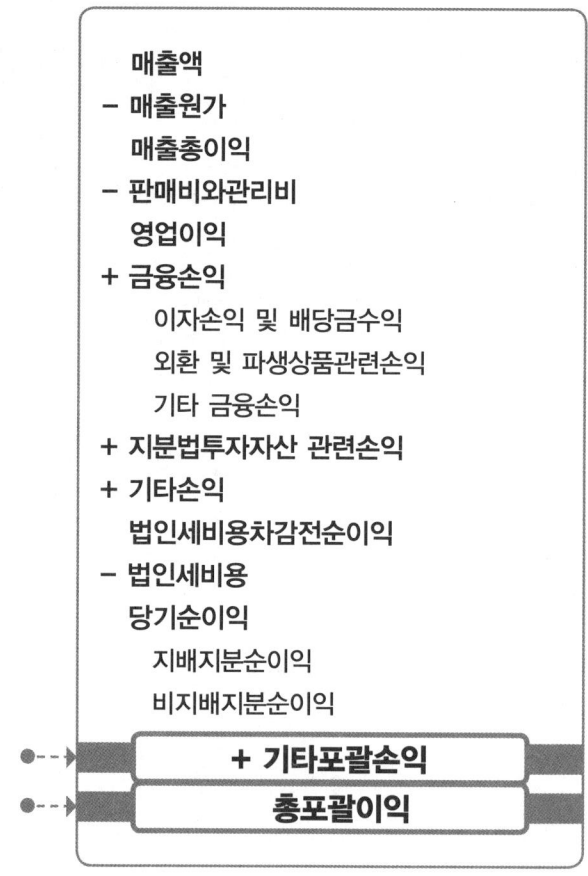

1. 개념 정의

총포괄이익과 기타포괄손익은 IFRS가 적용되면서 손익계산서에 추가된 계정과목으로써 주주와의 자본거래를 제외한 자본변동을 기타포괄손익이라 하며 당기순이익에 기타포괄손익을 포함한 모든 이익을 총포괄이익이라고 한다.

2. 기본 의미

기타포괄손익은 IFRS가 도입되면서 등장한 항목이지만 새롭게 생겨난 개념은 아니다. 기존의 GAAP기준 손익계산서에는 기록하지 않았던 내용을 IFRS의 포괄손익계산서 상에 기록한 것일 뿐이다.

3. 내용 설명

기타포괄손익의 세부항목으로는 매도가능금융자산평가손익, 지분법자본변동, 유형자산재평가손익 등이 있다. 매도가능금융자산평가손익은 결산 시 매도가능금융자산을 평가할 때 발생한다. 매도가능금융자산 가격이 상승했으면 매도가능금융자산평가이익으로, 가격이 하락했으면 매도가능금융자산평가손실로 기입된다. 매도가능금융자산평가손익은 당기순이익에 반영되지 않으나 매도가능금융자산이 처분되는 즉시 당기순이익에 반영되는 특징이 있다. 지분법자본변동이란 자회사의 자본이 당기손익 이외의 요인(증자, 감자, 기타포괄손익의 증감 등)으로 변동할 때 모기업에 발생하는 계정이다. 유형자산재평가손익은 회사가 유형자산을 재평가할 때 발생하는 손익이다. 유형자산재평가손익은 매도가능금융자산과 달리 향후에 처분할 지라도 당기손익에 반영되지 않는다.

한국주식가치평가원 심층코멘트

기타포괄손익은 말 그대로 '기타' 손익이며, '포괄' 손익이다. 기업의 주요 활동이 아닌 기타 부문에 의한 손익이며, 아직 손익으로 확정되지 않았지만 미래에 발생할 수 있는 포괄적인 의미의 손익이다. 기타 손익이기 때문에 일부 항목은 향후에 손익으로 확정될 지라도 당기손익에 반영되지 않는다. 포괄 손익이기 때문에 향후 손익으로 확정될 때 현재의 수치와 많이 달라질 수 있다.(매도가능금융자산평가손익의 예를 들자면, 현재 주가가 상승한 주식의 투자수익이 향후 투자손실로 변할 수 있음)

자본총계의 증감에 부수적인 영향을 주지만 당기순이익에 비해서는 그 중요도와 지속성, 확실성이 떨어지는 손익항목이다.

3

"현금흐름표와 용어설명"

1. 현금흐름표란?
2. 현금흐름표 항목별 설명

1. 현금흐름표란?

　기간손익계산을 중심으로 하는 기업회계원칙으로 수익비용 대응의 원칙이란 말이 있다. 이게 무슨 뜻인가 하면, 기업의 손익은 기간을 중심으로 연간 손익, 분반기 손익 등으로 계산하는데, 이 때 수익항목과 비용항목이 대응해야 한다는 말이다. 예를 들면 작년에 발생한 100억의 이익항목이(혹은 30억의 비용항목) 있다면, 그 항목으로 인해 발생한 30억의 비용항목(혹은 100억의 이익항목) 역시 작년에 귀속되어야 한다는 뜻이다. 이것이 발생주의에 따른 손익계산서 기재 원칙이다.

　그런데, 돈은 빨리 벌었지만 비용은 아직 지급하지 않은 경우(기업이 힘이 셀 때)와 비용은 벌써 지급했지만 수입은 아직 없는 경우가(기업이 힘이 약할 때) 있을 수 있다. 이 때 손익계산서에서는 수익과 비용이 모두 발생했다고 보지만 실제 현금을 기준으로 보면 수익만 발생했거나 비용만 발생한 것으로 기업의 법인통장 잔고에서는 현금 유출입이 아직 진행 중인 상황이다. 그럴 때, 실제로 현금이 유출입된 것만 인식해서 재무제표에 기록하는 것이 바로 현금주의에 따른 현금흐름표이다.

한편, 현금흐름표는 실제적인 기업의 현금유출입을 영업 부문 외에도 투자확대(현금지출) 및 회수(현금회수), 자금조달(현금유입) 및 상환(현금유출) 등 영업, 투자 및 재무 부문으로 나누어 정리한다. 자세한 것은 개별 항목 설명을 통해 충분히 이해할 수 있을 것이다.

다시 정리하면 현금흐름표는 현금주의이며, 손익계산서는 발생주의이다. 그러면 현금흐름표의 효용은 무엇일까? 사전적인 다양한 효용은 포털 검색으로도 얼마든지 찾을 수 있으니, 투자자의 입장에서 중요하고 실제적인 효용을 간단히 설명한다. 아직 못 받은 받을권리(매출채권 등)나 아직 안 준 지급의무(매입채무 등) 등은 기업이 일상적인 경영활동을 한다면(부도나 위기가 닥치지 않는 한) 받을 것이고 지급할 것이다. 그러므로 평상시에는 손익계산서를 중심으로(현금흐름표를 보완적으로) 보아도 이상이 없고, 효과적인 손익추이 분석을 위해서는 수익비용 대응원칙이 필수적이기도 하다.

그러나 기업이 영업상 위기에 처해 있거나 부도 우려가 있다면 줄 것을 못 줄 일도 생기고 받을 것을 못 받을 일도 생기므로 현금흐름표의 중요성은 매우 커진다.

결론적으로 투자자는 평소 손익계산서를 중심으로 현금흐름표를 참고할 수 있으나, 특히 기업의 영업이 원활하지 않거나 사업상 어려움이 있다면 손익계산서보다 현금흐름표를 꼼꼼히 볼 필요가 있다.

2. 현금흐름표 항목별 설명

영업활동현금흐름

영업활동현금흐름
+ 당기순이익
+ 현금유출이 없는 비용
− 현금유입이 없는 수익
± 영업자산·부채변동

투자활동현금흐름
+ 투자활동현금유입액
− 투자활동현금유출액

재무활동현금흐름
+ 재무활동현금유입액
− 재무활동현금유출액

현금의증감
  기초의현금
  기말의현금

1. 개념 정의

영업활동현금흐름이란 영업활동으로 발생한 현금유출입을 말한다. 여기서 영업활동이란 제품, 상품, 서비스 등의 구매, 생산, 판매 활동을 말하며 투자활동현금흐름과 재무활동현금흐름을 제외한 모든 현금흐름을 뜻한다.

2. 기본 의미

영업활동현금흐름을 표시하는 방법에는 직접법과 간접법이 있다. 직접법이란 현금 유입액은 원천별로 직접 표시하고 현금 유출액은 용도별로 직접 표시하는 방법이다. 반면, 간접법이란 손익계산서의 당기순이익 항목에서 시작해서 실제 현금의 유입·유출을 가감하는 방식이다.

3. 내용 설명

직접법은 정보이용자가 영업활동으로 인한 현금흐름을 원천, 용도별로 알 수 있다는 장점이 있으나, 기업의 입장에서는 직접법을 사용하기가 번거롭고 추가적인 비용이 든다는 단점이 있고, 투자자 입장에서는 관심사인 당기순이익에서 시작하는 간접법이 보기에 편할 수 있다. 이에 따라 우리나라 대부분의 기업은 간접법을 사용하고 있다.

간접법은 당기순이익에 현금 유출이 없는 비용을 가산하고 현금 유입이 없는 수익을 감산한 후, 영업자산이나 영업부채의 변화금액을 가감하는 방식이다. 현금 유입·유출액을 원천 혹은 용도별로 직접 나타내지 않고, 당기순이익에서 실제 현금흐름을 조정해나가는 간접적인 방식이라 해서 간접법이라고 부른다.

건전한 기업은 영업활동을 통해 현금이 꾸준히 유입되는 경우가 많으며 이에 따라 영업활동현금흐름은 양수를 나타내는 것이 일반적이다.

한국주식가치평가원 심층코멘트

가끔 보면 흑자부도 기업 기사가 나온다. 흑자가 나는 기업이 부도가 난다니, 왜 그럴까?

그것은 발생주의와 현금주의의 차이에 따른다. 발생주의에 의하면 거래가 발생할 시 수익비용처리를 하며, 현금주의에 따르면 거래시기와는 무관하게 실제 현금수익과 현금비용 등 현금을 기준으로 삼는다. 현금주의는 가장 확실한(현금보다 확실한 게 있을까) 수치라는 장점이 있는 반면, 손익 처리의 합리성과 실적분석의 연속성에 있어서는 발생주의보다 못하다.

즉, 외상거래를 통해 수익을 올렸을 때 손익계산서에는 이익을 낸 것으로 되어 있지만 현금흐름표에서는 현금유입이 없는 것으로 기재되어 있어 연속적인 실적분석 및 비교가 어려울 수 있다. 한편, 일반적인 상황에서는 외상거래 대금을 받겠지만 경기가 어렵거나 거래처가 부도위기에 처했다든지 하는 여러 이유로 대금을 못 받을 가능성도 있다. 발생주의에 따른 당기순이익과 현금주의에 따른 영업활동 현금흐름의 큰 괴리가 장기간 지속될 때, 손익계산서 상으로는 흑자가 나는 기업이 현금이 없어서 부도가 날 수 있는 것이다.

그러므로 항상 당기순이익과 영업활동 현금흐름을 비교하면서 관심 기업의 현금부족 위험은 없는지 주의해야 한다.

현금유출이 없는 비용

```
영업활동현금흐름
    + 당기순이익
  ┌─────────────────────┐
→ │  + 현금유출이 없는 비용  │
  └─────────────────────┘
    - 현금유입이 없는 수익
    ± 영업자산 · 부채변동
-------------------------------
투자활동현금흐름
    + 투자활동현금유입액
    - 투자활동현금유출액
-------------------------------
재무활동현금흐름
    + 재무활동현금유입액
    - 재무활동현금유출액
-------------------------------
현금의증감
    기초의현금
    기말의현금
```

1. 개념 정의

영업활동현금흐름을 도출해 내기 위해서는 당기순이익에 현금 유출이 없는 비용을 가산해 주어야 한다. 현금 유출이 없는 비용은 포괄손익계산서에서 당기순이익을 도출하는 과정에서 비용으로 이미 차감되었지만 실제로 현금이 유출된 것은 아니기 때문에 현금흐름표에서는 가산해 주게 된다.

2. 기본 의미

현금 유출이 없는 비용에는 감가상각비, 지분법손실, 외화환산손실, 유가증권평가손실 등이 있다. 위의 항목은 모두 현금 유출이 일어나지 않았음에도 불구하고 비용으로 처리되어 순이익에 포함되지 않는 특성이 있다.

3. 내용 설명

현금 유출이 없는 비용 중에서 외화환산손실, 유가증권평가손실과 같은 환산 및 평가의 결과로 발생한 비용은 일회적이고 미확정된 성격의 항목이다. 반면, 지분법손실이나 감가상각비는 지속적 성격의 계정과목이며, 특히 유형자산의 비중이 높은 기업은 감가상각비 금액이 큰 경우가 많다.

한국주식가치평가원 심층코멘트

영업활동 현금흐름에서는 지분법손실이나 감가상각비를 실제 현금 유출이 아니라는 이유로 (당기순이익 항목 이전에 차감된 것을) 당기순이익에 다시 더해준다. 하지만 사실 지분법손실이나 감가상각비는 진정한 의미에서(단순회계 관점이 아니라 투자관점에서) 비용이 맞다.

지분법손실이 비용이 아니라는 말은 모기업이 투자한 자회사가 망해서 단 1원도 건질 수 없을지라도 비용이 아니라는 말과 똑같다. 애초에 모기업이 돈을 들여 투자한 자회사가 매년 자본총계 감소를 겪고 결국에는 남는 게 없어지는데 왜 비용이 아니겠는가.

또한 감가상각비가 비용이 아니라는 말은 주기적으로 몇 년에 걸쳐서 투자하는 모든 공장건물, 기계장치, 차량 등을 누가 공짜로 준다는 뜻이다. 그렇지 않다면 어떻게 장기간에 걸쳐 효용이 소멸(완전 감가상각)되어 사용이 불가능한 공장건물, 기계장치, 차량 등이 비용이 아니라고 할 수 있겠는가.

즉, 외화환산손실과 유가증권평가손익의 경우 애초에 중요한 항목이 아니고, 지분법손실 및 감가상각비의 경우 본질적으로 비용이므로, 영업활동 현금흐름 중 '현금 유출이 없는 비용' 항목은 '영업자산, 부채 변동'항목에 비해 중요한 항목은 아니다.

현금유입이 없는 수익

```
영업활동현금흐름
  + 당기순이익
  + 현금유출이 없는 비용
  − 현금유입이 없는 수익
  ± 영업자산 · 부채변동
─────────────────────
투자활동현금흐름
  + 투자활동현금유입액
  − 투자활동현금유출액
─────────────────────
재무활동현금흐름
  + 재무활동현금유입액
  − 재무활동현금유출액
─────────────────────
현금의증감
  기초의현금
  기말의현금
```

1. 개념 정의

 영업활동현금흐름을 도출해 내기 위해서는 당기순이익에 현금 유입이 없는 수익을 감산해 주어야 한다. 현금 유입이 없는 수익은 포괄손익계산서에서 수익으로 계산되지만 실제로 현금이 유입된 것은 아니기 때문에 현금흐름표에서는 당기순이익에서 차감해 주게 된다.

2. 기본 의미

현금 유입이 없는 수익에는 지분법이익, 외화환산이익, 유가증권평가이익 등이 있다. 위의 항목은 모두 현금 유입이 일어나지 않았음에도 불구하고 수익으로 처리되어 순이익에 포함되는 특성이 있다.

3. 내용 설명

현금 유입이 없는 수익 중에서 외화환산이익, 유가증권평가이익과 같은 환산 및 평가의 결과로 발생한 수익은 일회적이고 미확정된 성격의 항목이다. 반면, 지분법이익은 지속적 성격의 계정과목이다.

한국주식가치평가원 심층코멘트

영업활동 현금흐름에서는 지분법이익을 실제 현금유입이 아니라는 이유로 당기순이익에서 차감한다. 하지만 사실 지분법이익은 진정한 의미에서 수익이 맞다.

만약 지분법이익이 진정한 수익이 아니라면 워렌 버핏의 버크셔헤서웨이나 세계의(국내 포함) 모든 지주사들은 정말 형편없는 기업들이다. 모든 이익 중 지분법이익이 핵심을 차지하는 위 기업들이 쓸모없는 기업들이 아닌 이유는 자회사를 아직 팔아서 처분하지 않았다 뿐이지 지분법이익은 모기업에 귀속되는 이익이 맞기 때문이다. 모기업이 일정 지분을 소유한 자회사의 순이익과 자본총계가 증가하여, 모기업 소유분의 수익과 자본이 증가했으면 당연히 모기업의 이익이 맞다.

즉, 외화환산이익, 유가증권평가이익의 경우 애초에 중요한 항목이 아니고, 지분법이익의 경우 본질적으로 중요한 이익이 맞다. 그러므로 영업활동 현금흐름 중 '현금 유입이 없는 수익' 항목을 현금흐름표에서 차감해주는 것은 '영업자산, 부채 변동'항목에 비해 중요한 항목은 아니다.

영업자산·부채변동

```
영업활동현금흐름
  + 당기순이익
  + 현금유출이 없는 비용
  – 현금유입이 없는 수익
  ± 영업자산·부채변동
─────────────────────
투자활동현금흐름
  + 투자활동현금유입액
  – 투자활동현금유출액
─────────────────────
재무활동현금흐름
  + 재무활동현금유입액
  – 재무활동현금유출액
─────────────────────
현금의증감
    기초의현금
    기말의현금
```

1. 개념 정의

영업활동현금흐름을 구하기 위해서 당기순이익에 현금 유출(입)이 없는 비용(수익)을 가(감)산해 주었다면 마지막으로 영업자산이나 영업부채의 변동액을 가감해주어야 최종적인 영업활동현금흐름을 구할 수 있다.

2. 기본 의미

영업자산이 감소했다면 당기순이익에 가산하고 영업자산이 증가했다면 당기순이익에서 차감해야 한다. 반면, 영업부채가 감소했다면 당기순이익에서 차감하고 영업부채가 증가했다면 당기순이익에 가산해야 한다.

3. 내용 설명

영업활동에 필요한 자산과 부채를 영업자산과 영업부채라고 한다. 대부분의 유동자산과 유동부채가 여기에 속한다. 대표적인 영업자산으로는 매출채권, 재고자산이 있고, 영업부채로는 매입채무가 있다.

영업활동현금흐름을 계산할 때 영업자산이 감소했다면 당기순이익에 가산해야 한다. 대표적인 영업자산인 매출채권을 예로 들면 전기 대비 매출채권이 감소했다는 말은 현금이 그만큼 회수되었다는 뜻이다. 즉, 현금이 증가했다는(현금 유입) 것이므로 당기순이익에 가산하여 영업활동현금흐름에 포함시켜야 한다. 매입채무는 이와 정확히 반대의 경우이다. 매입채무가 감소했다면 그만큼 매입채무 지급을 위해 현금을 지출했다는 이야기이므로 현금의 감소에 해당한다. 따라서 당기순이익에서 차감하여(현금 유출) 영업활동현금흐름에서 제외해야 한다.

영업자산이 감소했거나 영업부채가 증가했다면 현금이 유입되었다는 말이므로 기업에 긍정적 영향을 미치나, 반대로 영업자산이 증가했거나 영업부채가 감소했다면 현금이 유출되었다는 뜻이므로 기업에 부정적 영향을 끼칠 수 있다.

한국주식가치평가원 심층코멘트

'영업자산, 부채 변동' 항목은 영업활동 현금흐름 중 특히 중요하다. 항목의 성격 자체가 기업의 주요 활동이자 반복적으로 일어나는 활동이기 때문에, 그 의미도 매우 중요하고 수치도 매우 중요하다. 쉽게 말해서 영업자산, 부채 변동 부문의 수치가 급격히 악화(마이너스가 크게 증가)되면 심각한 상황이라는 뜻이다. 왜 그럴까?

영업자산, 부채 변동 항목에서 (-)가 확대되려면, 즉 현금이 유출되려면 매출채권이나 재고자산이 늘고 매입채무가 줄어야 하는데, 이런 현상이 왜 문제인지 간단히 정리한다.

매출채권은 외상으로 제품을 판 결과이다. 기업은 개인과 달리 끊임없이 거래가 존재하며, 거래관계 자체가 매일매일 혹은 매달매달의 생로병사와도 같다. 그렇기 때문에 외상으로 제품을 판 결과(받을권리)인 매출채권은 항상 존재한다. 다만 우량한 기업, 힘이 있는 기업은 가능하면 현금을 조기에 회수하기 때문에 매출채권이 급격히 늘어나지 않고 일정 범위 내에서 통제된다. 그런데 매출채권이 급격히 늘어나게 되면 돈을 빨리빨리 못 받고 있다는 이야기이다. 기업은 항상 돈을 쓸 곳이 있고 돈을 줄 곳이 있기 때문에, 돈을 빨리 받지 못한다는 이야기는 매우 심각한 이야기이다. (재고가 안 팔려서 쌓이는 것도 현금이 고갈되는 신호이다)

한편, 매입채무는 외상으로 원재료, 부품, 상품 등을 매입한 결과이다. 지불해야 할 의무(부채)에 해당하는 매입채무가, 부채임에도 불구하고 줄어들면 좋지 않은 이유는 간단하다. 우량한 기업, 힘이 있는 기업은 가능하면 현금지출을 늦게 한다. 비도덕적이라고 볼 수도 있지만 경영과 투자의 세계는 냉정하다. 정도의 차이가 있지만 경쟁력과 힘이 있는 기업은 줄 돈은 천천히 주고 받을 돈을 빨리 받는 반면, 경쟁력과 힘이 없는 기업은 줄 돈은 빨리 줄 수밖에 없고 받을 돈은 늦게 받을 수밖에 없다.

즉, 매출채권, 재고자산은 일정 수준 이하로 관리하고, 매입채무는 일정 수준 이상으로 관리할 때 '영업자산, 부채 변동'항목에서 현금이 유입된다. 반면, 매출채권 및 재고자산이 증가하는 가운데 매입채무는 줄어드는 기업은 '영업자산, 부채 변동'항목에서 현금이 유출된다.

이 항목에서 현금이 유출되어 영업활동 현금흐름의 수치가 나빠진다면 해당 기업은 실제로 어려움을 겪고 있는 것이다.

투자활동현금흐름

```
영업활동현금흐름
  + 당기순이익
  + 현금유출이 없는 비용
  - 현금유입이 없는 수익
  ± 영업자산·부채변동
-------------------------------
       투자활동현금흐름
  + 투자활동현금유입액
  - 투자활동현금유출액
-------------------------------
  재무활동현금흐름
  + 재무활동현금유입액
  - 재무활동현금유출액
-------------------------------
  현금의증감
     기초의현금
     기말의현금
```

1. 개념 정의

　투자활동현금흐름이란 기업이 투자활동을 하면서 발생하는 현금흐름이다. 투자활동이 왕성하다면 투자활동현금흐름은 마이너스를 나타내고 투자활동이 저조하다면 투자활동현금흐름은 플러스를 나타낸다.

2. 기본 의미

투자활동이란 유형자산이나 투자자산 등을 취득하거나 처분하는 행위이다. 대표적인 투자활동으로 공장을 새로 짓거나 기계장치를 추가로 설치하는 활동을 들 수 있다. 또한 금융상품이나 주식에 투자하는 활동도 자주 발생하는 투자활동이다.

3. 내용 설명

통상적으로 기업은 미래의 성장을 위해 끊임없이 투자하는 속성을 가지고 있다. 이로 인해 투자활동현금흐름은 음수를 기록하는 것이 일반적이다. 투자활동현금흐름이 음수를 나타내면 향후 성장을 위해 왕성하게 투자하고 있다고 보면 되고, 투자활동현금흐름이 양수를 나타내면 더 이상의 성장이 어렵다고 판단되어 투자한 자산 중 일부를 처분하고 있다고 보면 된다.

한국주식가치평가원 심층코멘트

한편, 초기기업, 성장기업, 성숙기업, 쇠퇴기업 등 기업의 성장 단계에 따라 투자활동현금흐름도 변하게 된다.

이제 막 사업을 시작한 초기기업은 사업 초반 투자활동에 적극적이므로 투자활동현금흐름이 음수를 나타내고 그 수치도 크다. 초기기업에서 벗어나 성장단계에 접어든 성장기업도 여전히 미래의 더 큰 수익을 위해서 투자활동현금흐름이 음수이며 수치도 크다. 이윽고 기업이 성숙단계에 접어들면 투자를 확대한다고 해서 수요도 따라서 증가하지는 않으므로, 점차 투자활동에 소극적이 되면서 투자활동현금흐름의 절대값이 감소하게 된다. 마지막으로 쇠퇴기업은 해당 산업이 쇠퇴기에 있기 때문에 투자집행을 멈추고 일부 투자자산들을 매각하기 시작하므로 투자활동현금흐름이 양수를 나타낼 수 있다.

투자활동현금유입액

```
영업활동현금흐름
  + 당기순이익
  + 현금유출이 없는 비용
  - 현금유입이 없는 수익
  ± 영업자산·부채변동

투자활동현금흐름
  + 투자활동현금유입액
  - 투자활동현금유출액

재무활동현금흐름
  + 재무활동현금유입액
  - 재무활동현금유출액

현금의증감
  기초의현금
  기말의현금
```

1. 개념 정의

투자활동현금유입액은 투자활동으로 인하여 유입된 현금을 말하며, 투자자산·유형자산·무형자산을 매각할 때 발생한다.

2. 기본 의미

투자활동현금유입을 일으키는 대표적인 행위는 관계회사 지분을 처분하거나 토지·건물·기계장치 등을 매각하거나 금융상품·투자유가증권 등을 매도하는 것이다.

3. 내용 설명

영업과 무관하게 투자한 금융상품, 투자유가증권 등에서 평가수익이 발생하여 해당 자산을 처분하거나 지속적으로 수익성이 낮은 영업관련 자산을 매각하면 현금이 유입된다. 유입된 현금을 비교적 수익성이 높은 자산에 재투자하거나, 쇠퇴기 산업 등 여러 요건을 검토하여 재투자의 필요성이 적을 경우 주주에게 배당으로 나누어줄 수 있다.

한국주식가치평가원 심층코멘트

주식투자자들이 각종 비용이 많이 발생하고 불안한 단기거래에 의해 낮은 최종누적수익률을 원하는 것이 아니라, 투자행위에 의한 안정적이고 비교적 높은 최종누적수익률을 원한다면 기본적으로 쇠퇴기 기업을 제외하고 투자하는 편이 좋다. 특히나 전문지식과 숙련된 투자기술을 가진 극소수를 제외하고는 성장기업과 성숙기업에 투자하는 편이 좋다.

어디까지나 기업은 현금덩어리가 아니라 수익성 높은 비즈니스 유기체이다. 일반적으로 수익성 높은 비즈니스 유기체는 벌어들인 현금흐름을 수익성 자산에 재투자하거나 배당을 할 뿐 유형자산 등 기 투자한 자산을 순차적으로 매각하지는 않는다.

투자활동현금유출액

```
영업활동현금흐름
  + 당기순이익
  + 현금유출이 없는 비용
  − 현금유입이 없는 수익
  ± 영업자산 · 부채변동
─────────────────────────
투자활동현금흐름
  + 투자활동현금유입액
  ┃  + 투자활동현금유출액  ┃
─────────────────────────
재무활동현금흐름
  + 재무활동현금유입액
  − 재무활동현금유출액
─────────────────────────
현금의증감
    기초의현금
    기말의현금
```

1. 개념 정의

투자활동현금유출액은 투자활동으로 인하여 유출된 현금을 말하며, 토지·건물·기계장치 등을 취득하거나 금융상품·투자유가증권 등을 매수할 때 발생한다.

2. 기본 의미

투자활동현금유출을 일으키는 대표적인 행위는 관계회사 지분을 취득하거나 토지·건물·기계장치 등을 구매하거나 금융상품·투자유가증권 등을 매수하는 것이다.

3. 내용 설명

기업은 미래의 높은 수익을 위하여 현재의 현금 등을 활용하여 투자를 집행한다. 공장을 새로 짓거나 기계장치를 추가하는 등의 행위를 통해 주력 사업을 확장하고, 자회사 주식을 취득함으로써 부수적인 사업에 진출하며, 마땅한 투자처가 없을 때는 남는 현금을 금융자산이나 유가증권에 투자한다. 우리는 이와 같은 기업의 투자활동을 투자활동현금유출액 항목에서 확인할 수 있다.

한국주식가치평가원 심층코멘트

기업의 발전단계 혹은 장기전략에 따라 투자활동현금유출의 형태는 다양하다. 앞서 언급했듯이 본업의 확장을 위해서 공장과 기계장치에 투자하는 것이 제일 직접적인 방식의 투자활동이며, 본업에서의 시장수요가 성숙했을 경우 자회사 투자를 통해 새로운 제품, 새로운 시장에 진출할 수 있다. 둘 다 주주에게 나쁠 것 없는 상황이다.

상대적으로 높은 수익성이 기대되는 부문을 발굴하지 못하여 특정한 전략이 없을 경우, 하릴없이 각종 금융상품 비중만 커지기도 한다. 이 경우 기업의 자본수익률이 떨어지게 되므로 주주에게 좋을 것이 없다.

한편, 필립피셔는 끊임없이 경영진이 새로운 시장, 새로운 제품 등으로 진출하고 기업가치를 상승시키는 성장기업을 특히 매력적으로 판단했고, 워렌 버핏은 이따금씩 유형자산에 대규모 자본을 지출해야만 하는 자동차산업 등(차종을 바꿀 때마다 설비변경 투자) '돈 먹는'산업보다는 상대적으로 현금수익이 빨리 누적되는 기업을 선호했다. 다만, 워렌 버핏은 현금창출력이 뛰어난 기업을 선호했지만 창출한 현금을 쌓아두는 기업은 좋아하지 않았고, 항상 현금을 수익자산에 재투자하거나 배당하기를 원했다.

재무활동현금흐름

```
┌─────────────────────────────────┐
│  영업활동현금흐름                  │
│   + 당기순이익                    │
│   + 현금유출이 없는 비용           │
│   − 현금유입이 없는 수익           │
│   ± 영업자산·부채변동             │
│  ─ ─ ─ ─ ─ ─ ─ ─ ─ ─ ─ ─ ─ ─   │
│  투자활동현금흐름                  │
│   + 투자활동현금유입액             │
│   − 투자활동현금유출액             │
│  ─ ─ ─ ─ ─ ─ ─ ─ ─ ─ ─ ─ ─ ─   │
│  ▶ ┃  재무활동현금흐름  ┃          │
│   + 재무활동현금유입액             │
│   − 재무활동현금유출액             │
│  ─ ─ ─ ─ ─ ─ ─ ─ ─ ─ ─ ─ ─ ─   │
│  현금의증감                       │
│      기초의현금                   │
│      기말의현금                   │
└─────────────────────────────────┘
```

1. 개념 정의

재무활동현금흐름이란 재무활동으로 인해 발생한 현금유출입을 말한다. 재무활동은 사업을 위한 자금 조달, 혹은 사업의 결과로 창출한 수익을 배분하는 활동을 말하며, 자금의 차입/상환 활동, 주식의 증자/감자 활동, 자사주의 처분/취득 활동 및 배당금의 지급 활동 등이 있다.

2. 기본 의미

자금 조달 액수(재무활동현금유입액)가 자금 배분 액수(재무활동현금유출액)보다 큰 경우 재무활동현금흐름은 양수를 나타내며, 반대의 경우는 음수를 나타낸다. 즉 재무활동현금흐름이 양수일 경우 자금이 지속적으로 필요한 기업임을 말하며, 음수일 경우 많은 자금이 필요하지 않은 기업임을 알 수 있다.

3. 내용 설명

통상적으로 기업은 미래의 성장을 위해 끊임없이 투자하는 속성을 가지고 있으며, 투자에 필요한 자금수요가 대체로 존재한다. 그런데 투자에 필요한 자금은 영업활동으로부터 꾸준히 조달할 수도 있고, 외부로부터 목돈을 한꺼번에 조달할 수도 있다.

이 때 영업활동으로 인한 현금유입액보다 일시적으로 투자에 소요될 자금이 더 크다면 외부로부터 자금을 조달하게 되고, 영업활동 현금유입액이 투자에 소요될 자금보다 크다면 남는 현금을 부채상환 등에 사용하게 된다.

한국주식가치평가원 심층코멘트

산업의 성장단계에 따른 재무활동현금흐름을 살펴보자. 도입기에 있는 회사는 사업 시작을 위해 자금을 조달(차입 및 주식 발행)해야 하므로 재무활동현금흐름은 양수를 나타낸다. 사업이 본격적으로 성장하기 시작하는 성장기 단계 역시 사업 확장을 위한 자금이 필요하기 때문에 재무활동현금흐름은 여전히 양수를 나타낸다. 도입기 및 성장기 기업의 경우 공통적으로 영업활동현금유입액보다 투자활동현금유출액이 크기 때문에 재무활동현금흐름이 양수(순유입)인 것이다.

한편, 기업이 성장단계를 지나 성숙기에 접어들면 사업을 확장할 분야가 줄어들면서 자연스럽게 사업의 결과를 주주(배당금 지급)나 채권자(차입금 상환)에게 환원하게 된다. 이에 따라 재무활동현금흐름은 음수를 나타낸다. 쇠퇴기의 기업 역시 재무활동현금흐름은 음수를 나타낸다. 성숙기 및 쇠퇴기 기업의 경우 공통적으로 영업활동현금유입액이 투자활동현금유출액보다는 크기 때문에 재무활동현금흐름이 음수(순유출, 배분)인 것이다.

재무활동현금유입액

```
영업활동현금흐름
  + 당기순이익
  + 현금유출이 없는 비용
  − 현금유입이 없는 수익
  ± 영업자산·부채변동
─────────────────────
투자활동현금흐름
  + 투자활동현금유입액
  − 투자활동현금유출액
─────────────────────
재무활동현금흐름
  ┌──────────────────┐
  │ + 재무활동현금유입액 │
  └──────────────────┘
  − 재무활동현금유출액
─────────────────────
현금의증감
   기초의현금
   기말의현금
```

1. 개념 정의

재무활동현금유입액이란 재무활동을 통해 유입된 현금을 말한다. 쉽게 말해 재무활동현금유입액은 자금조달 활동이라고 생각하면 된다.

2. 기본 의미

재무활동현금유입액을 발생시키는 대표적인 활동으로는 차입금의 조달, 사채의 발행, 주식의 발행, 자기주식의 처분 등이 있다.

3. 내용 설명

 기업이 사업을 확장하려고 하는 경우 수중에 자금이 부족할 때 외부 자금을 끌어온다. 이 경우 기업은 은행에서 대출을 받을 수도 있고(차입금의 조달), 사채를 발행하여 채권자에게 자금을 조달받기도 하며(사채의 발행), 유상증자를 통해 주식수를 늘려 자금을 확보하기도 한다(주식의 발행). 이러한 자금조달 활동은 모두 재무활동현금유입액에 포함된다. 따라서 재무활동현금유입액이 크다면 자금조달 금액이 크다고 보면 된다.

 성장기의 기업은 자금조달 금액이 큰 경우가 많다. 왜냐하면 더 많은 미래의 수익을 벌어들이기 위해 지금 투자를 시행해야 하나, 당장 현재의 내부자금 및 현금흐름 만으로는 자금수요를 충족시키기 어렵기 때문이다.

 다만, 아무리 성장기의 기업이라 할지라도 적정 규모 이상의 자금조달 활동은 과도한 이자비용을 발생시켜 기업 경쟁력을 악화시키는 요인이 될 수 있으므로, 투자자는 이 부분을 유의 깊게 살펴보아야 한다.

> **한국주식가치평가원 심층코멘트**
>
> 　마치 고도성장기의 개인들이 부채를 짊어지고 부동산을 매입하는 것과 같이(저성장기에는 곤란하다) 기업 역시 성장단계에서는 필요시 추가자금 투입에 보다 적극적일 필요가 있다. 왜냐하면 성장성이 확실한 시장에 승부를 걸고, 확보한 경쟁력을 바탕으로 일정 수준의 이익률을 거둘 수 있다면(시장성장성이 불확실하거나 경쟁력이 열위에 있을 경우 제외), 사업의 규모를 키우는 것이 최종수익률에 도움을 주기 때문이다.
>
> 　다만 추가자금의 형태가 주주에게 유리한가 불리한가의 문제와 그 정도가 지나친가 감당할 만한가의 문제가 있다. 우선 주주에게 유리한 자금조달의 형태는 첫 번째가 차입금이나 사채이며, 두 번째가 유상증자, 세 번째가 하이브리드 채권(전환사채 등)이다. 유상증자와 하이브리드 채권 모두 주주가치의 단기적인 희석을 가져오므로 가능하면 차입금의 형태가 좋다. 다만, 부채비율이나 이자보상비율(이하 재무비율에서 설명) 등이 과도하지 않은 범위 내에서 이루어져야 한다. 혹 유상증자를 할지라도 주주가치 희석 관점에서 보면, 주주배정 유상증자가 제일 좋고, 일반공모 유상증자가 차선책이고, 삼자배정 유상증자가 제일 좋지 않다.

재무활동현금유출액

```
영업활동현금흐름
  + 당기순이익
  + 현금유출이 없는 비용
  - 현금유입이 없는 수익
  ± 영업자산·부채변동
----------------------------------
투자활동현금흐름
  + 투자활동현금유입액
  - 투자활동현금유출액
----------------------------------
재무활동현금흐름
  + 재무활동현금유입액
  ▶ - 재무활동현금유출액
----------------------------------
현금의증감
    기초의현금
    기말의현금
```

1. 개념 정의

재무활동현금유출액이란 재무활동을 통해 유출된 현금을 말한다. 쉽게 말해 재무활동현금유출액은 수익을 창출하는 활동이 아니라 창출한 수익을 주로 배분, 상환하는 활동이라고 생각하면 된다.

2. 기본 의미

재무활동현금유출액을 발생시키는 대표적인 활동으로는 차입금의 상환, 사채의 상환, 배당금의 지급, 자기주식의 취득 등이 있다.

3. 내용 설명

회사의 수익을 채권자에게 배분하는 활동은 차입금이나 사채의 상환을 통해서 이루어지며, 이는 기업의 채무를 경감시켜 재무 안정성을 증대시키는 효과가 있다. 회사의 수익을 주주에게 배분하는 활동은 배당금의 지급이나 자기주식의 취득을 통해 이루어진다.

한편, 회사가 배당금을 지급할 경우 (주식수는 변함없고) 자본총계가 줄어들고, 자기주식을 취득하면 취득한 금액만큼 (주식수도 줄면서) 자본총계가 줄어들면서 두 가지 상황 모두 고정된 당기순이익 대비 자본총계가 줄어들어서 ROE(자기자본이익률, 후술)가 상승하고 주주가치가 제고된다. 워렌 버핏은 배당금 지급보다 자사주 취득을 선호했는데, 배당금을 지급받는 경우 세금이 지출되기 때문이다.

다만, 자사주 취득 시에도 주의해야 할 점이 있다. 기업이 자사주를 취득했다 하더라도 그것을 소각하지 않고 해당 물량이 추후 시장에 출회한다면 (주식 수 및 자본총계가 모두 증가) 자사주 취득의 효과가 사라진다는 점이다. 따라서 투자자는 해당 기업이 과거에 자사주를 사들여 소각해왔는지 점검해 볼 필요가 있다.

한국주식가치평가원 심층코멘트

　꾸준히 돈을 벌어들이는 캐시카우를 확보했지만 특별한 투자처가 존재하지 않는 성숙기업의 경우, 회사 내에 현금을 너무 많이 쌓아 기업의 자본수익률을 떨어뜨리기보다 주주나 채권자에게 배분하는 편이 좋다.
　마치 저성장기의 개인들이 부채를 축소하는 것과 같이 기업 역시 성숙단계에서는 추가자금 투입에 보다 보수적일 필요가 있다. 그러므로 부채를 상환하거나 배당확대, 자사주 매입 등의 재무정책으로 전환하게 되는데, 일정 비율 이상의 부채를 가져가는 것이 사업수익성에 도움이 되는 만큼, 장기적으로는 배당과 자사주 매입 및 소각정책이 더욱 중요하다.
　즉, 현금 및 예금성 자산을 쌓아두어 기업의 자본수익률이 예금금리에 수렴하면서 하락하기보다는 배당을 확대하거나, 자사주를 매입 및 소각하면서 주주가치를 제고하는 편이 좋다. 특히 자사주 매입의 경우, 소각 목적으로 자사주를 매입하거나 매입 후 자사주를 소각하는 편이 주식수를 줄여서 주주가치를 올려준다. 하지만 이미 기업의 주주일 경우에는 기업이 싸게 매입한 자사주를 시장에 비싸게 되팔아 차익을 얻었다면 자본총계가 증가하기 때문에 (자사주를 소각하지 않고도) 오히려 이익이 되기도 한다.

현금의증감, 기초의현금, 기말의현금

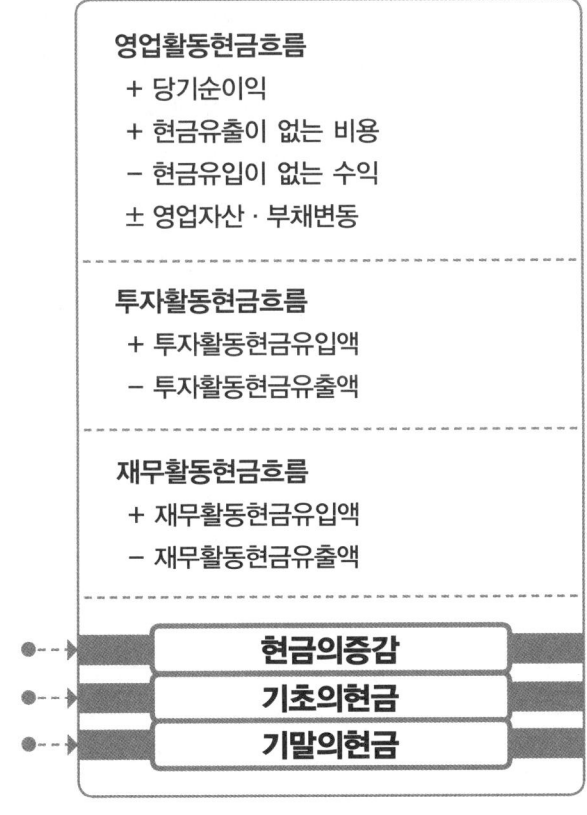

1. 개념 정의

영업활동현금흐름, 투자활동현금흐름, 재무활동현금흐름을 합산하여 현금의 증감을 산출해 내고 그것을 기초의 현금에 더해 기말의 현금을 도출해 낸다.

2. 기본 의미

현금의증감 항목을 통해서 회계기간 동안 현금이 증가했는지 감소했는지 알 수 있으며, 기말 기준으로 현금을 얼마나 확보하고 있는지 알 수 있으나, 안정성에만 문제가 없다면 수치 자체는 자세한 내용을 말해주지 못한다. 오히려 영업활동현금흐름, 투자활동현금흐름, 재무활동현금흐름의 단일 항목들을 통해 기업의 영업상황 및 재무, 투자전략 등에 대한 더욱 활용도 높은 정보를 확보할 수 있다.

3. 내용 설명

기초의현금과 기말의현금 항목을 통해서 해당 기업의 현금 확보 상황을 알 수 있다. 하지만 기초보다 기말의 현금이 많다고 해서 반드시 좋은 상황이지도 않고, 기초보다 기말의 현금이 적다고 해서(없으면 곤란하지만) 반드시 나쁜 상황은 아니다. 해당 산업의 특성에 따라서, 혹은 지금이 해당 기업의 투자기냐 회수기냐 등에 따라서 현금의 증감 추이가 다를 수 있기 때문이다. 투자자는 이러한 점을 감안하여 해당항목을 참고하면 된다.

한국주식가치평가원 심층코멘트

기업은 법인격으로 기업활동을 잘 살펴보면 유기체와 닮은 점이 많다. 그러므로 특정 시점의 상황도 중요할 수 있지만(부도 리스크가 높을 경우 등), 대개 큰 문제는 없는 상황이라면 고정된 시점의 상황보다는 시계열적 흐름이 더 중요하다.

즉, 매출이 어떻게 되고 있고 비용과 이익의 추이는 어떻고, 현금주의에 의한 영업활동 현금흐름을 발생주의에 의한 당기순이익과 비교하면 어떤지 등 기업활동의 변화를 읽는 것이 더 중요하다. 재무 관점 혹은 실적 관점에서 기업활동의 변화를 손쉽게 읽기 위한 방법이 각종 비율 분석으로 다음 장부터 다룰 예정이다.

chapter2_3. 한글음름표와 용어설명

Chapter

III

THE CONQUEST OF FINANCIAL STATEMENTS

재무손익비율 설명

①

"재무손익비율 이란?"

1. 재무손익비율의 의미와 활용

1. 재무손익비율의 의미와 활용

　재무손익비율은 재무제표의 개별항목보다 효과적으로 기업의 재무, 손익상태를 볼 수 있는 지표이다. 예를 들어 어떤 기업의 최근 기말 재무제표에서 매출액이 920억 원이라는 것을 확인했다고 하자. 그런데 그것은 사실 아무런 의미가 없다. 매출액 920억 원은 많은 것도 적은 것도 아니고, 좋은 것도 나쁜 것도 아니다.

　매출액 920억 원을 그 전년도 기말 매출액 800억 원과 비교해야만 매출액이 15% 증가한 것을 알 수 있고, 또한 어느 정도 성장성이 있다는 것을 알 수 있는 것이다. 혹은 올해 영업이익 92억 원을 매출액 920억 원으로 나눈 매출액영업이익률이 10%인데, 작년의 매출액영업이익률에 비해서 하락했다면 비로소 수익성이 하락했다는 것을 알 수 있다.

　이처럼 재무손익비율은 개별 재무제표 항목으로는 이해하기 힘든 여러 가지 기업의 현황과 추이를 효과적으로 이해할 수 있게 해 준다. 재무손익비율은 부채비율처럼 재무항목간의 비율일 수도 있고, 매출액영업이익률처럼 손익항목간의 비율일 수도 있고, 자기자본순이익률처럼 재무항목과 손익항목(재무손익항목)간의 비율일 수도 있다.

한편 수많은 재무손익비율들은 진단하려는 기업현황 및 추이의 성격에 따라서 구분하면 안정성, 수익성, 활동성, 성장성 등으로 나눌 수 있다. 즉 투자하기에 좋은 기업이란 기본적으로 안정성이 바탕이 되고, 수익성과 활동성이 있어야 한다. 성장성까지 있다면 금상첨화이다. 당연히 관심기업의 안정성, 수익성, 활동성 및 성장성을 검토하는 것은 투자자의 몫이므로, 앞으로 설명할 재무손익비율 항목들을 하나씩 익혀나가도록 하자.

2

"각종 재무손익비율 공식과 설명"

1. 안정성 비율
2. 수익성 비율
3. 활동성 비율
4. 성장성 비율

1. 안정성 비율

부채비율

안정성비율	부채비율
	순부채비율
	자기자본비율
	유동비율
	당좌비율
	이자보상비율

수익성비율
활동성비율
성장성비율

1. 개념 정의

부채비율은 부채총계(타인자본)를 자본총계(자기자본)로 나누어 산출되며 타인자본의 의존도를 나타낸다. 기업의 재무 안정성을 나타내는 대표적인 재무비율로써 일반적으로 100% 이하이면 매우 안전, 200% 이하이면 큰 문제는 없다고 간주된다.

2. 공식
부채비율 = (부채총계 ÷ 자본총계) × 100(%)

3. 기본 의미
통상적으로 기업의 부채비율이 100% 이하이면 안전하고 200% 이상이면 위험하다고 간주되나 이는 절대적인 것은 아니다. 산업이나 업종에 따라 부채의 크기와 비중이 다르므로 동종업계의 역사적인 평균치와 비교하는 것도 필요하다.

4. 내용 설명
적당한 부채비율의 수준은 산업에 따라 다르다. 금융업이나 수주업은 일반 제조업에 비해 부채비율이 높은 특성이 있다. 금융업의 경우 고객이 금융회사에 맡긴 돈이 많고 이러한 예치금이 부채로 잡히기 때문에 부채비율이 높다. 수주업의 경우 계약금이라고 볼 수 있는 선수금이 부채로 기록되기 때문에 수주를 많이 따내 계약금이 늘어날수록 부채비율이 증가하게 된다.

통상적으로 부채비율이 100% 이하이면 안전하다고 이야기하는데 그 이유는 부채비율이 100% 이하라는 말은 부채보다 자본이 더 많다는 뜻이기 때문이다. 다만, 현금흐름 주기가 빠른(현금회수가 원활한) 기업의 경우 부채비율을 관대히 검토해도 큰 무리는 없다.

한국주식가치평가원 심층코멘트

　부채비율, 순부채비율, 자기자본비율, 이자보상비율 등은 재무구조를(장기적으로 견딜만한가) 살피기 위한 비율이고, 유동비율, 당좌비율, 이자보상비율 등은 재무유동성을(단기적으로 현금문제는 없는가) 살피기 위한 비율이다.

　우선 재무구조를 살피기 위한 비율 중 첫 번째 비율로 부채비율을 설명했는데, 부채비율은 부채 전체와 자본 전체를 비교한다는 측면에서 가장 기초가 되는 중요한 재무비율이다. 100%를 기준으로 그 이하를 안전하다고 통상적으로 평가하지만 너무 부채비율이 낮아도 기업과 주주의 자본수익률이 떨어지게 되므로 일정 수준 이상의 부채는 있는 편이 좋다. 한편, 현금흐름이 원활한 업종 및 기업의 경우 100%를 다소 넘어도 무방하다.

　또한 부채를 구성하는 항목 중에는 실제로 기업경영에 도움을 주는 영업부채(매입채무 등)도 있는데, 영업부채의 규모가 커서 부채비율이 높은 경우는 별 문제가 되지 않는다. 이런 경우를 감안하여 보다 실질적인 부채비율을 판단하기 위한 것이 순부채비율 항목이다.

순부채비율

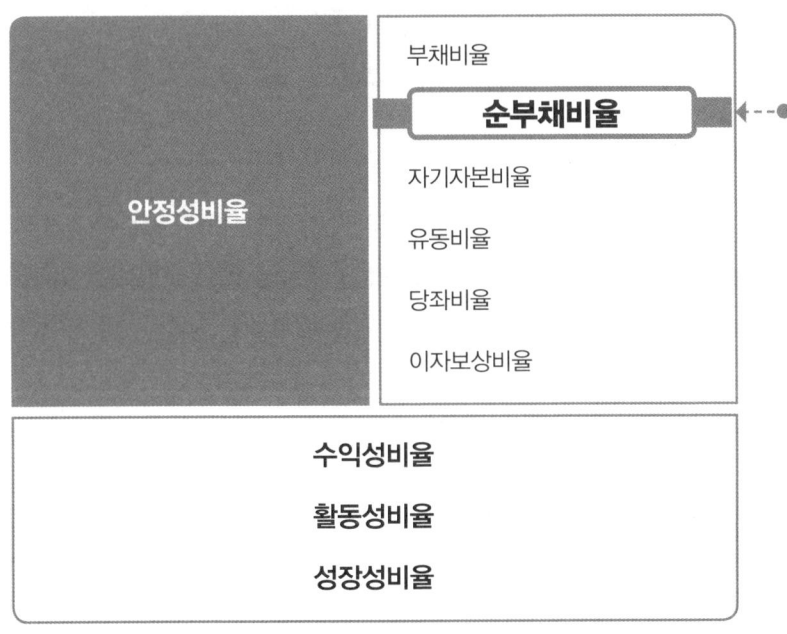

1. 개념 정의

순부채비율은 자본 대비 순수한 부채의(순 금융부채) 비율을 나타낸 안정성비율이다. 부채비율의 공식에 부채총계를 대입한다면, 순부채비율 공식에는 순부채 항목을 대입한다. 순부채 항목을 구하기 위해서는 우선 이자가 발생하는 부채를 합산한 후 기업이 가지고 있는 현금과 예금을 차감하면 된다.

2. 공식

순부채비율 = {(이자발생부채 − 현금및예금) ÷ 자본총계} × 100(%)

3. 기본 의미

순부채비율은 부채비율에서 진화한 비율이라고 생각하면 쉽다. 순부채비율에서는 말 그대로 순수한 금융부채의 비율을 알 수 있는데, 여기서 순부채란 이자발생부채에서 현금 및 예금을 차감한 것이다. 통상적으로 30% 이하를 안전하게 본다.

4. 내용 설명

부채에는 이자가 발생하는 부채와 이자가 발생하지 않는 부채가 있다. 이자발생부채로 대표적인 것이 은행에서 빌린 차입금과 증권시장의 채권자에게 빌린 사채이다. 반면, 매입채무와 같이 일상적인 영업활동에서 생긴 영업부채 등은 이자가 발생하지 않는 부채이다. 어떤 기업이 무차입경영을 한다고 할 때 그 기업은 부채가 전혀 없다는 말이 아니라 이자발생부채가 없다는 뜻이다. 차입금이 없더라도 영업부채 등은 항상 존재하기 때문이다.

여기서 투자자가 검토해야할 부채는 이자발생부채이다. 이자발생부채가 과도하면 기업이 부도 위험에 몰릴 수 있고, 그렇지 않더라도 과도한 이자비용으로 기업의 수익성이 악화될 수 있다. 따라서 이자발생부채만의 안정성비율을 검토해보아야 한다. 나아가 이자발생부채에서 그 기업의 현금과 예금을 차감해주면 실질적으로 상환해야할 순부채의 액수가 나타난다. 이를 자본으로 나눠주면 실제로 갚아야 할 순부채비율을 알 수 있다.

한국주식가치평가원 심층코멘트

　겉으로 보기에 멀쩡하지만 속으로는 별 볼일 없는 사람이 있고, 속도 꽉 찬 사람이 있다. 이에 빗대어 기업의 부채비율과 순부채비율을 표현하자면, 부채비율이 100% 이내로 얼핏 안정적으로 보이는 기업일지라도 순부채비율이 90% 인 경우, 부채가 대부분 금융부채로 이루어져 있고(영업부채 비중이 낮고) 보유하고 있는 현금예금이 거의 없는 '속빈 기업'임을 알 수 있다.

　반면, 부채비율이 150% 가까이 되어 다소 공격적 재무구조를 가진 것처럼 보이는 기업일지라도 순부채비율이 30% 이하, 심지어는 (-)인 경우, 부채가 대부분 영업부채로 이루어져 있고(금융부채 비중이 낮고) 충분한 현금예금을 보유한 '꽉 찬 기업'임을 알 수 있다.

자기자본비율

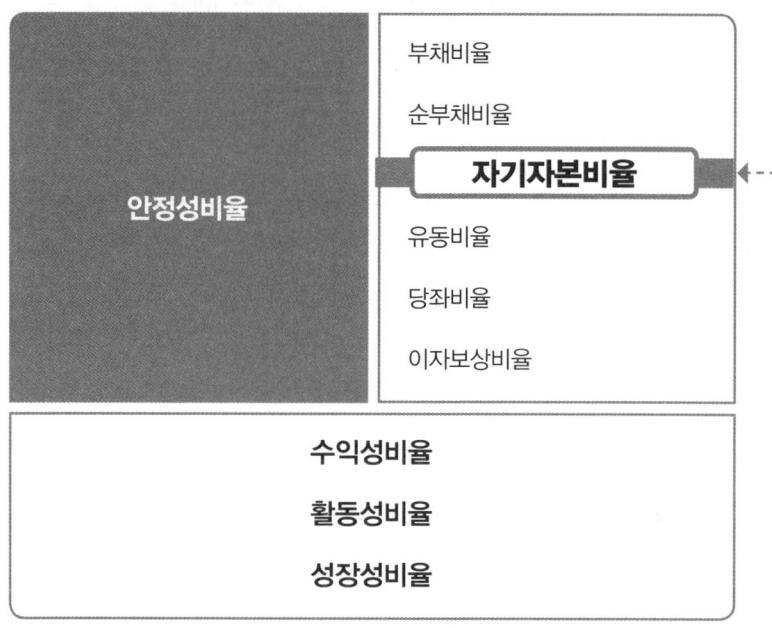

1. 개념 정의

자기자본비율은 전체 자산 중에서 자본이 차지하는 비중을 나타낸다. 전체 자산이 100이고 그 중에 자본이 50이라면 자기자본비율은 50%가 된다. 자산은 부채와 자본의 합이므로 이 경우 부채는 50이 된다. 즉, 자기자본비율이 50%라는 말은 부채와 자본이 같다는 뜻이다.

2. 공식

자기자본비율 = (자본총계 ÷ 자산총계) × 100(%)

3. 기본 의미

자기자본비율이 50%를 초과하면 자본이 부채보다 많은 상태이고, 50% 미만이면 자본보다 부채가 더 많은 상태이다. 일반적으로 자기자본이 부채총계보다 클 경우 재무적으로 안정되어 있다고 말하므로, 자기자본비율이 50%에 가깝거나 그보다 높을수록 재무 안정성이 크다고 할 수 있다.

4. 내용 설명

사실 자기자본비율은 부채비율과 일맥상통하는 지표이다. 예를 들어, 부채비율이 100%인 기업(부채와 자본이 같음)의 자기자본비율은 자연스럽게 50%가 된다. 다만, 자기자본비율은 분자에 부채 대신 자본을 넣어 비율이 높아질수록 재무 건전성이 커진다는 점이 부채비율과 다른(방향성이 반대이다) 점이다. 또한 자기자본비율을 통해 한 눈에 자본의 비중을 확인할 수 있다는 장점도 있다.

유동비율

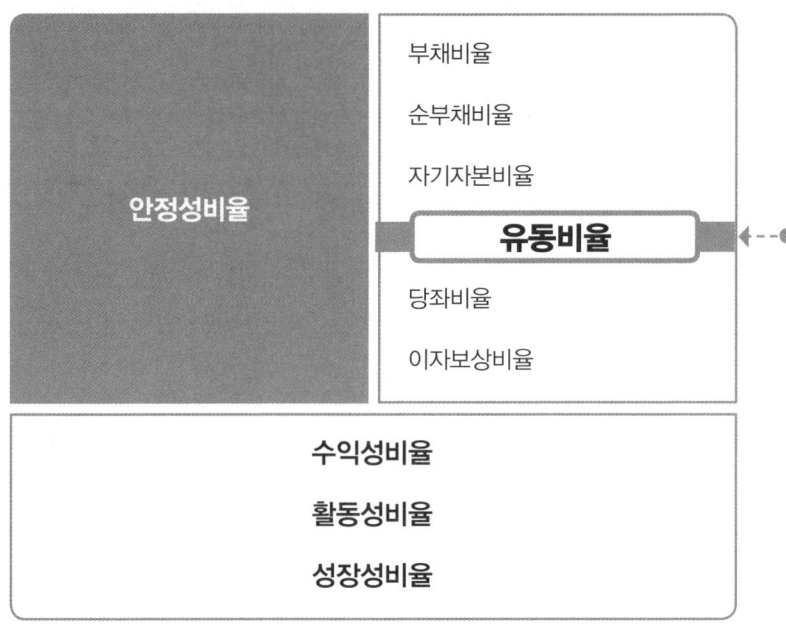

1. 개념 정의

유동비율은 기업의 단기채무지급능력을 알아볼 수 있는 기초적인 비율로 유동자산에서 유동부채를 나누어 산출된다. 부채비율이 기업 전체 재무구조의 안정성을 평가하는 잣대라면, 유동비율은 기업의 단기 재무 안정성을 측정할 수 있는 평가항목이다.

2. 공식

유동비율 = (유동자산 ÷ 유동부채) × 100(%)

3. 기본 의미

단기 재무 안정성은 유동비율이 클수록 증가하고 작을수록 감소한다. 기본적인 수준에서는 보통 유동비율이 200% 이상이면 안전하다고 평가되나 업종별 현금창출력, 경기변동성 등에 따라 적합한 유동비율의 수준이 조금씩 다를 수 있다.

4. 내용 설명

유동비율은 1년 이내에 현금화할 수 있는 자산으로 1년 이내에 갚아야 할 부채를 갚을 수 있는가를 측정하는 기초적인 지표이다. 유동비율은 유동부채, 특히 단기차입금 등의 단기 이자발생부채가 많은 기업의 경우 그 효용성을 발휘한다. 단기차입금의 절대 금액이 크더라도 유동비율 자체가 안정적이라면 차입금을 갚을 유동성이 확보되어 있다는 뜻이므로, 단기부채 상환능력이 안정적이라고 예상할 수 있다. 단, 유동자산 중 재고자산 비중이 큰 기업도 있으므로, 유동비율은 보다 엄격한 유동성 비율인 당좌비율과 함께 살펴볼 필요가 있다.

한편, 유동비율이 높다고 반드시 좋은 것만은 아니다. 유동비율이 높다는 말은 그만큼 당좌자산이나 재고자산이 많이 쌓여있다는 뜻이므로 과도한 유동비율은 기업의 활동성을 저하시킬 수 있다.

한국주식가치평가원 심층코멘트

유동비율, 당좌비율, 이자보상비율 등은 재무유동성을(단기적으로 현금문제는 없는가) 살피기 위한 비율이다.

우선 재무유동성을 살피기 위한 비율 중 첫 번째 비율로 유동비율을 설명했는데, 유동비율은 유동자산 전체와 유동부채 전체를 비교했다는 점에서 가장 기초적이고 중요한 비율이다.

다만 일반적인 경우는 유동비율만으로 충분하지만 제품 판매 자체에 어려움이 누적되고 있는 기업의 경우 유동자산 항목에 포함되는 재고자산의 향후 현금화가 어려울(흔한 상황은 아니지만) 수 있다. 그럴 경우 재고자산을 제외하고 보다 직접적으로 현금화가 될 수 있는 당좌자산만을 고려한 당좌비율을 함께 검토해야 한다.

당좌비율

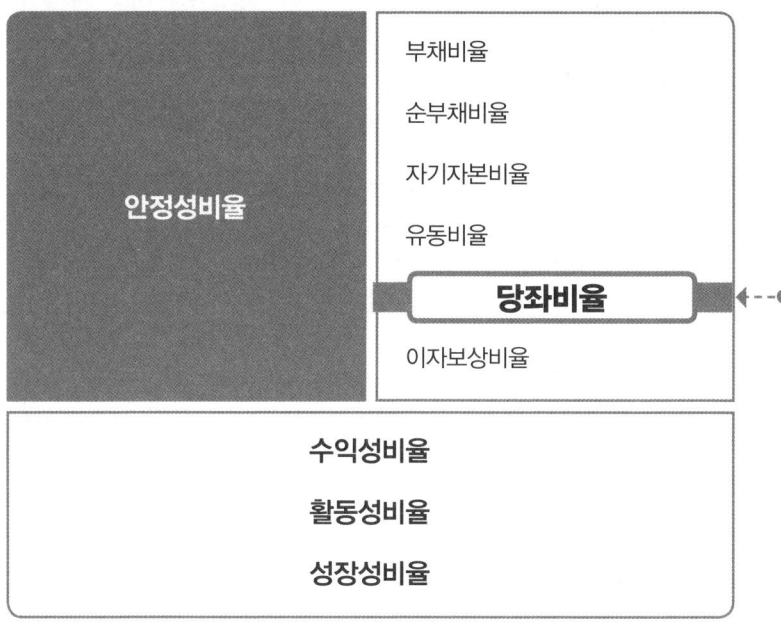

1. 개념 정의

당좌비율은 유동부채 대비 당좌자산의 비중을 나타내는 지표이다. 당좌비율은 유동비율의 보조지표로 주로 쓰이며 기업의 유동성을 측정하는 안정성지표이다.

2. 공식

당좌비율 = (당좌자산 ÷ 유동부채) × 100(%)

3. 기본 의미

당좌비율은 유동부채 대비 당좌자산만의 비중을 나타낸 비율이다.

따라서 유동부채와 유동자산을 비교한 유동비율에 비해 더욱 보수적인 지표라고 할 수 있다. 일반적으로 당좌비율이 100%를 넘으면 안정적인 상황이라고 볼 수 있다.

4. 내용 설명

당좌비율이 100%라는 이야기는 당좌자산이 유동부채보다 많다는 뜻이다. 즉, 현재 보유하고 있는 당좌자산만으로 모든 유동부채를 상환할 수 있다. 당좌비율은 유동자산 중에서는 비교적 현금화가 어려운 재고자산을 제외하고 현금 및 현금성자산, 단기금융자산 및 매출채권만을 고려한 수치이기 때문에, 유동비율보다 더욱 보수적인 유동성 지표라고 할 수 있다. 이에 따라 유동비율만의 유동성 평가의 약점을 보완해주는 지표가 된다.

단, 당좌비율 역시 유동비율과 마찬가지로 너무 높은 수준일 경우 점점 쌓이는 현금을 효율적으로 재투자하지 못한다는 이야기이므로 미래 수익성을 떨어뜨리는 요인이 될 수 있다.

한국주식가치평가원 심층코멘트

일반적인 기업활동을 영위하고 있는 기업이라면 재고자산의 현금화에 문제가 생길 일은 적다. 그러나 기술이나 유행 등의 변동이 극심한 업종에서는 주기적으로 재고자산의 현금화가 어려운 시기가 닥칠 수 있으며, 꼭 그렇지 않은 업종에 있더라도 경쟁사 대비 제품경쟁력이나 홍보력 등에서 밀리면 재고자산의 현금화가 어려움에 처할 수 있다. 예를 들어, 의류회사는 유행의 변화에 따라 재고자산의 진부화가 급속도로 진행되며, IT부품회사는 기술변화와 제조사의 제품변화에 따라 주기적으로 재고자산의 진부화가 진행되므로, 유동비율만으로 기업의 유동성을 평가할 시 착오가 생길 가능성이 있다.

이 때 당좌비율을 체크하면 향후 장부가 이하로 현금화가 가능한 재고자산이나 현금화 자체가 어려운 재고자산 등을 애초에 배제할 수 있기 때문에 단기채무 상환능력을 보다 엄격하게 검토할 수 있다.

이자보상비율

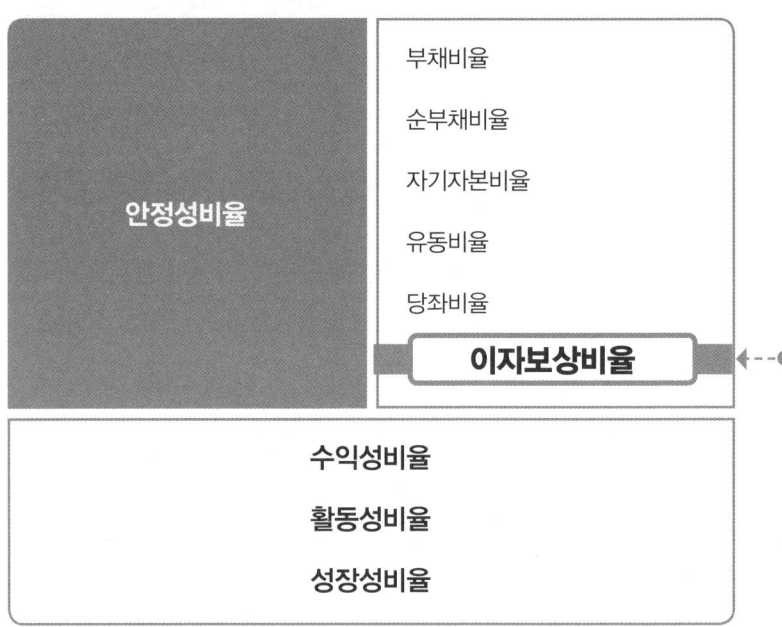

1. 개념 정의

이자보상비율은 영업이익을 이자비용으로 나눈 비율로 기업이 이자를 상환할 수 있는 근본적인 능력을 측정하는 안정성 지표이다. 이자보상비율이 1배 보다 작을 경우 한 해 영업이익으로 이자비용조차 지불하지 못하는 매우 심각한 상황을 뜻한다.

2. 공식

이자보상비율 = 영업이익 ÷ 이자비용

3. 기본 의미

일반적으로 이자보상비율이 1배 이하이면 매우 심각한 상황이고, 1.5배 이상이면 큰 문제는 없는 수준이다. 대개 우량한 기업들은 이 수치가 최소한 몇 배를 넘는 것이 보통이다. 단, 영업이익은 해마다 변동성이 심한 특성이 있기 때문에 해당 비율을 중기적으로(최소 2~3년) 살펴보아야 유의미한 수치가 될 것이다.

4. 내용 설명

이자보상비율을 결정하는 두 요소는 영업이익과 이자비용이다. 이 중 이자비용을 살펴보면, 이자비용은 기업이 빌린 자금에 대한 대가로 채권자에게 지급해야 하는 비용이다. 빌린 차입금이나 발행한 사채가 많다면 이자비용이 높아지게 되므로 그만큼 영업이익을 증가시키지 못하면 이자보상비율이 높아지게 된다.

이자보상비율은 기업의 재무구조와 유동성 등을 평가하는 지표로 사용된다.

한국주식가치평가원 심층코멘트

기업이 부담을 느끼지 않는 선에서 적정한 부채는 자본수익률 상승을 위해서 필요하다. 즉 적정한 수준까지는 부채를 늘려도 무방한데, 부채의 성격 중에서 가장 좋은 것은 영업부채이고 다음이 금융부채이다. 금융부채의 경우 이자가 발생하기 때문에 영업부채보다 다소 불리한 측면이 있다.

그럼에도 불구하고 기업이 투자한 자산들의 수익률(%) 대비 이자율(%)이 낮다면 장기 부채로 빌릴 만하다. 이런 경우에 있어 이자금액이 적정선에서 유지되고 있는가를 판단하기 위한 지표가 바로 이자보상비율이다. 이자비용은 꾸준히 발생하는 것이고(상환하지 않는 이상) 기업의 이익 중 본업과 관련하여 핵심적인 이익이 영업이익이므로 이 두 항목을 서로 비교하는 것이다. 즉 순부채비율이 30% 이하면 안전하다고 했으나 30%를 다소 넘더라도 이자보상비율이 2배를 훨씬 넘긴다면 위험이 적다고 볼 수 있다.

2. 수익성 비율

매출총이익률

안정성비율		
수익성비율	**매출총이익률**	
	영업이익률	
	세전계속사업이익률	
	순이익률	
	ROE	
	ROA	
	ROIC	
활동성비율		
성장성비율		

1. 개념 정의

매출총이익률은 매출액에 비해 얼마만큼의 매출총이익을 올렸는가를 측정하는 수익성 지표이다. 사업의 특성에 따라 매출총이익률의 수준은 다르지만 사업 특성이 비슷한 경쟁사와 비교하여 기업 고유의 경쟁력을 판별할 수 있다.

2. 공식
매출총이익률 = (매출총이익 ÷ 매출액) × 100(%)

3. 기본 의미
매출총이익이 증가할수록 매출총이익률도 증가하게 된다. 매출총이익은 매출액에서 매출원가를 차감한 이익인데, 이 때 매출원가는 기업 고유의 제조활동(상기업의 경우 상품매입활동)에서 발생하는 비용을 말한다.

4. 내용 설명
매출총이익률은 어떤 사업을 영위하느냐에 따라 다르게 나타날 수 있다. 예를 들어, 할인마트는 상품을 싸게 많이 파는 구조(박리다매)여서 매출총이익률이 낮은데 비해 백화점은 고가의 상품을 비교적 소량으로 파는 구조(후리소매)에서 매출총이익률이 높게 나타난다. 박리다매와 후리소매 중 어떤 사업구조가 낫다고 할 수 없으나 같은 사업구조를 가진 경쟁업체간의 비교는 매출총이익률 수치를 통해서 가능하다. 경쟁업체 대비 매출총이익률이 높은 기업은 원료비가 덜 들거나(싸게 사거나 싸게 제조) 제품 단가를 높일 수 있는 경쟁력을 갖추고 있는 경우이다. 단가를 높이려면 브랜드, 품질, 기술력 등이 있어야 하기 때문에 투자자는 투자하려는 기업이 어떤 경쟁력을 가지고 있는지 확인해봐야 한다.

한국주식가치평가원 심층코멘트

　매출총이익률, 영업이익률, 세전계속사업이익률, 순이익률 등은 매출액과 여러 단계의 이익을 비교한 이익률 항목이며, ROE, ROA, ROIC 등은 다양한 자산(혹은 자본)이 이익을 창출하는 비율인 수익률 항목이다.

　그 중 매출총이익률은 매출액에 기반한 이익률 중 가장 먼저 도출되며(100%에서 매출원가율을 빼면 매출총이익률이 도출) 기업의 순이익률을 근본적으로 결정한다. 왜냐하면 영업이익률은 대개 매출총이익률의 증감방향을 결정적으로 따라가고(판매관리비는 변동성이 낮다), 영업외손익 항목들은 일시적이고 변동성이 크다고 할 때, 장기적으로 순이익률의 범위는 영업이익률의 범위에 큰 영향을 받기 때문이다. 즉 순이익률을 결정하는 제 1의 단추는 매출총이익률인 것이다.

　한편 매출총이익률은 매출원가율에 의해서 결정된다. 100%에서 매출원가율을 빼면 매출총이익률이 산출되기 때문이다. 그런데, 매출원가율은 원재료비의 등락에 따라 변동하는 특성을 가진다. 원재료비는 전체 경제 상황이나 해당 원재료를 공급하는 업종의 호불황에 따라 변동하며, 이로 인해 매출원가율과 매출총이익률이 주기적으로 변화한다. 지주사나 서비스기업 등 제품을 제조하거나 상품을 매입하여 판매하지 않는 기업들은 큰 비중의 매출원가가 존재하지 않아서 매출총이익률 수치에 큰 의미가 없다.

영업이익률

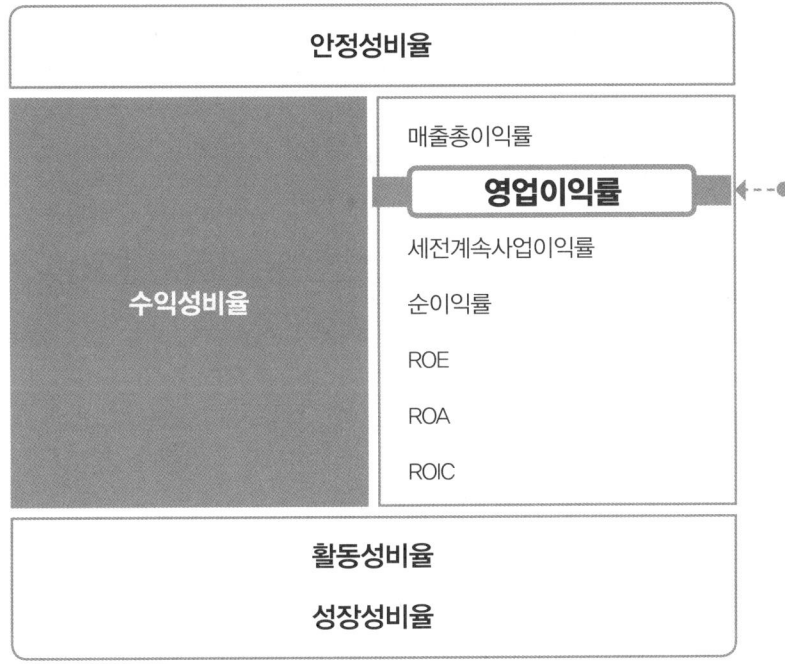

1. 개념 정의

영업이익률은 매출액 대비 영업이익의 비중을 나타낸 수치로 영업활동을 통해서 벌어들인 수익의 비중을 말한다. 매출총이익률이 생산활동비용을 차감한 이익률을 말한다면, 영업이익률은 여기에 판매관리비용까지 차감한 영업활동 전체 결과의 이익률을 뜻한다.

2. 공식

영업이익률 = (영업이익 ÷ 매출액) × 100(%)

3. 기본 의미

영업이익이란 전체 매출액에서 매출원가와 판매비와관리비를 뺀 금액으로 기업의 본업에 의한 이익을 말한다. 이에 따라 영업이익률은 기업이 본업에서 창출하는 수익률로 기업의 본질적인 사업 수익성을 파악할 수 있는 척도가 된다.

4. 내용 설명

영업이익률은 매출총이익률, 순이익률과 함께 기업의 수익성을 파악하는 지표로 사용되며 본업(생산, 판매, 관리활동)의 경쟁력을 평가할 수 있는 매우 중요한 지표이다. 아직 일회성 영업외손익이 반영되지 않았으므로 투자자가 가장 주의 깊게 살펴보아야 할 지표이다. 매출총이익률과 마찬가지로 사업구조(박리다매, 후리소매)에 따라 영업이익률의 수준은 다르므로 절대적 기준이 되는 수치는 없다. 단, 경쟁업체와의 영업이익률 비교를 통해 본업에서의 경쟁력을 검토해 볼 수 있다.

한국주식가치평가원 심층코멘트

영업이익률이 상승하기 위해서는 매출액 상승률보다 영업이익 상승률이 커야 한다. 일반적으로 기업은 고정비(매출액이 증가하더라도 즉시 비례하여 증가하지 않는 임차료, 감가상각비, 인건비 등)가 존재하여 매출액이 10% 증가할 때 영업이익은 10%보다 더 크게 증가하는 경향이 있다. 이러한 효과로 고정비의 비율이 큰 기업의 경우, 매출액의 증가가 영업이익의 증가 뿐 아니라 영업이익률(비율)의 상승으로 반영되는 특성이 있다. 반면에 매출액이 줄어도 감소하지 않는 고정비의 영향으로 매출액 하락 시에는 영업이익 하락 정도가 그보다 더 커서 영업이익률이 하락하게 된다.

세전계속사업이익률

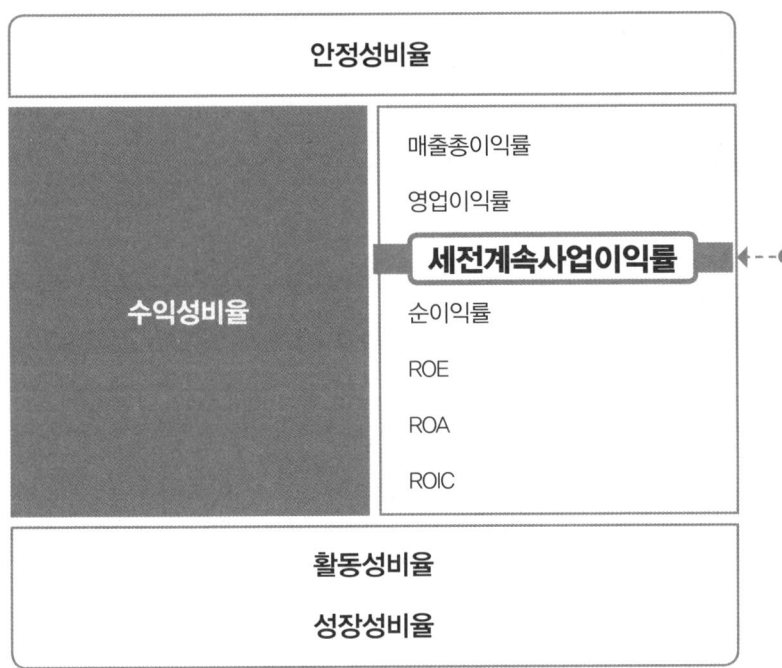

1. 개념 정의
세전계속사업이익률이란 매출액 대비 세전계속사업이익의 비율을 나타낸 지표이다.

2. 공식
세전계속사업이익률 = (세전계속사업이익 ÷ 매출액) × 100(%)

3. 기본 의미
세전계속사업이익률은 매출총이익률, 영업이익률, 순이익률과 함께 기업의 수익성을 파악할 수 있는 수익성 지표로 사용된다. 세전계속사업이익률의 의미는 법인세를 내기 전까지 기업의 모든 활동(영업 및 영업외) 결과 이익률이다.

4. 내용 설명

세전계속사업이익이란 매출액에서 법인세를 차감하기 직전까지의 모든 비용을 차감한 이익이다. 여기에는 기업의 본업(생산, 판매, 관리활동)에서 발생한 이익뿐만 아니라 부업(재무, 자회사 등)의 이익과 일회성(처분, 평가) 손익도 포함되어 있어 기업의 모든 활동을 반영한 이익이라고 할 수 있다. 단, 국가에 납부하는 법인세는 아직 포함되지 않은 이익이다.

법인세율은 큰 변동이 없어서 매출액 대비 법인세비용 역시 꾸준한 비율을 나타내는 특성이 있다. 이에 따라 법인세 차감 직전의 이익률을 계산한 세전계속사업이익률은 주주에게 특별히 유의미한 수치는 아니기 때문에 시장에서 자주 사용되지는 않는다.

한국주식가치평가원 심층코멘트

왜 세전계속사업이익률이 영업이익률과 순이익률보다 덜 활용되는 걸까? 그것은 연속성과 중요성 측면에서 이해할 수 있다. 세전계속사업이익률에는 온갖 영업외손익이 포함되어 있기 때문에 영업이익률(같은 세전 이익률이지만)보다 연속성이 결여된다. 또한 세전계속사업이익률이 법인세율까지 차감한 당기순이익률보다 덜 쓰이는 이유는 어차피 주주에게 중요한 최종이익률은 당기순이익률이기(이자는 채권자, 법인세는 정부, 당기순이익은 주주에 귀속) 때문이다.

즉, 이익의 연속성에 있어서는 세전계속사업이익이 영업이익만 못하고, 이익의 중요성에 있어서는 당기순이익만 못하기 때문이다. 그럼에도 불구하고, 세전계속사업이익률은 모든 기업활동(영업, 영업외) 결과 세전 최종이익률로 경영자에게 매우 중요하고 투자자에게도 의미 있는 비율이다.

순이익률

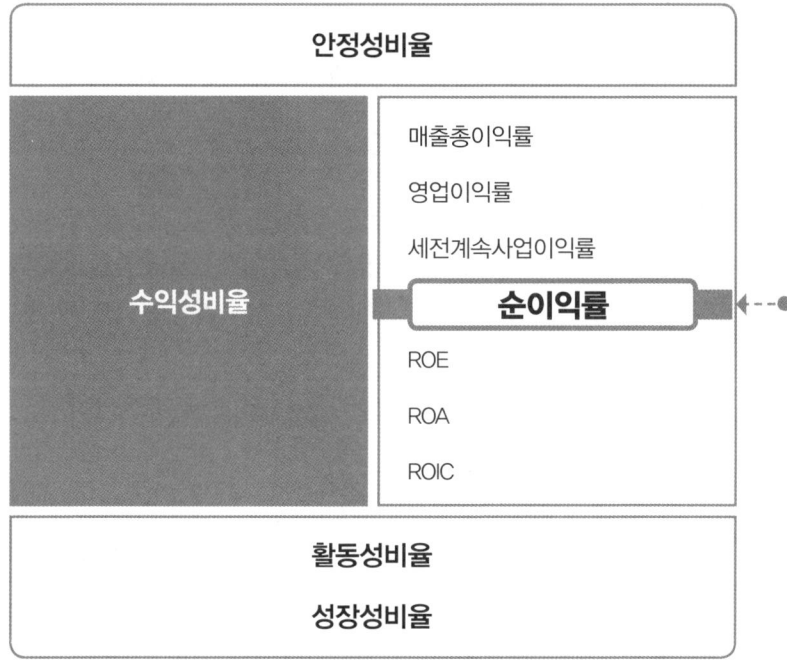

1. 개념 정의

순이익률은 매출액 중 주주에게 돌아가는 순이익이 몇 퍼센트인가를 나타내는 수익성 지표이다. 매출액이 100일 때 순이익이 10이라면 순이익률은 10%이다. 이 말은 매출액 중 10%가 주주에게 최종적으로 돌아가는 이익이라는 의미이다.

2. 공식
순이익률 = (순이익 ÷ 매출액) × 100(%)

3. 기본 의미

순이익률은 매출액 중 주주몫의 비중을 나타내기 때문에 매우 중요하나 일회성 손익이 반영된 결과수치란 점을 유념해야 한다. 일회적인 이익이나 손실은 그 해의 순이익에 반영되어 근본적인 수익성을 일시적으로 왜곡시키므로 투자자는 이 점을 주의해야 한다.

4. 내용 설명

순이익은 기업 본업의 이익과 부업의 이익, 여기에 일회성 손익까지 포함한 최종이익이다. 순이익이야말로 궁극적으로 주주에게 돌아가는 몫이 된다. 따라서 순이익률은 매출액 중에서 주주에게 최종적으로 돌아가는 이익비율을 뜻한다.

순이익률은 순이익의 변화에 따라 변동하게 된다. 경기에 민감한 사업을 영위하는 회사는 순이익의 변화가 커서 순이익률의 변화 또한 크다. 또한 순이익에는 일회성 손익이 포함되어 자산 처분 등의 이슈가 발생하면 그 변동성이 커져서 순이익률 역시 급변하게 된다. 따라서 한 해의 순이익률만으로 기업의 수익률을 평가하면 오류가 발생하게 된다. 이러한 오류를 피하기 위해서는 장기적인 순이익률 추이를 파악하고 매출총이익률, 영업이익률 등의 다른 수익성지표와 함께 기업을 평가해야 한다.

한국주식가치평가원 심층코멘트

당기순이익이 주식투자자에게 귀속되는 이익항목이기 때문에 당기순이익률은 주주에게 매우 중요한 이익률이다. 하지만 당기순이익률이 10%라는 사실이 주주의 투자수익률이 10%라는 것을(매출액 대비 비율일 뿐, 투자수익률이 아니다) 말하지는 않는다.

주식투자자가 기업에 장기투자했을 때, 주가의 피상적인 변동성(투자심리의 변동)에 의한 수익률 뿐 아니라 근본적으로 복리수익률을 누리게 되는데, 그것이 바로 자기자본이익률(ROE, 후술)의 효과이다.

즉, 장기적으로 자기자본이익률이 20%라면 주주는 20%의 복리수익률을 올리게 되는 것이다. 그런데 자기자본순이익률이 유지되거나 좋아지려면 순이익이 일정 수준의 속도로 상승해야 하므로(분모가 되는 자기자본이 대체로 증가함), 주주들은 순이익률이 하락하고 있는 기업을 싫어하는 것이다.

굳이 주주관점에서 설명하지 않더라도 순이익률이 (−)인 극단적인 경우를 예로 들면 실제로 적자가 나고 있는 상황이므로 기업경영 주체의 입장에서도 좋을 것이 없다. 꾸준히 순이익률이 좋은 기업이 경영자와 투자자 모두에게 좋은 기업이다.

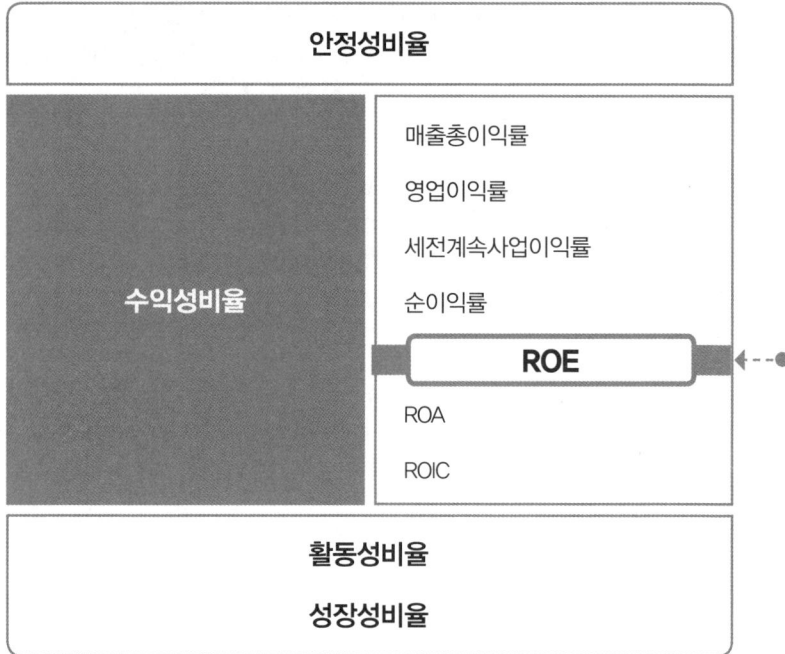

1. 개념 정의

ROE(자기자본이익률)란 Return On Equity의 약자로 자기자본으로 얼마의 순이익을 벌어들였는가를 나타내는 수익성 지표이다. ROE는 다른 투자안의 수익률(예금금리, 채권수익률 등)과 비교되어 특정 종목(주식)의 투자매력도를 보여준다.

2. 공식

ROE = (순이익 ÷ 자본총계) × 100(%)

★ 자본총계는 기초의 수치, 혹은 기초기말의 평균값을 사용한다.

3. 기본 의미

배당을 하지 않는 경우 ROE는 주주몫인 자본의 성장률과 같게 되므로 투자자에게 매우 중요한 수치이다. 즉, ROE가 높은 기업은 자본의 증가율이 높다는 뜻이어서 주가 역시 높게 형성될 때가 많다.

4. 내용 설명

예를 들어 자본총계가 100이고 순이익이 20일 때 ROE는 20%가 된다. 이 기업이 배당을 주지 않는다면 다음 해의 자본총계는 120(100+20)이 된다. 만약 ROE 20%를 유지한다면 그 다음 해 순이익은 24(120*20%)가 되며 자본은 144(120+24)로 늘어난다. 이렇듯 ROE 20%를 유지한다고 가정했을 때 처음에 100이었던 자본총계는 120, 144, 173, 207, 249, 299 식으로 20%씩 복리로 성장하게 된다. 즉, 어떤 측면에서는 20%짜리 복리예금상품과 비슷하다고 할 수 있다.

한편, 기업 규모가 커지면 자본 효율성이 떨어지므로 ROE 역시 하락하는 것이 당연해 보인다. 시장수요가 무한한 것이 아니기에 당기순이익 100억을 1조로 늘리는 것보다 당기순이익 1조를 100조로 늘리는 편이 어려운 것이다. 그럼에도 불구하고 의외로 높은 ROE를 꾸준히 유지하는 기업들이 존재한다. 이러한 기업들은 자본을 불리는 속도를 철저하게 관리하며(수익성 유지, 비용 통제, 배당 및 자사주 매입 등) 주가 역시 그에 걸맞게 꾸준히 상승하게 된다. 현명한 투자자는 이러한 기업들을 싸게 사서 오래도록 높은 수익률을 향유하며, 어리석은 투자자는 이러한 기업들이 실적과 주가가 최고조에 있을 때 비싸게 사서 이후 일시적으로 주가가 급락하면 손실을 보고 매도한다.

한국주식가치평가원 심층코멘트

　ROE의 본질은 예금과 사업의 양면성을 동시에 가지고 있다. 우선 주주 몫 자산인 자본총계에서 주주 몫 이익인 당기순이익을 얼마나 창출했는가를 계산한다는 점에서 예금이자율과 유사하다. 다만, 예금이자율과 결정적으로 차이가 나는 점은 기업은 사업을 영위하기 때문에, ROE 역시(예금이자율과는 달리) 몇 년에 걸친 부침이 있다는 것이다. 다만, 기업의 역량과 경쟁력에 따라서 평균적으로 높은 ROE를 유지하기도 하고, 낮은 ROE를 보여주기도 하는 등 중장기적으로 유지가능한 ROE가 존재하며(1년만 보고는 알 수 없다) 유지가능한 ROE의 수치 범위는 기업마다 다르다.
　한편, ROE는 기업의 자본투자수익률 중에서는 가장 결과적인 수치로 ROE 수치를 근본적으로 결정하는 ROA, ROIC 등 원인비율을 알 필요가 있다.

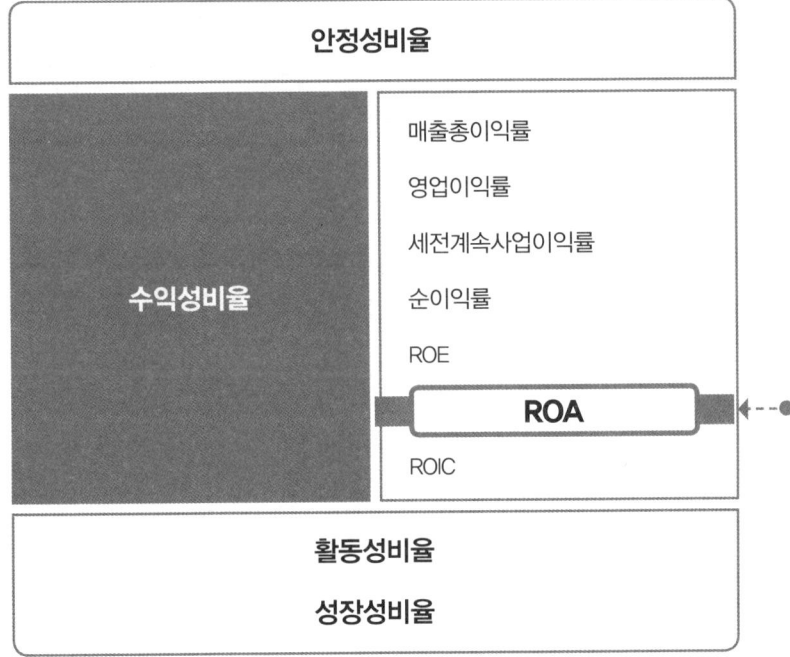

1. 개념 정의

ROA(총자산이익률)는 Return On Assets의 약자로 기업의 전체 자산으로 얼마의 순이익을 창출했는가를 나타내는 수익성 지표이다. ROA가 높다는 말은 보유하고 있는 자산으로 많은 순이익을 벌어들였다는 뜻이므로 그 수치가 높을수록 좋다.

2. 공식

ROA = (순이익 ÷ 자산총계) × 100(%)

★ 자산총계는 기초의 수치, 혹은 기초기말의 평균값을 사용한다.

3. 기본 의미

ROA는 그 자체로 오너 입장에서 자산 전체의(자본과 부채를 합산) 수익성을 평가할 수 있는 지표이지만 소액주주 입장에서 자본의 수익성을 검증하는 지표로도 자주 사용된다. 소액주주는 ROE를 통해 특정 기업들의 투자매력도를 확인하고 한 단계 더 들어가 ROA로 그 탄탄함을 검증해야 한다.

4. 내용 설명

주주의 수익률이라고 할 수 있는 ROE(순이익/자본)는 ROA(순이익/자산)에 자기자본승수(자산/자본)를 곱한 값이다. 앞서 밝혔듯이 ROA는 총자산이 얼마만큼의 이익을 벌어들이는가를 나타내는 수익성 지표이다. 한편, 자기자본승수가 크다면 부채를 많이 사용했다는 뜻이고, 작다면 부채를 적게 사용했다는 말이다. 즉 두 기업의 ROE가 동일한데 한 기업의 ROA가 더 크다면(자기자본승수가 더 적다면) 부채를 적게 사용한 것이고, 한 기업의 ROA가 더 작다면(자기자본승수가 더 크다면) 부채를 많이 사용한 것이다.

위와 같은 원리로 ROE의 질을 파악할 수 있다. 만약 ROE가 높은 기업을 찾았을 때 그 기업의 ROA 역시 높다면 부채를 적게 사용하여 건전한 재무 안정성을 갖춘 상태에서도 기업 내부 역량으로 높은 자기자본수익률을 내고 있다는 말이다. 반대로 ROE는 높지만 ROA가 낮다면 부채의 힘을 과도하게 빌려 높은 수익을 내고 있다는 뜻이므로, 투자자는 해당 기업의 재무구조가 건전한지 현재의 수익성이 유지될 수 있는지 등을 체크해야 한다.

한국주식가치평가원 심층코멘트

　ROE가 주주가 누리는 최종수익률이라면 ROA는 ROE가 존재할 수 있게 바닥에서 받쳐주는 수익률로 이해할 수 있다. 최소한의 요구조건은 ROA 자체가 부채전체의 평균이자율보다 높아야 한다는 것이다. 부채전체의 평균이자율이 5%인데 ROA가 3%인 기업의 경우 부채의 비중을 늘릴 수 없다.
　다만, 현실적인 상황에서 기업의 ROA는 해당 기업 부채전체의 평균이자율보다 높은 경우가 많다. 그러므로 과도하지 않은 한도 내에서(부채비율, 순부채비율 등) 적정한 부채를 차입하면 ROE는 상승하게 된다. 투자자의 경우 역으로 ROE가 높은 기업들 중에서도 ROA가 상대적으로 높은 기업들이 더욱 투자매력도가(부채도 적은데 자본수익률이 높은) 있는 것이다.
　한편, ROA의 수익률 수치를 결정하는 가장 중요한 원인수익률로 ROIC가 있다.

OIC

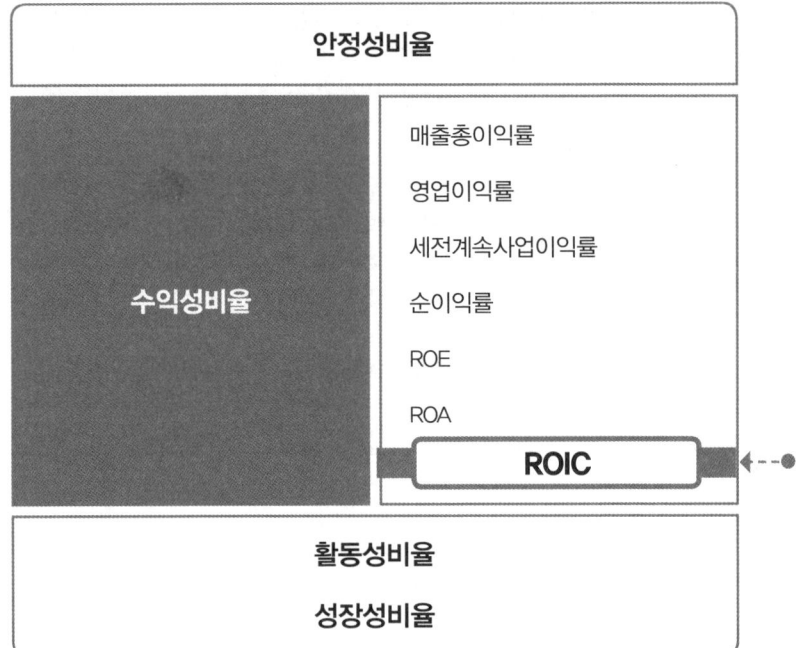

1. 개념 정의

ROIC(투하자본순이익률)란 영업활동을 위해 투자한 영업자산으로 얼마만큼의 영업이익을 벌어들였는지를 나타내는 수익성 지표이다. ROIC는 ROE, ROA의 원인이 되는 수치로 기업의 가장 본질적인 수익성을 보여준다.

2. 공식

ROIC = (세후영업이익 ÷ 영업투하자본) × 100(%)

★ 영업투하자본은 기초의 수치, 혹은 기초기말의 평균값을 사용한다.

3. 기본 의미

ROIC의 분자에 해당하는 세후영업이익(NOPAT: Net Operating Profit After Tax)은 '영업이익×(1-법인세율)'로 산출되며, ROIC의 분모에 해당하는 영업투하자본(IC: Invested Capital)은 '순운전자본(매출채권+재고자산-매입채무)+유형자산+기타순영업자산'으로 계산된다.

★ 합리적인 추세분석을 위해서는 위 산식대로 가장 중요하고 핵심적인 영업자산부채를 가감해서 IC를 계산해도 되지만(투자자의 관점), 추세분석보다 특정 분기(혹 기말)의 회계적 정확성을 위한다면 유동자산에서 유동부채를 차감하기도 한다.

4. 내용 설명

ROIC는 기업의 근본적인 경쟁력을 나타내는 영업자산의 수익률 지표로써 동종업계 경쟁사들과 비교하여 해당 기업의 위상을 알아볼 수 있다. 경쟁사보다 ROIC가 높다는 말은 같은 영업자산을 투자하여 경쟁사보다 더욱 많은 이익을 벌어들이고 있다는 뜻이므로 그 수치가 높을수록 좋다.

ROIC는 ROA의 원인이 되는 수치로 ROA가 기업 전체 자산의 수익성을 나타낸다면 ROIC는 총자산 중 영업활동을 위한 영업자산(유형자산 및 순운전자본)만의 수익성을 나타낸다. 예를 들어 특정 기업의 ROIC가 30%, ROA가 10%, ROE가 15%라고 하자. 이 경우 영업자산만의 수익률인 ROIC는 30%나 되지만 수익성이 낮고 비중이 큰 비영업자산까지를 포함한 수익률인 ROA는 10%로 하락하고, 해당 기업이 부채를 일부 활용하여 ROE는 15%가(ROA보다 높은) 되는 구조이다.

한국주식가치평가원 심층코멘트

　ROIC가 ROA를 결정하는 데에는 두 가지 요인이 있다. 높은 ROA 뒤에는 첫째 높은 ROIC가 꾸준히 유지되어야 하며, 둘째 IC(영업자산)의 비중이 일정수준 이상으로 유지되어야 한다.

　마치 야구에 있어서 오른팔 투수의 오른팔과 같은 역할을 하는 것이 IC이다. 오른팔의 기량이 떨어지거나(ROIC 하락), 오른팔의 비중이 줄어들거나(비영업자산 비중 확대) 하면 감독이나 구단주의 입장에서 투수 자체의 매력도가 떨어진다. 마찬가지로 ROIC가 추세적으로 하락하거나 IC의 비중이 점점 낮아지는(현금예금만 잔뜩 쌓이고 배당도 하지 않는) 기업의 경우 투자자 입장에서 투자매력도가 점점 떨어진다.

　그러므로 투자자들은 우선 ROE를 통해 투자매력도를 살펴본 후 ROA로 재무 건전성과 수익의 안전성을 파악하고, 마지막으로 ROIC로 기업 본연의 수익성을 검토하는 식으로 접근하는 것이 바람직하다. 한편, 지주사와 서비스업종 등 IC가 존재하지 않거나 미미한 기업의 경우 ROIC 수치는 별 의미가 없고, ROA 수치부터 검토하면 된다.

3. 활동성 비율

총자산회전율

안정성비율	
수익성비율	
활동성비율	**총자산회전율**
	유형자산회전율
	영업자산회전율
	재고자산회전율
	매출채권회전율
	매입채무회전율
	순운전자본회전율
성장성비율	

1. 개념 정의

총자산회전율이란 기업이 가지고 있는 자산이 얼마만큼의 매출액을 일으키는지 확인할 수 있는 활동성 지표이다. 특정 기업의 과거 수치와 비교하여 그 수치가 유지되거나 높아지는 추세라면 활동성에 큰 문제가 없다고 볼 수 있다.

2. 공식
총자산회전율 = 매출액 ÷ 자산총계
★ 자산총계는 기초의 수치, 혹은 기초기말의 평균값을 사용한다.

3. 기본 의미
자산이 100이고, 매출액 역시 100이라면 이 기업의 총자산회전율은 1회이고 '한 번 회전했다'고 말한다. 이는 '총자산 한 단위당 1의 매출액을 올렸다'라고도 말한다. 총자산회전율이 0.5회라면 총자산 한 단위당 0.5의 매출액을 올린 것이다.

4. 내용 설명
총자산회전율은 기업의 활동성 지표로 자산 전체가 막힘없이 잘 움직이고 있는가를(매출에 기여하는가) 보여준다. 총자산회전율은 해당 기업의 과거 수치와 비교하는 것이 타당하다. 산업별로 자산의 구성과 매출액의 수준이 다르기 때문에 총자산회전율 역시 다르다. 또한 같은 산업 내의 경쟁업체라 해도 기업별로 자산구성이 동일하지 않아 총자산회전율 수치를 비교하기에는 무리가 있다. 단, 소속업계의 평균수치가 참고사항이 될 수는 있다.

특정 기업의 과거 추이와 비교해봤을 때 총자산회전율이 유지된다면 그 기업의 활동성이 이전과 비슷한 상태라는 것을 말하며, 총자산회전율이 높아진다면 활동성이 더욱 좋아지고 있다는 뜻이다. 반면, 총자산회전율이 낮아지는 추세라면 그 기업의 활동성이 떨어지고 있다는 뜻이다.

한국주식가치평가원 심층코멘트

　총자산회전율, 유형자산회전율, 영업자산회전율 등은 주로 자산의 매출기여도를 판단하는 비율이고, 재고자산회전율, 매출채권회전율, 매입채무회전율, 순운전자본회전율 등은 주로 매출의 현금화 정도를 판단하는 비율이다.
　그 중 총자산회전율이 증감하는 것은 크게 두 가지 차원으로 볼 수 있다. 우선 총자산의 구성이 큰 변화를 겪지 않는 4년 전후의 기간 동안 총자산회전율이 증감하는 것은 대체로 영업사이클에(혹 업황사이클) 따라서 등락하는 경우가 많다. 즉 수요산업의 업황등락 혹은 대상 소비자의 소비증감 등 해당 기업의 영업사이클에 따라서 자연스럽게 매출액이 증감하기 때문이다.
　다음으로 4년 전후의 기간보다 장기간에 걸쳐서 총자산회전율이 증가하거나 하락하는 것은 추가적인 요인이 있을 수 있는데, 대표적인 것이 총자산의 구성변화이다. 기업이 성장단계에 있을 때는 총자산 중 상당한 비중이 매출을 일으키는 영업자산에 투자되지만 기업이 완연한 성숙단계에 이르면 자연스럽게 매출을 일으키지 못하는 현금, 예금, 투자자산 등의 비중이 조금씩 커지게 된다. 이런 추세를 주기적으로 통제하지 않으면 기업의 총자산 구성이 변화를 겪게 되어 총자산회전율이 서서히 하락하게 된다.

유형자산회전율

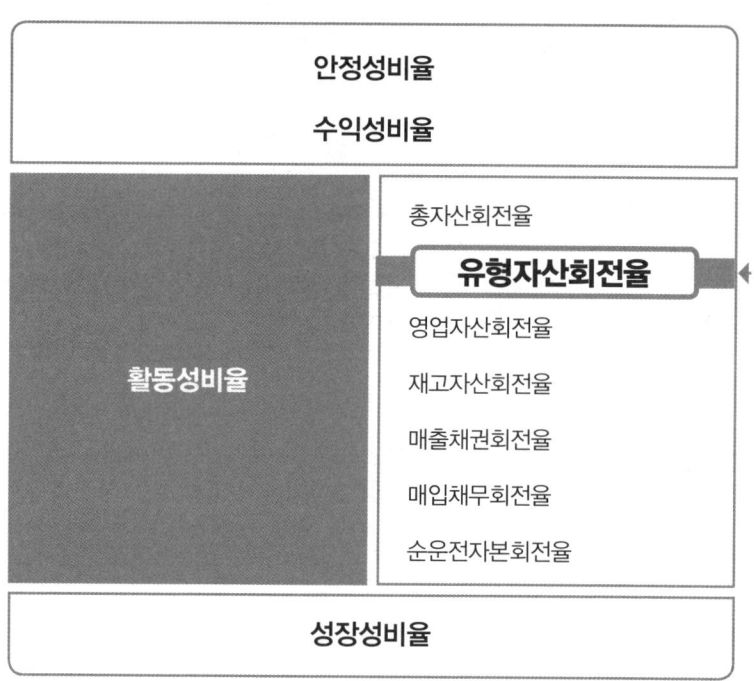

1. 개념 정의

유형자산회전율은 유형자산이 얼마의 매출액을 벌어들이는지를 측정하는 활동성 지표이다. 유형자산회전율 추이가 높아진다면 그 기업의 유형자산 효율성이 높아진다는 뜻이고, 유형자산회전율이 낮아진다면 그 효율성이 떨어진다는 말이다.

2. 공식

유형자산회전율 = 매출액 ÷ 유형자산

★ 유형자산은 기초의 수치, 혹은 기초기말의 평균값을 사용한다.

3. 기본 의미

제조업의 경우 유형자산회전율은 기업의 활동성을 측정하는데 효과적인 수치이나, 유형자산이 거의 존재하지 않는 서비스 기업이나 지주사는 유형자산회전율은 별 의미가 없다.

4. 내용 설명

제조업, 유통업, 수주업 등 대부분 업종의 경우 제품을 연구, 생산, 판매하는 데 필요한 공장이나 작업장, 영업소 및 연구소, 기계장치나 차량 등과 같은 유형자산의 비중이 적지 않다. 따라서 유형자산이 거의 없는 서비스회사나 지주사 등 일부 업종을 제외하면, 수많은 상장기업들은 영업자산 중 유형자산의 비중이 크기 때문에 유형자산회전율 수치가 중요한 활동성 수치가 된다.

유형자산회전율은 총자산회전율과 마찬가지로 동일 기업의 과거 수치와 비교할 때 효과적인 활동성 지표가 된다. 유형자산회전율은 경기에 따라 등락하는 것이 정상이므로 소폭의 주기적인 변동은 당연한 현상이다. 장기적으로 그 추세가 유지되거나 높아진다면 유형자산의 활동성은 문제가 없다는 뜻이며, 반대로 유형자산회전율이 추세적으로 낮아진다면 유형자산의 효율이 떨어지고 있음을 뜻한다.

한국주식가치평가원 심층코멘트

　유형자산회전율이 유지되려면 유형자산의 증가율과 매출액의 증가율이 유사한 수준을 유지해야 한다. 유형자산의 증가율만큼 매출액증가율이 따라가지 못할 때 유형자산회전율은 낮아지게 된다.
　본질적으로 유형자산은 유동자산이 아니라 비유동자산에 속한다. 즉 오랜기간에 걸쳐서 수익을 회수할 목적으로(단기간에 현금화 불가능) 투자하는 것이 유형자산이다. 그러므로 유형자산에 투자할 때의 두 가지 특징과 한 가지 위험을 안다면, 유형자산회전율의 변화를 해석할 수 있다.
　유형자산에 투자할 때의 두 가지 특성은 시간 불일치와 회복 가속성이다. 첫째로 시간 불일치의 의미는 투자한 유형자산이 완공된 시기(예를 들면 공장이 완공된 시점)와 본격적으로 정상적인 매출액을 창출하는 시기 사이에 몇 분기 정도 시간차가 존재한다는 것이다. 유형자산에 투자를 집행하였으나(재무제표에 유형자산 금액으로 인식) 아직 건설 중인 시기까지 포함하면 그 시간차는 연 단위로 벌어진다.
　둘째로 회복가속성이란 의미는 일단 공장, 기계장치, 영업소 등 유형자산에 의한 매출액 규모가 정상화되면 유형자산을 다루는 근로자들의 숙련도 향상, 생산물류 프로세스 개선 등에 힘입어, 보다 빠르게 유형자산회전율이 회복하게 된다.
　한 가지 위험이 있다면 업종 내 경쟁으로 유형자산에 과잉투자하는 경우로, 수요를 확보하지 못하고 규모의 경제만을 위해 과잉투자하는 경우 향후 유형자산회전율이 하락할(매출액 증가율이 따르지 못하므로) 수 있다.

영업자산회전율

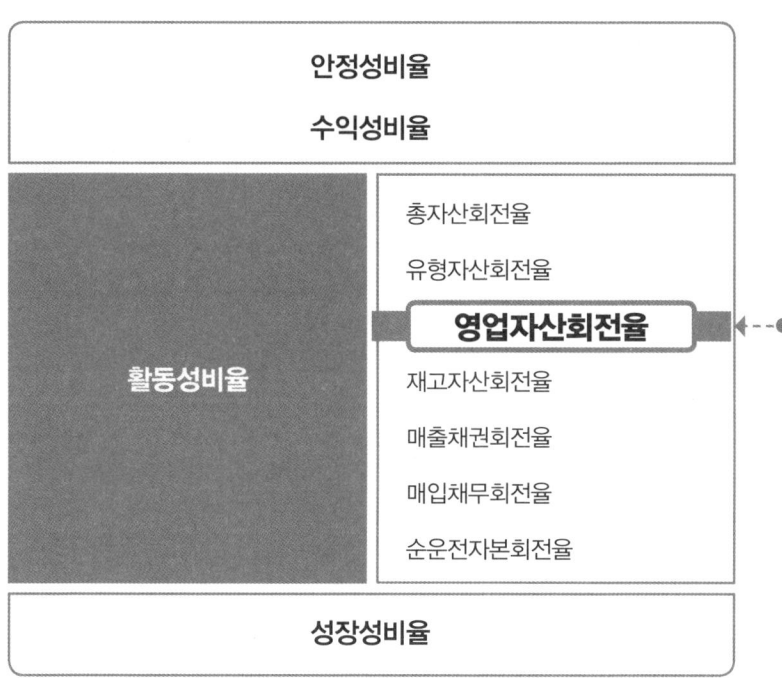

1. 개념 정의

영업자산회전율이란 영업자산으로 얼마만큼의 매출액을 회전시키는지를 보여주는 활동성 지표이다. 영업자산회전율은 영업자산만의 효율성을 나타내는 지표로 총자산회전율, 유형자산회전율보다 더욱 본질적인 활동성 지표라고 할 수 있으나, 수치의 변동성과 난해함으로 잘 쓰이지 않는다.

2. 공식
영업자산회전율 = 매출액 ÷ 영업자산

★ 영업자산은 기초의 수치, 혹은 기초기말의 평균값을 사용한다.

3. 기본 의미

영업자산은 영업을 하는데 필요한 자산을 말하며 일반적으로 유형자산에 운전자본(매출채권+재고자산-매입채무)을 더하여 산출된다.(무형자산은 포함할 수도, 제외할 수도 있다) 영업자산회전율이 하락 추세라면 영업자산의 효율이 떨어지고 있다는 뜻이므로 회전율이 유지되거나 높아지는 것이 좋다.

4. 내용 설명

영업자산회전율은 총자산회전율, 유형자산회전율과 함께 기업의 활동성을 보여주는 주요 활동성 지표이다. 유형자산뿐만 아니라 기업의 영업활동에 필요한 운전자본도 고려하였기 때문에, 영업상황을 살펴보는데 있어서 총자산회전율이나 유형자산회전율보다 더욱 정밀한 활동성 지표라고 할 수 있다. 다만, 운전자본의 주기적 증감으로 인한 수치변동, 난해함으로 인해 잘 쓰이지 않는다.

영업자산회전율이 높아지는 추세라면 영업자산 활용도가 커진다는 뜻이고, 반대로 영업자산회전율이 낮아지는 추세라면 영업자산 활용도가 작아진다는 뜻이다.

한국주식가치평가원 심층코멘트

　제조업을 포함한 대부분의 업종에 속한 기업의 경우에는 유형자산회전율과 영업자산회전율이 큰 무리없이 서로를 대체할 수 있다. 서비스업이나 지주회사의 경우에는 영업자산회전율과 총자산회전율이 큰 무리없이 서로를 대체할 수 있다.

　영업자산회전율이 영업상황을 파악하는 데는 더욱 적합할 수 있음에도 불구하고 왜 대체할 수 있는 비율을 언급했냐 하면, 보통 두 항목을 대비한 비율을(회전율 등) 쉽게 분석하려면 둘 중 하나의 항목은 변동이 적은 편이 좋기 때문이다.

　총자산과 유형자산 항목은 금액의 변동성이 크지 않다. 매출액 증감률만큼 심한 급등락을 자주 겪지는 않는다는 뜻이다. 그러나 영업자산 항목은 그렇지 않다. 영업자산에는 순운전자본이 포함되어 있는데, 매출채권과 재고자산, 매입채무 등의 영업자산과 부채는 업황등락에 따라서 비교적 증감하는 편이다. 그러므로 순운전자본 금액자체를 합리적으로 조정할 수 있는(영업자산의 주기적 등락을 상쇄하기 위해) 소수의 전문가를 제외하고는 기관투자자 및 개인투자자 모두 영업자산회전율을 활용하기보다는 총자산회전율이나 유형자산회전율을 사용하는 편이 더 좋다.

재고자산회전율

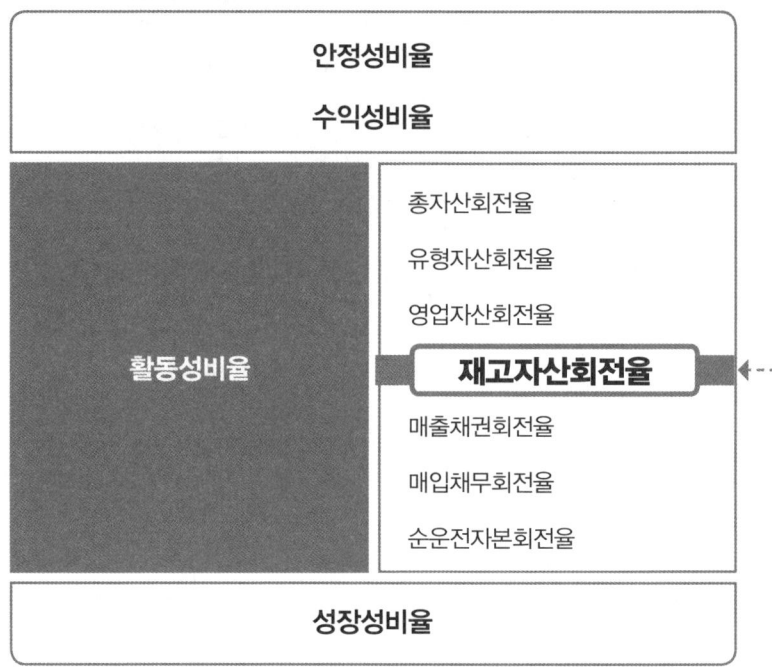

1. 개념 정의

재고자산회전율은 매출액을 재고자산으로 나누어 산출되며, 재고자산이 얼마나 빨리 팔려나가는지를 보여주는 지표이다. 일반적으로 재고자산회전율이 높을수록 좋으나, 과도하게 높은 경우에는 매출액 대비 재고자산이 부족하여 제품 판매에 지장을 초래할 수도 있다.

2. 공식

재고자산회전율 = 매출액 ÷ 재고자산

★ 재고자산은 기초의 수치, 혹은 기초기말의 평균값을 사용한다.

한편, 회계적으로 매출액 혹은 매출원가를 재고자산으로 나눌 수 있는데, 투자자 관점에서 1) 매출원가 항목이 매출액보다 변동성이 크며, 2) 매출채권 회전율과 매입채무 회전율 등과 함께 비교하기 위해, 투자업계에서는 대개 매출액을 사용한다.

3. 기본 의미

매출액이 100이고 재고자산이 10일 때 재고자산회전율은 10회이다. 즉, 한 해 동안 재고자산이 열 번 회전하여(팔려서) 100의 매출액을 발생시켰다는 뜻이다. 재고자산회전율이 클수록 기업의 제품 및 상품이 빠르게 팔려나갔다는 말이 된다.

4. 내용 설명

재고자산회전율은 한 해 동안 재고자산이 몇 번 회전하여 매출액을 발생시켰는지를 보여주는 활동성 지표이다. 재고자산회전율이 높다면 기업의 제품 및 상품이 빠르게 팔려나갔다는 것을 의미한다. 하지만 산업에 따라 재고자산회전율의 수준이 달라 표준이라고 할 수 있는 수치는 없다. 따라서 업계 평균 수치와 비교하여 특정 기업의 재고자산 효율성을 점검할 수 있다.

재고자산회전율을 가장 효과적으로 활용하는 방법은 동일 기업의 과거 추이와 비교하는 것이다. 재고자산회전율이 높아지는 추세라면 제품 및 상품이 더욱 빠르게 팔려나가고 있다는 뜻이므로 향후 수익성이 개선될 수 있다. 반면, 재고자산회전율 추세가 낮아지고 있다면 가지고 있는 제품이나 상품이 팔리지 않고 창고에 쌓여가고 있다는 것을 뜻하므로 향후 수익성이 악화될 수 있다.

한국주식가치평가원 심층코멘트

　재고자산회전율, 매출채권회전율, 매입채무회전율, 순운전자본회전율 등은 주로 매출의 현금화 정도를 판단하는 비율이다.
　재고자산회전율의 경우 그 수치가 하락하면 재고가 안 팔린다는 이야기로 현금화의 첫 단계에서(둘째 단계는 매출채권의 현금화) 문제가 있음을 말해주며, 그 수치가 유지 및 상승하면 재고가 잘 팔린다는 이야기로 현금화의 첫 단계가 원활하게 이루어지고 있음을 말해준다.

매출채권회전율

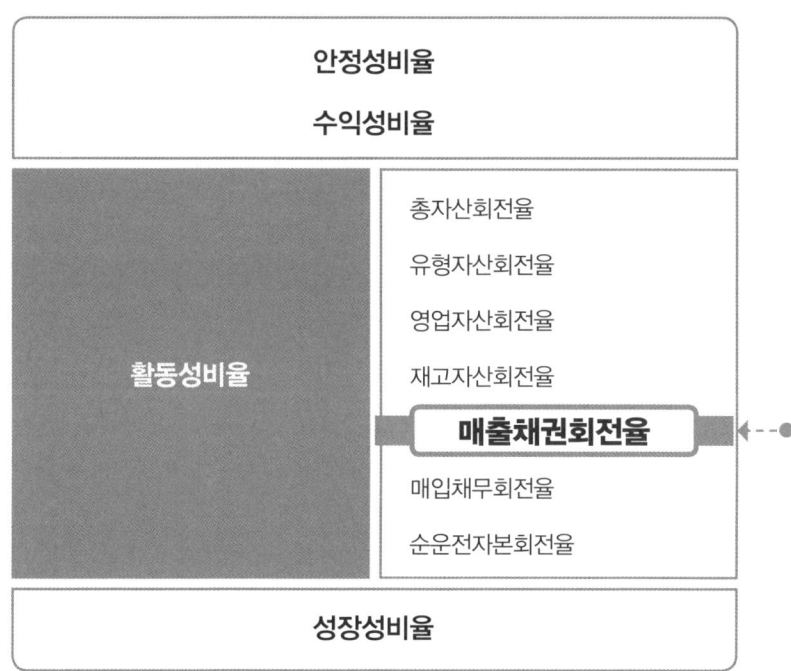

1. 개념 정의

매출채권회전율은 매출액을 매출채권으로 나누어 계산되며, 매출채권이 얼마나 빨리 회수되는가를 보여주는 활동성 지표이다. 매출채권회전율은 구매자와의 협상력을 보여주는 지표로 이 수치가 높을수록 매출채권이 빨리 현금으로 회수되고 있음을 뜻한다.

2. 공식

매출채권회전율 = 매출액 ÷ 매출채권

★ 매출채권은 기초의 수치, 혹은 기초기말의 평균값을 사용한다.

3. 기본 의미

동일 기업의 과거 수치와 비교했을 때 매출채권회전율이 낮아지는 추세라면 그 기업의 매출채권이 이전보다 현금으로 잘 회수되지 않고 있다는 말이다. 이는 기업의 활동성을 떨어뜨려 미래의 수익성을 악화시킬 수 있다.

4. 내용 설명

매출채권회전율은 구매자와의 협상력을 나타내주는 지표이다. 일반적으로 기업은 매출채권을 빨리 현금으로 회수하려고 한다. 하지만 빨리 회수하고 싶다고 해서 마냥 그럴 수 있는 것은 아니다. 거래 상대방과의 관계가 매출채권 회수 기간을 결정짓는 주요한 요소이다. 만약 거래 상대방이 경쟁력을 갖춘 기업이라면 협상력에서 열위에 있는 업체는 매출채권을 빠르게 회수할 수 없게 된다. 반대로 거래 상대방이 경쟁력 없는 업체라면 협상력에서 우위에 있는 기업은 매출채권을 빠르게 현금으로 회수할 수 있을 것이다.

즉, 경쟁력이 없는 기업은 매출채권이 많아서 매출채권회전율이 낮은 반면, 경쟁력이 탄탄한 기업은 매출채권이 적어서 매출채권회전율이 높다. 단, 회사마다 매출채권회전율이 제각각이라 표준적인 수치는 없다. 따라서 과거 추이와 비교하여 매출채권회전율을 검토해야 한다. 만일 과거에 비해 매출채권회전율이 높아진다면 구매자와의 협상력에서 우위를 점해나가고 있다는 뜻이며, 매출채권회전율이 낮아지는 추세라면 구매자의 협상력이 세져 채권 회수가 늦어지고 있다는 말이다.

한국주식가치평가원 심층코멘트

　매출채권은 대표적인 영업자산 항목으로 그 수치가 급격히 커질수록 위험한 항목이다. 부채가 아니라 자산임에도 불구하고 클수록 좋지 않다는 것이 선뜻 이해가지 않을 수 있겠지만 현금매출을 일으키지 못하고 외상거래 실적만 잔뜩 올린 중소기업의 어려움을 상상한다면 매출채권 급증은 일종의 독임을 알 수 있다.
　그러므로 매출액이 일정할 때 매출채권은 작은 편이 좋고, 매출채권 회전율이 올라가거나 최소한 유지되는 편이 좋다.

매입채무회전율

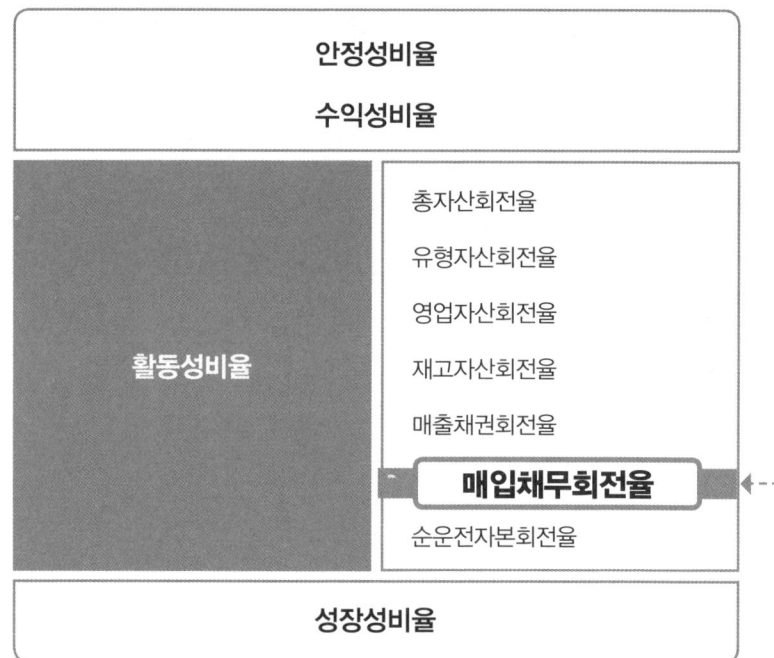

1. 개념 정의

매입채무회전율은 매출액을 매입채무로 나누어 계산되며, 매입채무를 얼마나 느리게 갚아나가는가를 보여주는 활동성 지표이다. 매입채무회전율은 판매자와의 협상력을 보여주는 지표로 이 수치가 낮을수록 매입채무가 느리게 변제되고 있음을 뜻한다.

2. 공식

매입채무회전율 = 매출액 ÷ 매입채무

★ 매입채무는 기초의 수치, 혹은 기초기말의 평균값을 사용한다.

3. 기본 의미

　동일 기업의 과거 수치와 비교했을 때 매입채무회전율이 높아지는 추세라면 그 기업의 매입채무가 이전보다 빨리 변제되고 있다는 말이다. 이는 기업의 활동성을 떨어뜨려 미래의 수익성을 악화시킬 수 있다. 반대로 매입채무회전율이 낮아지거나 유지되고 있다면 이는 해당 기업의 현금흐름에 바람직한 상황이다.

4. 내용 설명

　매입채무회전율은 판매자와의 협상력을 나타내주는 지표이다. 매입채무란 상품이나 원재료를 외상이나 어음을 통해 구매할 때 발생하는 영업상의 채무를 말한다. 거래 상대방인 판매자에게 현금을 바로 지급하지 않고 매입채무를 통해 거래를 하면 현금을 더욱 많이 확보할 수 있다. 또한 매입채무 변제를 늦출수록 확보된 현금을 오랜 기간 동안 운전자본으로 사용할 수 있기 때문에, 기업은 최대한 매입채무를 늘리고 변제를 늦추려고 노력한다. 이 때 매입채무 변제기간은 기업간의 협상력을 통해 좌우된다.

　매입규모, 독과점 여부 등 여러 여건에 비추어 기업이 갑의 위치에 있다면 매입채무 변제기간을 늘릴 수 있고, 협상력이 부족한 상대 기업은 어쩔 수 없이 그 요구를 들어주어야 한다. 반대의 경우도 마찬가지로, 협상력이 열위에 있는 기업은 매입채무를 빨리 상환할 수밖에 없다. 이러한 기업간의 협상력은 매입채무 변제기간을 통해 알 수 있고 매입채무 변제기간은 매입채무회전율을 통해 점검할 수 있다.

　매입채무회전율이 과거에 비해 낮아지는 추세라면 판매자와의 협상력에서 우위를 점해 나가고 있다는 말이며 이는 기업에 긍정적인 신호이다. 반대로 매입채무 회전율이 높아지는 추세라면 기업의 구매협상력이 훼손되고 있다는 증거이므로 향후 수익성을 악화시킬 수 있는 요인이 된다.

한국주식가치평가원 심층코멘트

매입채무는 대표적인 영업부채 항목으로 그 수치가 급격히 작아질수록 위험한 항목이다. 자산이 아니라 부채임에도 불구하고 작을수록 좋지 않다는 것이 선뜻 이해가지 않을 수 있겠지만 현금을 지급하는 대신에 어음을 끊어주는 것이 얼마나 유리한지를 이해한다면, 매입채무의 감소가 위험신호임을 알 수 있다.

그러므로 매출액이 일정할 때 매입채무는 큰 편이 좋고, 매입채무회전율이 하락가거나 최소한 유지되는 편이 좋다.

순운전자본회전율

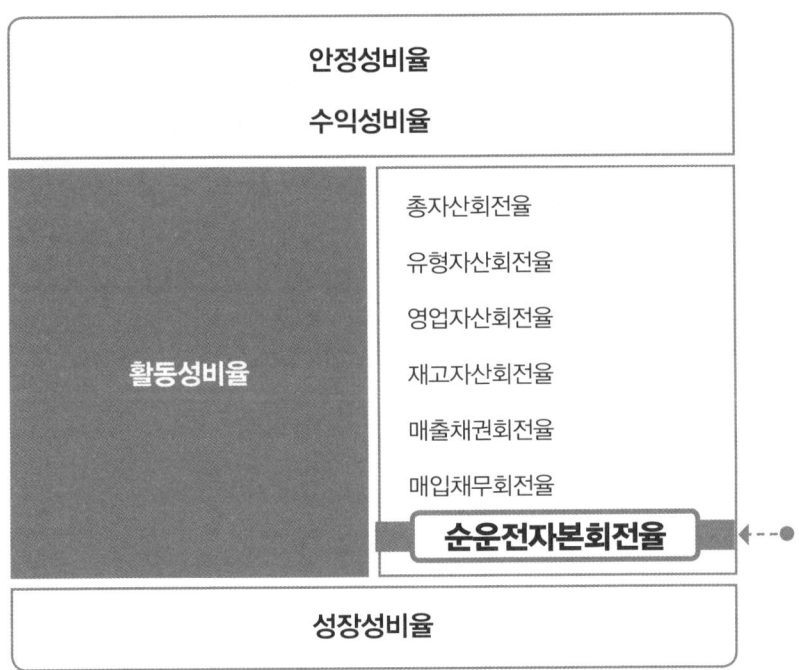

1. 개념 정의

순운전자본회전율이란 순운전자본이 얼마나 빠르게 회전하여 한 해 동안의 매출액을 일으키는지 확인할 수 있는 활동성 지표이다. 일반적으로 순운전자본회전율이 높아지는 추세라면 기업의 현금화가 활발히 이루어지고 있다는 뜻이다.

2. 공식

순운전자본회전율 = 매출액 ÷ 순운전자본

★ 순운전자본은 기초의 수치, 혹은 기초기말의 평균값을 사용한다.

3. 기본 의미

순운전자본이란 기업이 일상적인 생산 및 판매활동을 영위할 때 필요한 자금을 말한다. 기업을 운전하는데 들어가는 자본이라고 해서 운전자본이라고 칭하며, 핵심 영업자산과 부채를 고려한 '매출채권+재고자산-매입채무'로 도출하기도 하고, 간단히 '유동자산-유동부채'로 계산하기도 한다.

4. 내용 설명

순운전자본이란 기업이 영업순환과정(구매→제조→판매)을 되풀이할 때 필요한 자금을 말한다. 영업에 필요한 순운전자본이 크다면 그만큼의 현금이 사용되지 못하고 묶여있다는 것을 뜻하므로 기업 입장에서 유리한 상황이 아니다. 반대로 순운전자본이 작다면 기업 입장에서 유리하다.

매출액이 커질수록 영업순환과정에 필요한 순운전자본의 금액도 커지게 된다. 하지만 구매협상력을 높이거나(매입채무 증가) 판매협상력을 높이거나(매출채권 감소) 판매력을 높인다면(재고자산 감소), 순운전자본을 매출액 대비 일정 범위 내로(절대수치는 증가할지라도) 통제할 수 있다.

한국주식가치평가원 심층코멘트

투자자는 순운전자본회전율을 통하여 기업의 순운전자본 통제능력을 확인할 수 있다. 과거 수치와 비교하여 순운전자본회전율이 증가하는 추세라면, 매출액에 비하여 순운전자본이 덜 증가한다는 것을 뜻하고 이는 기업의 현금화 능력이 좋아진다는 이야기이다. 반대로 순운전자본회전율이 감소하는 추세라면, 순운전자본 증가율이 매출액 증가율을 능가하여 활동성이 악화되고 있다는 말이다.

다만 순운전자본회전율이 꾸준히 상승하거나 하락할 경우, 순운전자본을 구성하는 항목들 중에서 정확히 재고자산, 매출채권, 매입채무 중 어느 항목의 증감이 원인이 되는지 따로 파악할 필요가 있다.

4. 성장성 비율

매출액증가율

성장성비율	안정성비율
	수익성비율
	활동성비율
	매출액증가율
	영업이익증가율
	순이익증가율
	유형자산증가율
	총자산증가율
	자기자본증가율

1. 개념 정의

매출액증가율이란 전년에 비해 얼마나 매출액이 증가했는지를 보여주는 성장성 지표이다. 매출액은 영업활동을 통한 기업의 총수익을 말하므로 매출액증가율이 지속적으로 양수를 나타낸다면 그 기업의 매출액이 꾸준히 성장하고 있다는 것을 뜻한다.

2. 공식

$$\text{매출액증가율} = \frac{(\text{당기매출액} - \text{전기매출액})}{\text{전기매출액}} \times 100(\%)$$

3. 기본 의미

기업이 정상적인 영업활동을 통해 벌어들인 총수익은 매출액에 기록된다. 매출액이 증가하면 대개 영업이익이나 순이익도 동반하여 증가하기 때문에 매출액증가율이 꾸준히 높다면 그 기업의 주주가치가 증가할 가능성도 높게 된다.

4. 내용 설명

매출액증가율 수치는 한 해 동안의 수치만 살필 것이 아니라 장기적인 추세를 확인해야 한다. 특히 경기에 민감한 기업의 매출액은 변동성이 크기 때문에 한 해의 수치로는 기업의 장기적인 매출 성장률을 알 수 없다. 최소 4년 길면 8년간의 장기적인 매출액증가율 수치를 살펴보아야만 해당 기업의 매출액이 성장하는지 확인할 수 있다. 경기 변동에 따라 한 두 해 정도는 매출액이 감소할 수 있지만 지속적으로 매출액증가율이 마이너스를 기록한다면 기업이 쇠퇴하고 있는 것은 아닌지 조사해 보아야 한다.

대한민국의 물가상승률과 금리, 경제성장률 등을 고려할 때 중장기적으로 최소한 4% 이상의 매출액증가율을 기록해야 비로소 정체되어 있지 않다고 말할 수 있다. 또한 평균 10% 이상으로 매출액이 증가한다면 비로소 성장하고 있다고 볼 수 있다.

한국주식가치평가원 심층코멘트

　매출액증가율, 영업이익증가율, 순이익증가율 등은 영업실적 측면에서의(많은 판매와 많은 이익) 성장률로 볼 수 있다. 한편, 유형자산증가율, 총자산증가율, 자기자본증가율 등은 추가적인 영업실적을 일으키기 위한 자산측면에서의 성장률로 볼 수 있다. 주기적으로 자산 측면의 성장이 전제되어야, 다음 주기에서 영업실적의 성장이 자연스럽게 가능해진다.

　한편, 매출액은 판매수량과 판매단가를 곱하여 산출한다. 즉 판매수량을 늘리거나 판매단가를 높여야 매출액을 늘릴 수 있다. 매출액이 증가하거나 하락할 때 투자자는 판매수량과 판매단가 중 어떤 원인에 의해 매출액이 변화했는지 검토해 볼 필요가 있다. 판매수량을 늘려서 매출액을 늘리는 어떤 기업과 판매단가를 높여서 매출액을 늘리는 다른 기업은 서로 마케팅, 브랜딩 전략이 다르다. '구관이 명관'이라고 어떤 기업이든지 지금까지 잘 해온 대로 매출액을 늘리는 편이 좋지만 기업이 장기적으로 시장의 한계를 느껴 전략적으로 두 가지를 모두 병행하고자 꾀할 수 있다. 하지만 근본적으로 시장의 성장이(양이든 가격이든) 멈췄으면 다른 시장으로 확대를 꾀하는 것이 좋다. 다만, 박리다매와 후리소매를 동시에 노릴 수밖에 없는 한계상황이라면, 전략적으로 제품 브랜드나 사업부, 심지어는 법인을 분리하는 것도 적절한 방법이다.

영업이익증가율

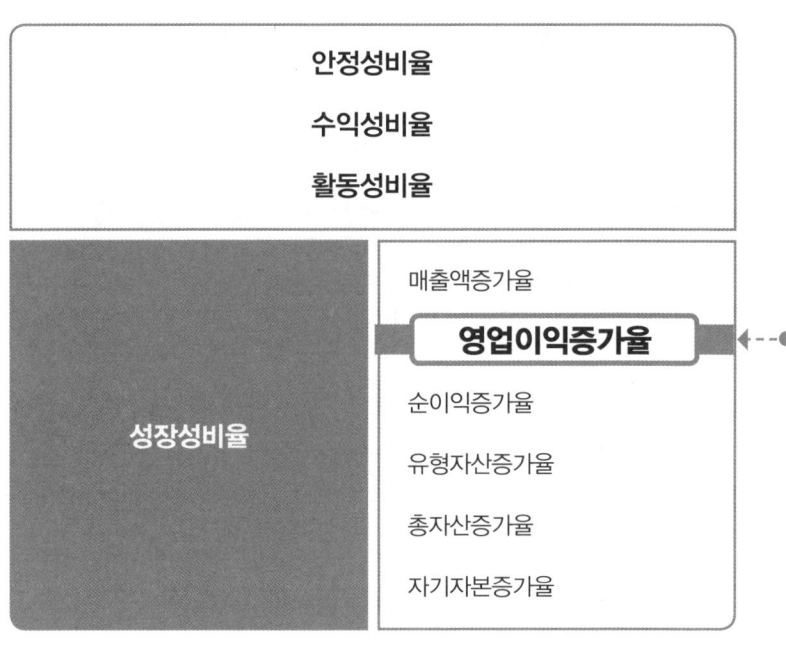

1. 개념 정의

영업이익증가율이란 전년 대비 영업이익이 얼마나 증가했는가를 보여주는 성장성 지표이다. 영업이익은 본업의 총수익에서 본업과 관련한 비용을 차감한 본사업의 총이익을 나타내므로, 그 증가율은 본업 이익의 성장성을 나타낸다고 할 수 있다.

2. 공식

$$영업이익증가율 = \frac{(당기영업이익 - 전기영업이익)}{전기영업이익} \times 100(\%)$$

3. 기본 의미

일반적으로 매출액증가율보다 영업이익증가율의 변동성이 크다. 그 이유는 고정비 효과 때문이다. 고정비란 매출액 변동과 상관없이 고정적으로 발생하는 비용을 말하며 이러한 고정비가 클수록 영업이익의 변동성이 커지게 되어 그 증가율도 커진다.

4. 내용 설명

고정비 효과는 고정비 비중이 큰 장치산업에서 잘 나타난다. 대규모 공장설비를 갖춰야 하는 기업들은 고정비항목 중 하나인 감가상각비 비중이 커서 매출액 변화에 따라 영업이익 변동성이 크다. 투자자는 영업이익증가율 수치를 살펴볼 때 이러한 고정비 효과를 염두에 두어야 한다.

영업이익은 본업의 비용을 아직 차감하기 전인 매출액은 물론이고, 영업외손익까지 계산을 끝낸 순이익보다 사업의 본질을 더욱 잘 파악할 수 있는 계정과목이다. 따라서 영업이익증가율은 매출액이나 순이익증가율보다 기업의 본질적인 성장률을 확인할 수 있는 지표라고 할 수 있다.

한국주식가치평가원 심층코멘트

매출액이 연평균 7% 성장하더라도 고정비 효과로 영업이익은 10% 이상 성장할 수 있다. 만약 장기적으로 매출액성장률과 영업이익성장률이 같다면, 비용통제를 잘 하지 못하고 있으며 실속없는 성장을 하고 있다고 판단해도 좋다. 매출액과 모든 제조비용, 영업비용이 같은 비율로 증가해야 그렇게 되는데, 그런 방만한 기업경영의 수혜를 입는 주체는 주로 정부(세금)와 근로자(인건비) 뿐이다.

좋은 기업은 중장기적으로 매출액증가율, 영업이익증가율, 순이익증가율 등을 살펴보아, 매출액증가율보다 영업이익과 순이익 증가율이 높아야 한다. 영업이익증가율과 순이익증가율은 유사하거나 순이익증가율이 소폭 높은 편이 좋다.

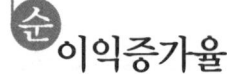이익증가율

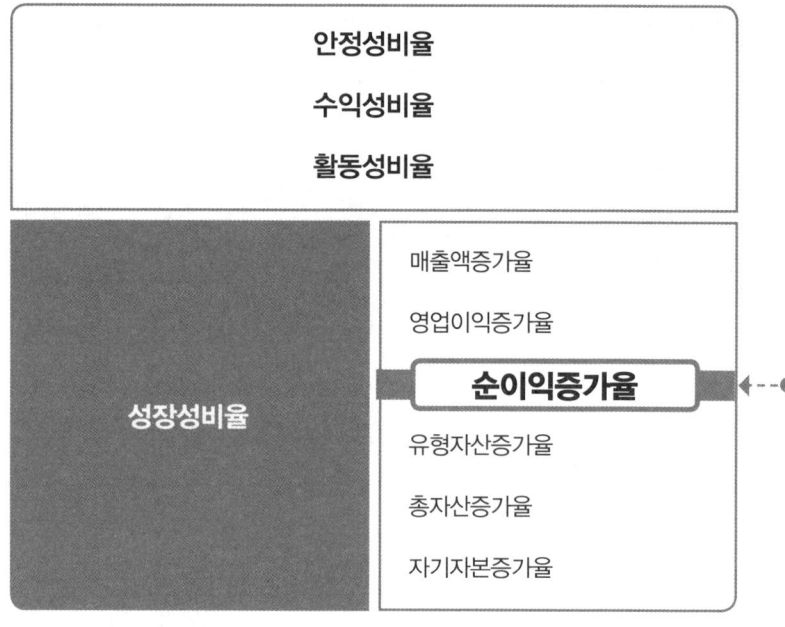

1. 개념 정의

순이익증가율이란 전기에 비해서 이번 회계연도에 얼마나 순이익이 성장했는지를 보여주는 성장성 지표이다. 순이익은 주주에게 귀속되는 몫으로써 자본총계의 시장가치에 직접적으로 영향을 미치므로 순이익증가율이 높을수록 주가상승률도 커지게 된다.

2. 공식

$$순이익증가율 = \frac{(당기순이익 - 전기순이익)}{전기순이익} \times 100(\%)$$

3. 기본 의미

순이익증가율이 높을수록 기업의 수익성장성도 높다고 볼 수 있다. 다만, 한 해만의 수치로 기업의 성장성을 판단하기에는 무리가 있고, 여러 해 동안의 추세를 확인해야만 보다 타당한 기업의 성장성을 예측할 수 있다.

4. 내용 설명

순이익증가율 지표는 매출액증가율, 영업이익증가율 지표와 함께 살펴보는 것이 효과적이다. 예를 들어, 지표상으로 매출액과 영업이익은 증가하고 있는데 순이익은 꾸준히 증가하지 못하고 변동성이 심하거나 오히려 하락하는 경우가 있다. 그럴 경우 영업외손익 항목 중 어떤 항목들이 근본적인 손실 원인이 되는지 확인하면, 향후에는 순이익이 영업이익과 비교하여 어떻게 될지를 판단할 수 있다.

일반적으로 기업의 순이익은 매출액이나 영업이익보다 변동성이 크고, 순이익증가율 수치도 변화가 심한 편이다. 따라서 단기적인 수치로 기업의 순이익 성장성을 판단한다면 오류에 빠질 위험이 있으며, 중장기 순이익증가율 평균수치를 감안하여 판단해야 한다.

한국주식가치평가원 심층코멘트

주주의 기준에서 기업가치가(내재가치) 복리로 상승하려면 순이익증가율이 좋아야 한다. 좋은 순이익증가율을 유지하려면 둘 중의 한 가지 노력을(선행조건) 기업이 계속해야 한다. 그 중 하나가 단기적으로는 매출액을 증가시키고 장기적으로는 매출수준을 올리기 위한 자산을 주기적으로 확충해야 한다. 쉽게 말해서 라면과 자동차를 많이 팔아야 (매출) 순이익이 많이 남게 되고, 라면공장과 자동차 공장을 증설해야 향후 더 많은 제품을 팔 수 있다는 이야기다.

둘째로 매출과 무관하지만 순이익을 늘려줄 자산에 지속적으로 투자해야 한다. 쉽게 말해서 국내에 더 이상 라면과 자동차를 사줄 수요가 증가하지 않는다면(성숙), 해외에 라면공장과 자동차공장을 세우면서 자회사(해외법인)를 세워야 한다는 이야기다. 주요 자회사들의 매년 당기순이익 중 모기업이 소유한 지분율 만큼이 주주의 몫인 연결재무제표의 지배지분순이익에 포함되기 때문이다.

유형자산증가율

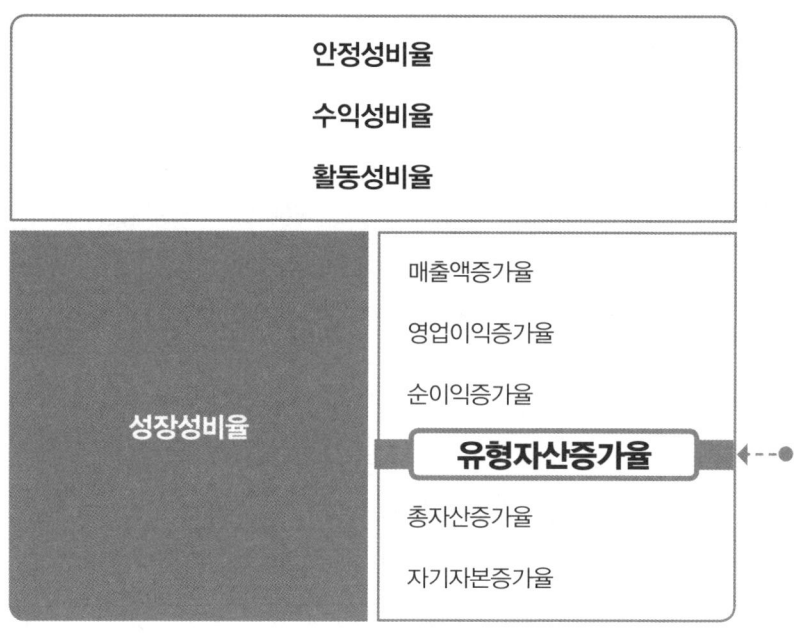

1. 개념 정의

유형자산증가율이란 전년 대비 이번 년도에 유형자산이 얼마나 증가하였는가를 보여주는 성장성 지표이다. 제조, 유통, 운송, 수주업 등 대개의 업종에서(지주사, 서비스업 등 제외) 유형자산은 수익창출의 기반이 된다. 따라서 유형자산이 증가한다는 것은 미래 수익을 위해 투자했다는 뜻이 된다.

2. 공식

$$유형자산증가율 = \frac{(기말유형자산 - 기초유형자산)}{기초유형자산} \times 100(\%)$$

3. 기본 의미

유형자산증가율을 통해 장기적인 미래의 기업 성장률을 유추할 수 있다. 일반적으로 유형자산은 수익창출의 원동력인 설비투자관련 자산이 대부분이다. 따라서 유형자산증가율이 높다는 것은 수익창출의 원인이 되는 자산이 늘어난다는 뜻이며, 이는 곧 미래 수익의 성장잠재력이 높다는 것을 말한다.

4. 내용 설명

기업은 대규모의 매출성장을 필요로 할 때 유형자산을 추가한다. 특히 제조업의 경우 기존 공장의 가동률이 포화상태이고 고객의 수요가 계속해서 존재할 때 새로운 공장을 지어 매출과 이익을 성장시키게 된다. 그렇다고 매년 신규 공장을 짓거나 하지는 않으며 몇 년에 한 번씩 꾸준히 신규 공장을 건설하게 된다. 또한 공장을 짓지 않더라도 새로운 기계장치를 확충하거나 하여 매년 유형자산은 꾸준히 증가하는 경우가 많다. 이렇게 유형자산의 꾸준한 증가는 기업 수익의 성장잠재력을 증가시켜 결국 매출과 이익의 성장으로 귀결되므로 유형자산증가율을 통해 기업의 성장성을 확인할 수 있다.

한국주식가치평가원 심층코멘트

유형자산증가율, 총자산증가율, 자기자본증가율 등은 추가적인 영업실적을 일으키기 위한 전제인 자산측면에서의 성장률로 볼 수 있다. 주기적으로 자산 측면의 성장이 전제되어야, 해당 주기 이후 영업실적의 성장이 자연스럽게 가능해진다. 다만 대부분의 기업에 있어 유형자산증가율이 중요한 반면, 서비스업이나 지주사, 지식기반 업종 등 유형자산이 중요하지 않은 업종들의 경우 총자산증가율이 이를 대체할 수 있다.

전체적으로 단계를 구분하자면, 유형자산증가율은 매출을 일으키는 직접적인 자산의 확대를, 총자산증가율은 매출과 유관, 무관한 각종 자산의 확대를, 자기자본증가율은 주주몫의 성장을 의미한다.

자산증가율

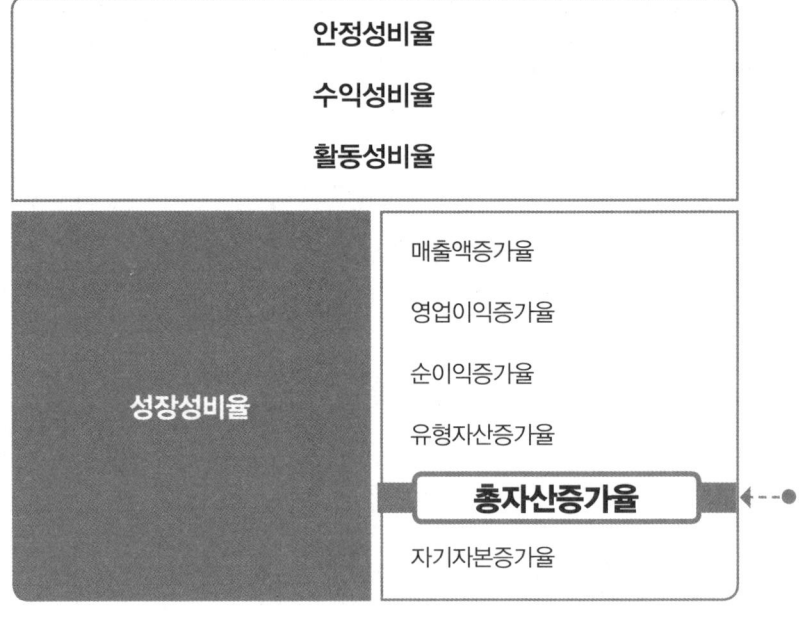

1. 개념 정의

총자산증가율이란 전기 대비 이번 회계기간에 자산이 얼마나 증가했는지 보여주는 성장성 지표이다. 자산은 기업의 규모를 대표하는 계정과목이다. 따라서 총자산증가율은 기업의 규모가 얼마나 빠르게 커지는지를 알 수 있는 지표이다.

2. 공식

$$총자산증가율 = \frac{(기말자산총계 - 기초자산총계)}{기초자산총계} \times 100(\%)$$

3. 기본 의미

부채나 무수익자산의 증가로 인한 총자산의 증가는 대개 바람직한 현상이 아니다. 투자자는 이 같은 현상을 포착하기 위해 총자산증가율을 조사하는 동시에 유형자산증가율, 자기자본증가율 등 다른 성장성 지표를 함께 확인해야 한다.

4. 내용 설명

총자산이 증가하지 않으면 기업이 성장하지 못한다. 총자산이 증가하지 못한다는 이야기는 영업이익을 내기 위한 영업자산과 영업외수익을 내기 위한 수익자산, 기타 투자여력에 해당하는 현금 및 금융상품 등 여러 형태의 자산이 증가하지 않는다는 것을 말한다. 향후에 매출액 혹은 영업외수익 등 수익을 창출할 자산자체가 증가하지 않는데, 어떻게 지속적으로 성장할 수 있겠는가.

한편, 자산에는 기업 본연의 사업에 필요한 영업자산과 사업에 필요치 않은 비영업자산이 있다. 영업자산의 증가는 매출 확대에 기여할 수 있기 때문에 바람직한 현상이다. 비영업자산은 수익자산과 무수익자산으로 나뉘는데 수익자산의 증가는 기업의 수익을 높일 수 있으나 무수익자산의 증가는 그렇지 못하다. 따라서 비영업 무수익자산은 비영업 수익자산이나 영업자산으로 전환되어야 기업의 이익을 높일 수 있다. 예를 들어, 회사 내에 무수익자산인 현금이 과도할 시 기업의 수익성을 떨어뜨리게 된다. 이 때 남는 현금으로 기계장치(영업자산)를 추가하여 매출을 늘리거나 수익성 좋은 자회사 지분을 매수하여 영업외수익을 늘리면 기업의 수익성이 개선된다.

한국주식가치평가원 심층코멘트

　직원복지를 확충한다는 목적으로 차입금으로 골프장을 짓고는 실제로 최대주주 및 관계인들과 친인척들이 주로 사용하는 경우와 영업으로 벌어들여 쌓아놓은 현금으로 더욱 큰 매출을 일으키기 위해서 시장성이 크지만 진출하지 못한 지역들에 영업소와 차량을 확충한 경우를 비교하면, 크나큰 두 가지의 차이가 있다. 똑같이 총자산이 증가했지만 그것이 부채의 증가인지 자기자본의 증가인지의 차이가 있고(이익잉여금에 의한 자기자본 증가가 좋다), 증가한 자본을 무수익자산에 묻어버렸는지 수익자산에 재투자했는지의 차이가 있다(수익자산 재투자가 좋다).
　투자자는 총자산증가율을 살펴볼 때 이러한 점을 고려하여 총자산증가율도 중요하지만 유무형자산 등 영업자산의 증가와 자회사 등 수익성 자산의 증가 여부도 함께 검토하는 것이 좋다. 수익성을 동반한 총자산의 증가인지, 수익성과 무관한 총자산 증가인지를 판단할 수 있기 때문이다.

자기자본증가율

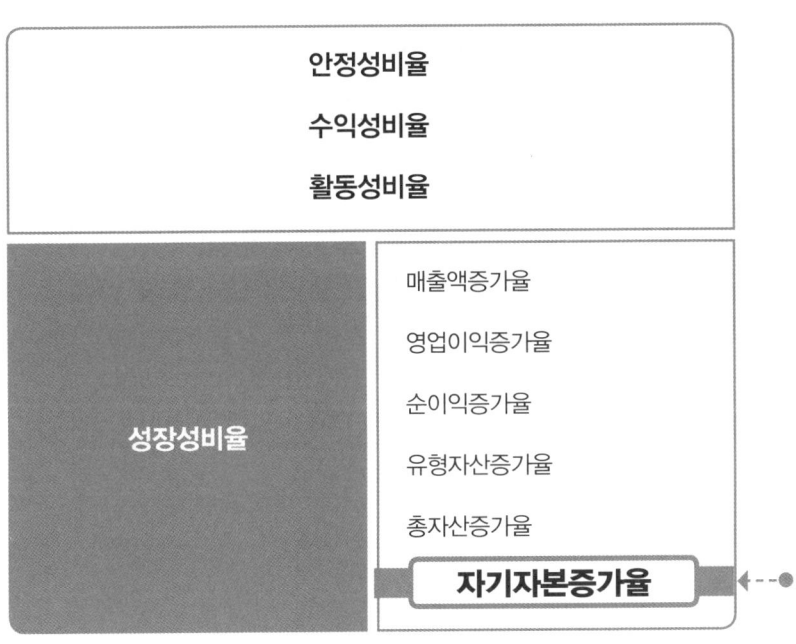

1. 개념 정의

자기자본증가율이란 전기 말에 비하여 당기말에 자본총계가 얼마만큼 증가했는지를 나타내는 성장성 지표이다. 자기자본은 과거로부터 축적된 주주의 몫으로써 자기자본증가율이 클수록 주주의 몫이 빠르게 늘고 있다는 말이 된다.

2. 공식

$$\text{자기자본증가율} = \frac{(\text{기말자본총계} - \text{기초자본총계})}{\text{기초자본총계}} \times 100(\%)$$

3. 기본 의미

자기자본증가율은 자기자본이익률(ROE)과 매우 밀접한 관계가 있다. 배당이 없을 시 ROE와 자기자본증가율은 같게 된다. 배당이 있는 경우, 배당을 주주에게 나눠준 만큼 내부에 유보되는 순이익이 줄어들게 되어 자기자본증가율은 ROE보다 낮아지게 된다.

4. 내용 설명

적정 가치에 기업을 매수했다면 자기자본증가율은(배당이 있을시 배당수익률을 더하면) 투자자의 수익률이라고 볼 수 있다. 예를 들어, 자기자본증가율이 10%라면 이는 주주의 몫이 매년 10%씩 늘고 있다는 뜻이며, 연평균 투자수익률은 10%가 된다. (저가 매수한다면 그 이상의 투자수익률이, 고가 매수한다면 그 이하의 수익률이 예상된다)

한국주식가치평가원 심층코멘트

자기자본 항목의 수치가 증가하면 주주의 몫이 늘어난다는 뜻이다. 그런데 자기자본의 세부항목 중 이익잉여금이 증가하여 자기자본이 늘어날 경우 기업이 벌어놓은 순이익만큼 기업이 주주의 몫을 불려주는 것이지만, 자본금과 자본잉여금이 증가할 경우 주주가 출자한 자본으로 주주의 몫이 늘어나는 것으로 좋을 것이 없다.

투자에 적합한 수많은 기업들은 이익잉여금을 통해 자기자본을 늘려가지만 투자에 적합하지 않은 기업들은 자본금과 자본잉여금을 주기적으로 늘려서 자기자본을 늘려나가기도 한다. 쉽게 이야기하면 좋지 않은 기업들은 유상증자를 통해 주주로부터 돈을 모아서 기업의 자본총계를 늘린다는 이야기이다. 이익잉여금이 늘어나면서 자기자본이 증가하는 편이 좋다.

chapter3_ 2. 각종 재무손익비율 공식과 설명

Chapter IV

THE CONQUEST OF FINANCIAL STATEMENTS

가치평가용어 및 공식 설명

주당가치지표

EPS(주당순이익)

```
주당가치지표 ── EPS(주당순이익) ◀--●
              BPS(주당순자산)
              SPS(주당매출액)
              CPS(주당현금흐름)
```

1. 개념 정의

주당순이익(EPS: Earning Per Share)은 한 해 동안 벌어들인 순이익을 발행된 주식수로 나눈 값으로 한 주당 얼마의 순이익을 벌어들이는가를 나타내는 주당가치지표이다. 기업의 현재 주가를 주당순이익으로 나누면 현재의 PER이 도출된다.

2. 공식

EPS = 당기순이익 ÷ 발행주식수

3. 기본 의미

주당순이익이 꾸준히 증가하는 기업은 사내 유보금만으로 배당이나 재투자를 할 여력이 충분하여 지속적으로 주주가치를 증가시킬 수 있게 된다. 따라서 한 해 만의 주당순이익을 체크하기보다 장기적인 주당순이익의 추세를 확인해야 한다.

4. 내용 설명

우량한 기업은 당기순이익이 꾸준히 늘면서 자연스럽게 주당순이익 역시 증가하는 모습을 보여준다. 경기에 민감한 사업을 영위하여 경기변동에 따라 순이익의 변동이 큰 기업도, 우량한 기업일 경우 장기적인 추세를 살펴보면 증가하는 모습을 보여준다. 따라서 경기 민감도와 상관없이 우량한 기업의 주당순이익은(단기적으로 증감할 지라도) 장기적으로 상승하는 추세를 나타낸다.

한국주식가치평가원 심층코멘트

주당순이익은 분모인 주식수의 변화에도 영향을 받게 된다. 기업이 유상증자를 하거나 CB, BW 소유자가 권리를 행사할 때 주식수가 증가하여 주당순이익이 감소하게 된다. 이는 기존 주주들의 주당가치를 감소시켜 기업의 투자매력도를 떨어뜨린다. 반면 자사주 매입 및 소각 활동으로 기업의 주식수를 줄이게 되면, 주주들의 주당순이익을 증가시켜 주주가치를 높이는 긍정적인 효과가 발생한다.

하지만 어디까지나 기본적으로 그러하다는 것이고 좀 더 넓고 깊은 시각으로 보자면, 기존 주주에게 배정하는 유상증자의 경우(제 삼자 배정이 좋을 일이 없는 것은 사실이다) 일시적으로 주당순이익이 감소하는 것에 그치는 경우도 있다. 즉, 유상증자로 주식수만이 아니라 자본총계도 늘었으므로, 끌어들인 자본을 현재의 자본수익률(ROE) 이상으로 잘 활용한다면 금세 주당순이익을 회복하는 경우도 있다.

단, 기업이 어려워서 운영자금을 목적으로 증자를 하는 것은 대개 좋지 못하고, 탁월한 투자기회가 주어졌는데 급히 자금이 필요한 경우에만 (신규사업 투자자금으로) 증자가 때때로 나쁘지 않은 결과를 가져온다는 것을 명심하자.

BPS(주당순자산)

1. 개념 정의

주당순자산(BPS: Bookvalue Per Share)은 자산에서 부채를 뺀 기업의 순자산(자본총계)을 발행주식수로 나눈 값으로 한 주당 얼마만큼의 자본을 가지고 있는지를 나타내는 주당가치지표이다. 특정 기업의 현재 주가를 주당순자산으로 나누면 현재의 PBR을 도출할 수 있다.

2. 공식
BPS = 자본총계 ÷ 발행주식수

3. 기본 의미

기업이 적자를 내지 않고 꾸준히 이익을 벌어들인다면 그 기업의 주당순자산은 증가하게 된다. 당기순이익에 기반한 주당순자산의 증가속도가(증가율) 유지되거나 상승한다면 순이익 자체가 매년 커진다는 뜻이므로, 해당 기업의 수익성이 증가하고 있다는 말이 된다.

4. 내용 설명

주당순이익과 마찬가지로 주당순자산 역시 분모인 주식수가 변화함에 따라 주당순자산 수치가 달라진다. 주식수가 늘어나면 주당순자산이 낮아지고 주식수가 줄어들면 주당순자산이 높아진다.

다른 주당가치지표와 마찬가지로 주당순자산은 기업간의 비교가 무의미하다. 기업마다 발행주식수가 다르기 때문이다. 따라서 기업간 비교보다 동일 기업 내의 추세를 파악하는 것이 중요하다. 투자자는 이익에 기반하여 주당순자산이 장기적으로 증가하고 있는지 확인해야 한다. 만일 그렇지 못하다면 그 기업은 이익을 꾸준히 창출해내지 못한다는 말이므로 투자 시 유의해야 한다.

한국주식가치평가원 심층코멘트

순자산과 주당순자산이 증가하면 좋다는 이야기는 어디까지나 이익잉여금(당기순이익에 기반한)의 증가로 순자산과 주당순자산이 증가할 경우에 한한다. 좋은 기업들은 당연히 영업, 영업외 활동을 통해 이익을 늘려가고, 늘어난 이익을 자본에 적립하면서 순자산과 주당순자산이 증가한다.

기업들의 순자산이 증가하는 것이 마냥 좋은 일이 아닌 경우가 있는데, 바로 자본잉여금의(주주의 자본으로) 증가로 순자산과 주당순자산이 증가할 때는 주주가치가 증가하는 것이 전혀 아니다.

한편 주당순자산은 기업의 한 주당 자산가치를 나타내는 지표로, 만일 주가가 주당순자산보다 낮다면 해당 기업은 청산가치에 못 미친다는 뜻이므로 일반적으로(어디까지나 일반적으로) 투자매력도가 높다고 할 수 있다. 하지만 실제로 주당순자산은 기업의 수익성까지 나타내지는 못하므로, 주당순자산만을 가치평가에 활용할 시 이익이 정체되거나 쇠퇴하는 기업에 투자하는 경우도 발생하기 때문에 손실이 나는 경우도 많다.

SPS(주당매출액)

1. 개념 정의

주당매출액(SPS: Sales Per Share)은 한 해 동안 벌어들인 매출액을 발행주식수로 나눈 값으로 한 주당 얼마의 매출액을 벌어들이는가를 나타내는 주당가치지표이다. 특정 기업의 현재주가를 주당매출액으로 나누면 현재의 PSR(주가매출액비율)이 도출된다.

2. 공식

SPS = 매출액 ÷ 발행주식수

3. 기본 의미

투자자는 주당매출액이 꾸준히 증가하는 회사에 주목해야 한다. 기업은 판매수량을 늘리거나 판매단가를 높임으로써 주당매출액을 증가시킨다. 투자자는 어떤 요인에 의해 주당매출액이 증가하는지 확인할 필요가 있다.

4. 내용 설명

다른 주당가치지표와 마찬가지로 주당매출액 역시 분모인 주식수가 변화함에 따라 주당매출액 수치가 달라진다. 주식수가 늘어나면 주당매출액이 낮아지고 주식수가 줄어들면 주당매출액이 높아진다.

주당매출액은 매출액에 기반한 가치평가의(PSR) 기본 수치로 주로 사용된다. 하지만 다른 주당가치지표에 비해 자주 쓰이는 지표는 아니다.

한국주식가치평가원 심층코멘트

주당매출액이 지속적으로 증가하는 기업은 주당순이익이 지속적으로 증가하기 위한 전제조건이다. 비용을 줄이는 것만으로 순이익을 끊임없이 늘릴 수 있는 기업은 없으며, 매출액이 성장하지 않으면 결국 어느 시점에서 순이익도 성장을 멈춘다.

한편, 주당매출액을 활용한 가치평가방법(PSR)에는 전제조건이 있는데, 전제조건에 맞지 않으면 매출액 기반 가치평가는 사실 난센스에 가깝다. 자세한 사항은 가치평가 공식에서 다룰 것이다.

CPS(주당현금흐름)

1. 개념 정의
주당현금흐름(CPS: Cashflow Per Share)은 영업활동으로 인한 현금흐름을 발행주식수로 나눈 값으로 한 주당 얼마의 영업현금흐름을 벌어들이는가를 나타내는 주당가치지표이다. 특정 기업의 현재 주가를 주당현금흐름으로 나누면 현재의 PCR(주가현금흐름비율)이 도출된다.

2. 공식
CPS = 영업활동으로 인한 현금흐름 ÷ 발행주식수

3. 기본 의미
주당현금흐름은 주당순이익과 함께 꾸준히 증가하는 기업이 좋다. 단, 현금흐름은 발생주의가 아니라 현금주의로 기록되기 때문에 장기적인 수치를 살펴보아야 그 추세를 확인할 수 있다.

4. 내용 설명
다른 주당가치지표와 마찬가지로 주당현금흐름 역시 분모인 주식수가 변화함에 따라 주당현금흐름 수치가 달라진다. 주식수가 늘어나면 주당현금흐름이 낮아지고 주식수가 줄어들면 주당현금흐름이 높아진다.

한편, 주당순이익이 높아지더라도 주당현금흐름이 현저히 낮아지면 회사의 경영에 악영향을 초래할 수 있다. 회사의 운전자본이 급격히 증가하는 경우 주당현금흐름은 낮아지게 되며 이는 실제로 회사에 유입되는 현금이 부족하다는 것을 뜻한다. 이러한 경우 투자자는 회사의 영업순환과정에서 현금화에 문제가 없는지 조사해봐야 한다.

한국주식가치평가원 심층코멘트

주당현금흐름의 가장 큰 효용은 주당순이익과 비교하기 위함이다. 그 이유는 발생주의 회계와 현금주의 회계의 차이점에 있다. 발생주의 회계에 의한 당기순이익은 수익-비용의 원인결과가 명확하고 추세(손익 트렌드)를 분석하기에 용이하다. 반면에 현금주의 회계에 의한 영업활동 현금흐름은 실제로 영업활동에 의해 기업에 유출입하는 현금흐름을 정확히 파악할 수 있다.

투자자가 수익을 내기 위한 핵심포인트는 수익-비용 관계에 의한 추세분석이기 때문에 발생주의를 기본으로 참고해야 한다. 그럼에도 불구하고 불의의 손실을 막기 위한 필수요소로 실제 현금흐름을 확인하는 것이 중요하다. 아무리 순이익이 좋아도 몇 년간 현금흐름이 악화되면 일시적으로 흑자부도 등 큰 문제가 생길 수 있다. 그러므로 주당순이익과 비교해서 주당현금흐름이 급격히 악화되는 경우, 영업순환과정(매입채무)재고자산)매출채권) 등 현금회수능력을 검토할 필요가 있다.

2. 가치평가 공식

PER(주가수익비율)

가치평가 공식
PER(주가수익비율) ←
PBR(주가순자산비율)
PSR(주가매출액비율)
PCR(주가현금흐름비율)
PEG(주가수익성장비율)
EV/EBIT
EV/EBITA
EV/EBITDA
DDM(배당할인모형)
DCF(현금흐름할인법)
RIM(잔여이익모델)

1. 개념 정의

PER(Price Earning Ratio)은 현재 주가를 주당순이익으로 나눈 값으로 현재 주가가 이익에 비해 고평가인지 저평가인지를 보여주는 가치평가지표이다. PER은 기업의 가치를 평가할 때 가장 많이 사용되는 일반적인 가치평가지표이다.

2. 공식
PER = 주가 ÷ 주당순이익(EPS)

3. 기본 의미
어떤 기업의 주가가 10,000원이고 주당순이익이 1,000원일 때 현재 이 기업의 PER은 10배가 된다. 현재 PER은 동일 기업의 과거 수치와 비교하거나 동종업계 경쟁기업의 현재 PER과 대조하여 해당 기업의 고평가/저평가 여부를 판단하는 기초적인 지표로 사용된다.

4. 내용 설명
현재 PER이 과거 PER보다 낮은 수준이라면 아주 기초적인 의미에서 그 기업은 저평가되어 있다고 판단할 수 있다. 반대로 과거의 PER보다 높은 수준이라면 아주 기초적인 의미에서 현재 고평가 상태라고 말할 수 있다. 이런 식으로 현재 PER을 장기적인 과거 수치와 비교하여 상대가치평가를 할 수 있다.

PER은 기업마다 다른 수치를 나타낸다. 시장에서 불과 주당순이익의 3배에 거래되는 기업이 있는가 하면 20배에 거래되는 기업도 존재한다. PER은 이익의 지속성과 성장성도 포함하고 있기 때문에 이러한 현상이 나타난다. 한편, 투자자들의 오해에서 비롯하여 일시적으로 낮은 PER을 기록하는 경우도 있으므로, 현명한 투자자들은 이러한 기회를 포착하여 투자수익률을 확보할 수 있다.

한국주식가치평가원 심층코멘트

　아주 기초적인 의미에서는 PER이 높은 기업이 고평가이고, PER이 낮은 기업은 저평가로 일단 이해할 수 있다. 다만, 시가총액(및 주가)이 높지 않고 심지어는 낮은 경우에도(저평가) PER 수치가 높을 수 있는데, 일시적으로 기업의 당기순이익(및 주당순이익)이 급락한 경우에 해당한다. 반대로 시가총액이 너무 높은 경우에도(고평가) PER 수치가 오히려 낮을 수 있는데, 일시적으로 기업의 당기순이익이 급등한 경우에 해당한다.
　그러므로 PER을 바탕으로 기업의 적정한 가치를 평가하려면, 우선 합리적인 당기순이익으로 실적(재무)조정을 할 수 있어야 한다. 다음으로, 합리적으로 조정한 당기순이익에 적정한 PER을 부여하기 위해서 역사적 상대가치평가법과 할인율에 의한 절대가치평가법 등을 익혀야 한다.

PBR(주가순자산비율)

가치평가 공식	PER(주가수익비율)
	PBR(주가순자산비율) ←--●
	PSR(주가매출액비율)
	PCR(주가현금흐름비율)
	PEG(주가수익성장비율)
	EV/EBIT
	EV/EBITA
	EV/EBITDA
	DDM(배당할인모형)
	DCF(현금흐름할인법)
	RIM(잔여이익모델)

1. 개념 정의

PBR(Price Bookvalue Ratio)은 주가를 주당순자산으로 나눈 값이며, 기초적인 의미로 현재 주가가 순자산에 비해 고평가인지 저평가인지를 보여주는 가치평가지표이다. PBR은 PER과 함께 가장 많이 사용되는 가치평가지표이다.

2. 공식

PBR = 주가 ÷ 주당순자산(BPS)

3. 기본 의미

PBR이 1배 이하이면 기업이 시장에서 자본총계에도(장부상) 못 미치게 거래되고 있다는 말이다. 반대로 PBR이 1배 이상이면 자본총계 이상으로 가격이 형성되어 있다는 뜻이므로 청산가치 대비해서는 프리미엄을 받고 있는 상태이다. 즉, 아주 기초적인 의미에서는 PBR이 낮을수록 저평가, 높을수록 고평가이다.

4. 내용 설명

PBR은 주가가 주당순자산의 몇 배인가를 나타내는 지표이다. PBR이 1배라면 주가가 주당순자산의 1배, 즉 주가와 주당순자산이 같다는 뜻이다. 이 기업은 시장에서 정확히 장부상 순자산가치만큼 가격이 형성되어 있는 상황이다. 만일 이 기업의 수익성, 성장성 등이 향상된다면 시장가치 역시 올라가게 된다. 반대로 이 기업의 수익성, 성장성 등이 손상된다면 시장가치 역시 하락하게 된다.

한국주식가치평가원 심층코멘트

아주 기초적인 수준에서 PBR은 청산가치를 이용한 투자전략으로 사용된다. 다만 청산가치(부채를 모두 갚고 주주에게 남은 몫만으로 평가)를 계산하는 과정에서도 기업의 총자산 항목들이 모두 장부가격과 동일한 가치를 가지는 것이 아니기에, 청산시 총자산의 가치가 장부가보다 낮을 수도 있다. 그럴 경우 낮은 PBR이라고 투자했던 기업의 자본총계(총자산-부채) 자체가 감소하면서 PBR이 상승하여 실제로는 저평가가 아닐 수 있다.

또한 기업의 수익성과 성장성에 따라서 적정한 PBR은 1.0(청산가치)을 훌쩍 뛰어넘기도 한다. 특정 기업에 대해서 적정한 PBR을 이용하여 적정주가를 구하기 위해서는 재무적으로 실적이 조정된 ROE와 해당 기업에 적합한 할인율 및 이익성장률 등을 도출해야 한다. 그런 연후에 상대가치평가 및 절대가치평가법에 의해 적정한 PBR을 구할 수 있다.

PSR(주가매출액비율)

```
가치평가 공식  │  PER(주가수익비율)
              │  PBR(주가순자산비율)
              │  **PSR(주가매출액비율)**  ◄---●
              │  PCR(주가현금흐름비율)
              │  PEG(주가수익성장비율)
              │  EV/EBIT
              │  EV/EBITA
              │  EV/EBITDA
              │  DDM(배당할인모형)
              │  DCF(현금흐름할인법)
              │  RIM(잔여이익모델)
```

1. 개념 정의

PSR(Price Sales(Selling) Ratio)은 주가를 주당매출액으로 나눈 값으로 현재 주가가 매출액에 비해 고평가인지 저평가인지를 보여주는 가치평가지표이다. PSR은 도입기, 경기변동형 기업 등 이익이 없거나 급변하는 기업들의 가치를 평가할 때에 때때로 사용된다.

2. 공식

PSR = 주가 ÷ 주당매출액(SPS)

3. 기본 의미

PSR은 순이익이 아니라 매출액에 근거한 상대가치평가방법이다. 순이익을 활용한 PER과는 달리 PSR은 매출액을 사용하여 기업가치를 평가하기 때문에 아직 이익이 나지 않는 도입기 기업이나 이익의 변동이 큰 경기민감형 기업을 평가할 때 많이 사용된다.

4. 내용 설명

PSR은 그 자체로 사용되기보다 PER의 보완지표로 자주 사용된다. PER은 순이익을 통해 기업의 가치를 평가하는 방법이다. 만약 주기적으로 혹은 불규칙적으로 순이익의 변동성이 심하다면 그런 순이익을 통해 계산한 PER은 왜곡된 수치를 보여주게 된다. 이 때 PSR은 PER을 보완하는 효과적인 지표가 된다. PSR은 매출액을 기초로 산출되어 순이익에 비해서는 변동성이 비교적 적기 때문이다.

한국주식가치평가원 심층코멘트

당기순이익이 없거나 그 변동성이 심한 경우는 주로 기술 중심의 도입기 기업이나(손실을 내는 경우) 경기변동형 기업(변동성이 큰 경우) 등으로 볼 수 있다.

다만, 초기 기업이거나 업황이 좋지 않은 경우 등에도, PSR 사용의 전제는 바로 이익률이 정상회귀(회복)할 것이라는 것이 확실해야 한다는 것이다.

요컨대, 향후 매출액 성장과 더불어 이익 성장이 확실시되는 초기기업이나(그러려면 이익을 갉아먹을 정도의 경쟁이 향후 없어야 함), 주기적인 불황과 호황 사이에서 이익률이 회복될 것이 확실시되는 경기변동형 기업의 경우, 매출액 대비 이익률이 현재 일시적으로 낮다면 PSR을 활용해서 투자시점을 잡을 수 있다.

PCR(주가현금흐름비율)

가치평가 공식
- PER(주가수익비율)
- PBR(주가순자산비율)
- PSR(주가매출액비율)
- **PCR(주가현금흐름비율)** ←
- PEG(주가수익성장비율)
- EV/EBIT
- EV/EBITA
- EV/EBITDA
- DDM(배당할인모형)
- DCF(현금흐름할인법)
- RIM(잔여이익모델)

1. 개념 정의

PCR(Price Cashflow Ratio)은 주가를 주당현금흐름으로 나눈 값으로 현재 주가가 영업활동 현금흐름에 비해 고평가인지 저평가인지를 보여주는 가치평가지표이다. 주로 PER의 보완지표로 사용된다.

2. 공식

PCR = 주가 ÷ 주당현금흐름(CPS)

3. 기본 의미

기본적인 의미에서는 PCR이 낮을수록 영업활동 현금흐름에 비해

주가가 낮다는 뜻이므로 저평가임을 나타내고, 반대로 PCR이 높을수록 영업활동 현금흐름 대비 주가가 높다는 말이므로 고평가 상황임을 뜻한다.

4. 내용 설명

PCR은 PER의 단점을 보완해주는 보완지표로 주로 사용되며, 기초적인 수준에서는 PCR과 PER이 모두 낮은 기업이 저평가되었다고 판단할 수 있다.

한편, PER은 회계상 이익을 주가와 비교하는 반면 PCR은 영업활동을 통해 유입된 실제 현금흐름을 주가와 비교하기 때문에 두 가지 가치평가지표를 동시에 참조하면 이익의 질과 현금화 정도를 함께 파악할 수 있게 된다. 만일 당기순이익이 문제가 없고 시가총액이 하락한다면 PER이 하락하므로 얼핏 저평가로 보이게 된다. 하지만 그 경우에도 PCR이 그대로라면(하락하지 않는다면) 영업현금흐름 자체가 악화된 경우이기 때문에 실제로 저평가가 아닐 수도 있다.

한국주식가치평가원 심층코멘트

PCR은 단독으로 쓰이는 경우는 드물며(현금주의 회계는 수익-비용 추세분석이 어려움), PER과 함께 쓰일 때 가장 활용성이 높다. PER과 PCR을 함께 고려한다는 의미는 당기순이익은 물론이고 영업활동 현금흐름도 함께 검토한다는 의미이다.

정확한 실적분석을 위해서는 매출액순이익률 등 기업의 수익성 뿐 아니라 매출채권회전율 등 활동성까지 검토해서 혹시 있을지 모를 영업현금흐름 악화를 파악해야 한다.

PEG(주가수익성장비율)

가치평가 공식
- PER(주가수익비율)
- PBR(주가순자산비율)
- PSR(주가매출액비율)
- PCR(주가현금흐름비율)
- **PEG(주가수익성장비율)** ←
- EV/EBIT
- EV/EBITA
- EV/EBITDA
- DDM(배당할인모형)
- DCF(현금흐름할인법)
- RIM(잔여이익모델)

1. 개념 정의

PEG(Price Earnings to Growth ratio)는 주가수익비율(PER)을 '주당순이익(EPS)증가율에서 %를 뗀 수치(100배)'로 나눈 것으로 향후 이익의 성장성을 감안한 가치평가지표이다. PEG 수치가 낮을수록 저평가이고, 높을수록 고평가이다.

2. 공식

PEG = PER ÷ (주당순이익증가율(%) × 100)

3. 기본 의미

　PEG는 향후 이익의 성장성에 비해 현재 PER이 적정한 수준인지를 가늠할 수 있는 지표이다. 향후 순이익 성장률이 높으면 적정 PER 역시 성장성을 반영하여 높게 되고, 순이익 성장률이 낮으면 적정 PER도 낮다. 이러한 특성을 수치화한 것이 PEG이다. 예를 들어 주당순이익 성장률이 10%이고 PER이 5라면 PEG는 $0.5(5 \div 10)$가 되며, PEG 수치가 낮을수록 투자매력도가 높은 것이다.

4. 내용 설명

　아주 기초적인 의미에서 PEG가 1배보다 낮으면 일반적인 의미에서 저평가되어 있고, 1배보다 높으면 일반적인 의미에서 고평가로 볼 수 있다. 참고로 피터 린치는 0.5배 미만에서 매수하고 1.5배가 넘으면 매도하라고 조언한 적이 있다.

　분자인 PER이 낮을수록, 분모인 주당순이익증가율이 높을수록 PEG 값은 작아진다. 즉, PEG가 작다는 것은 향후 순이익 성장성이 높은 기업이 저평가되어 있는 상황을 의미하므로, 절호의 투자기회가 될 수 있다.

한국주식가치평가원 심층코멘트

　PEG를 사용할 때 한 가지 유의해야 할 점이 있다. PEG를 계산할 때 반드시 최소 3년 이상 동안 유지가능한 주당순이익증가율을 대입해야 한다. PEG라는 가치평가 방법은 관심기업의 현재 PER은 높지만(고평가이지만) 순이익의 성장률이 높기 때문에, 몇 년 후에는 높아진 순이익 대비 PER이 낮아질 것을 미리 계산하여 투자하는 방법이다. 그렇기 때문에 기본적으로 과거 1~2년간 순이익 성장률이 높았다던지, 향후 1~2년 정도 높은 순이익성장률이 기대된다던지 하는 근거는 PEG에 적합하지 않다.

　PEG 수치를 적용하기 위한 순이익성장률을 계산하기 위해서는 일반적인 PER, PSR에 비해서 더욱 근본적인 순이익성장률을 도출해야만 한다. 왜냐하면 고성장기업의 기대치가 무너지는 순간 주가는 급락할 수 있기 때문이다.

EV/EBIT

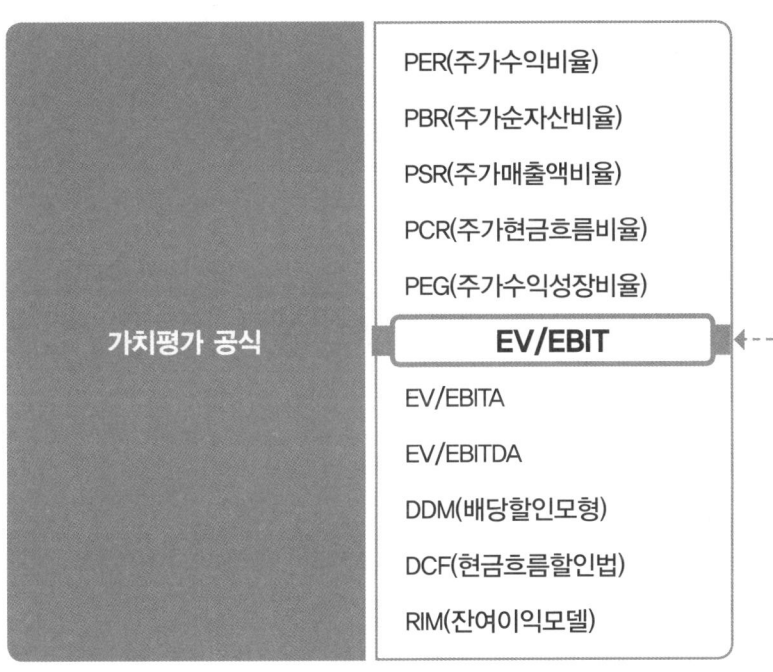

1. 개념 정의

EV/EBIT은 EV(인수자가 지불해야 할 기업가치)를 EBIT(법인세, 이자 차감 전 영업이익)으로 나눈 값으로, 기업의 인수금액(기업가치)이 '영업외손익을 가감하지 않은 순수한 영업이익'의 몇 배인가를 나타내주는 지표이다. EV/EBIT은 업계에서 잘 사용되지 않지만 EV/EBITDA나 EV/EBITA에 비해 보수적인 지표로 현명한 투자자라면 꼭 숙지해야 할 가치평가방법이다.

2. 공식

EV/EBIT = EV ÷ EBIT = (시가총액 + 순차입금) ÷ 영업이익

★ 순차입금 = 이자발생부채 − 현금예금 등

3. 기본 의미

EV/EBIT은 해당 기업 과거 수치나 동종업계 경쟁업체 수치와 비교하여 낮을수록 저평가, 높을수록 고평가 상황임을 보여준다. 단, 저평가 혹은 고평가의 기준이 소액주주의 가치가 아닌 인수주체의 가치를 나타내는 평가방법이다.

4. 내용 설명

EV/EBIT는 가격을 이익으로 나눈다는 점에서 PER과 유사하다. 다만 PER이 시가총액을 당기순이익으로 나눈 것이라면 EV/EBIT는 인수가격을 순수한 영업이익으로 나눈다는 점이 다르다. 따라서 PER이 일반적인 주주기준의 가치평가인 반면 EV/EBIT는 인수주체 및 기업전체 기준의 가치평가라고 볼 수 있다. 처분가능한 현금예금 자산 등의 활용은 대주주의 능력이기 때문이며, 영업이익은 자본총계에서 발생한 이익이 아니라 자산에서 발생한 이익이기 때문이다.

한편 영업이익이 1,000억 원인 기업의 시가총액이 5,000억 원이고, 이자발생부채가 전혀 없이 기업이 소유한 현금예금만 1,000억 원이라면 EV/EBIT는 몇일까? EV는 5,000억 원 빼기(인수자가 5,000억 원을 내고 1,000억 원을 되찾는 개념) 1,000억 원으로 4,000억 원이다. 그러므로 EV/EBIT 값이 4이며, 이는 4년 만에 영업이익으로 인수금액을 회수할 수 있다는 뜻이다. EV/EBIT 평가방식은 특정 기업의 현재 수치와 과거 수치를 비교하거나 경쟁업체의 수치와 비교하여 상대평가 할 시 유용하게 사용할 수 있다.

한국주식가치평가원 심층코멘트

　EV/EBIT, EV/EBITA, EV/EBITDA 등 인수주체 및 기업전체 기준의 가치평가방법은 자본총계와 순익 기반의 가치평가방법인 PER, PBR 방법 등으로 먼저 검토한 후 추가적으로 검토가 필요할 때 유용한 가치평가방법이다.

　그 중에서도 EV/EBIT은 EV/EBITDA나 EV/EBITA에 비해 가장 보수적인 평가방법이다. EBIT은 매출액에서 매출원가와 판관비를 뺀 영업이익을 말하며, 이는 EBITDA(영업이익+유무형자산상각비), EBITA(영업이익+무형자산상각비)보다 낮은 수치이기 때문이다. EBITDA 및 EBITA 항목의 경우에는 각종 상각비가 실제 현금성 비용이 아니라는 것을 전제하고 그만큼 이익을 늘려 잡는 효과가 있다.

　그런데 실제로 장기적인 영업이익을 산출하고자 한다면 EBIT가 가장 타당한 수치이다. 왜냐하면 매년 상각비가 실제 현금흐름으로 나가지만 않는다 뿐이지, 주기적으로 유형자산과 무형자산에 대한 큰 현금흐름 지출이 일어나기 때문이다. 그래서 워렌 버핏 등 가치투자 대가들과 조엘 그린브란트 등 경영학 교수들은 EBITDA 수치의 효용보다 위험을 더 강조하고 EBIT가 더 가치있는 지표임을 역설했으며, 평가원 역시 이론과 실전 양면으로 이에 동의한다.

　다만, 국내외 투자업계(정확히 말하면 중개업)의 관행으로 인해 보다 고평가된 수치로 보여지는 EV/EBIT 수치는(EBIT가 EBITDA보다 작다) 증권사, 투자정보 포털 등에서 잘 볼 수 없다.

EV/EBITA

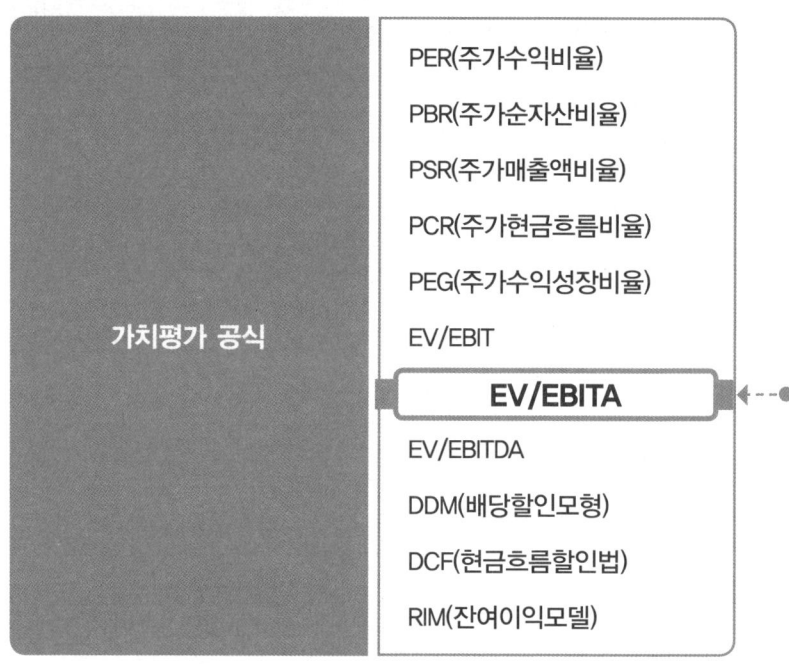

1. 개념 정의

EV/EBITA는 EV(인수자가 지불해야 할 기업가치)를 EBITA(법인세, 이자, 무형자산상각비 차감 전 영업이익)로 나눈 값이다. 즉 기업의 인수금액이 '영업이익+무형자산상각비'의 몇 배인가를 나타내주는 지표이다. EV/EBITA는 분모에 EBITDA 대신 EBITA를 사용함으로써 단기 이익(유형자산 지출을 인정하지 않는) 중심 지표인 EV/EBITDA의 단점을 보완한다.

2. 공식

EV/EBITA = EV ÷ EBITA
= (시가총액 + 순차입금) ÷ (영업이익 + 무형자산상각비)

3. 기본 의미

EV/EBITA는 동종업계 경쟁사나 해당 기업의 과거 수치와 비교하여 낮을수록 저평가, 높을수록 고평가 상태임을 나타낸다. 단, 저평가 혹은 고평가의 기준이 소액주주의 가치가 아닌 인수주체의 가치를 나타내는 평가방법이다.

4. 내용 설명

EV/EBITDA는 분모에 EBITDA를 쓰지만 EV/EBITA는 EBITA를 쓴다. EBITDA는 영업이익에 유형자산상각비와 무형자산상각비를 모두 더해준(비용으로 인정하지 않는) 것이고, EBITA는 영업이익에 무형자산상각비만을 더한(비용으로 인정하지 않는) 것이다.

즉, 무형자산상각비를 비용으로 인정하지 않고 영업이익에 더하는 EBITA 개념은 유무형자산상각비 전체를 영업이익에 더하는 EBITDA 항목보다는 보수적인 이익을 적용한다. 유형자산의 경우 몇 년에 한 번씩 지속적인 설비투자가(실제 현금지출) 필수적인데, 이에 따른 유형자산 감가상각비는 실제 비용이 맞다고 인식하는 것이 EV/EBITA 평가방식이다.

한국주식가치평가원 심층코멘트

무형자산에 대해 지속적인 투자가 필요한 기업은 EV/EBITA 평가방법이 맞지 않을 수도 있다. 지속적으로 알짜 기업을 M&A하는 기업이나 R&D 비중이 높은 제약회사 등이 이 같은 기업에 속하며 보다 근본적인 평가지표인 EV/EBIT으로 보완 가능하다.

한편, 국제적으로 이익을 과도하게 잡는 EV/EBITDA 방식이 EV/EBITA 방식으로 일부 대체되고 있다.

EV/EBITDA

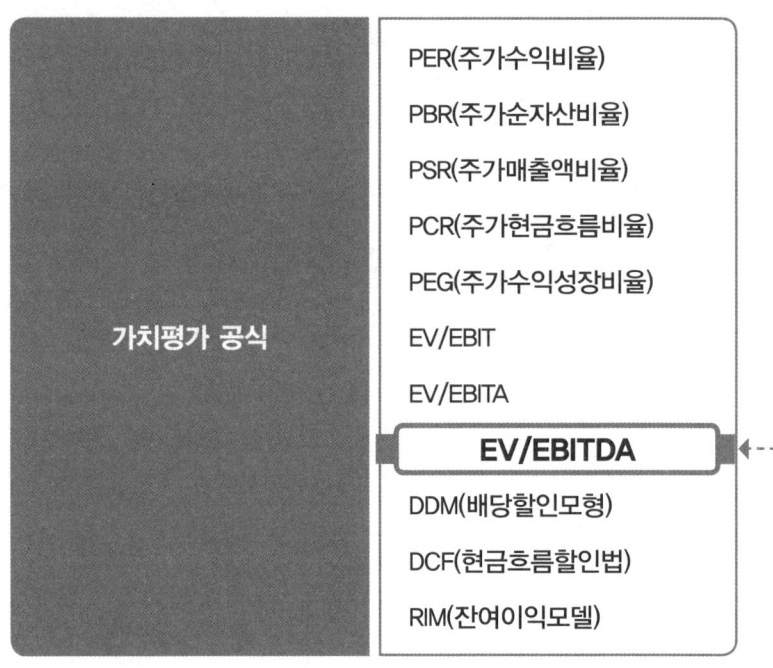

1. 개념 정의

EV/EBITDA는 EV(인수자가 지불해야 할 기업가치)를 EBITDA(법인세, 이자, 유무형자산상각비 차감 전 영업이익)로 나눈 값이다. 즉 기업의 인수금액이 '영업이익+유무형자산상각비'의 몇 배인가를 나타내주는 지표이다. 업종 내 경쟁사나 해당 기업의 과거 수치와 비교하여 상대평가하며 낮을수록 저평가 상태이다.

2. 공식

EV/EBITDA = EV ÷ EBITDA
= (시가총액 + 순차입금) ÷ (영업이익 + 유무형자산상각비)

3. 기본 의미

어떤 기업의 EV/EBITDA가 4배라면 기업 인수를 위해 지불한 인수금액(EV)을, '유무형자산상각비를 차감하지 않은(더해준) 영업이익 기준'으로 4년 뒤에 회수할 수 있다는 뜻이다. 단, EV/EBITA 개념은 이익회수기간 내에 유무형자산에 대한 현금지출이 일어나지 않는다고 가정하고 있다.

4. 내용 설명

EV/EBITA 지표의 분자인 EV는 시가총액에 차입금을 더한 후 현금과 예금을 빼서 산출되며 기업을 통째로 인수하는 금액을 말한다. 분모인 EBITDA는 '영업이익에다가 실제로 현금이 유출되지 않는(단기적으로는) 유무형자산상각비를 더한' 개념의 이익이다.

EV/EBITDA는 가격을 이익으로 나눈다는 점에서 PER과 유사하다. 다만 PER이 시가총액을 당기순이익으로 나눈 것이라면 EV/EBITDA는 인수가격을 영업이익에 기반한 이익으로 나눈다는 점이 다르다.

한국주식가치평가원 심층코멘트

　EV/EBITDA 평가방식은 비중 있는 자본적지출이 주기적으로 이루어지는 기업들의 경우 맞지 않는 평가방법이다. 왜냐하면 유형자산이나 무형자산에 대한 실제적인 현금집행(투자)이 몇 년에 한 번씩 꾸준히 이루어지기 때문에, 이에 대한 감가상각비를 비용으로 인정해야만 하기 때문이다.
　자본적지출이 어느 정도 있는 기업들은 EV/EBITDA 방식에 대한 대안으로 EV/EBITA, EV/EBIT 등을 사용할 수 있다.
　다만, 투자업계(중개업 등)의 관행상 이익이 많아 보이고 주가가 싸 보여야 매수가 활성화되기 때문에, 가장 이익이 큰 개념인 EBITDA가 EBIT 보다 훨씬 많이 쓰인다. 실제로 대한민국 증권관련 사이트에서 EV/EBIT 수치를 참고하기란 여간 어려운 일이 아니다. 대안으로 제시하자면 EV/EBITDA 수치를 활용한다고 할지라도, 특정 기업의 과거 대비 현재 수치를 비교하고, 다른 기업들의 수치와 비교하여 효과적으로 활용할 수 있다. 어차피 EV/EBITDA끼리 비교하는 것이므로, 비교 결과 상대적으로 수치가 낮은 편이 인수주체가 보기에는 저평가된 기업이다.

DDM(배당할인모형)

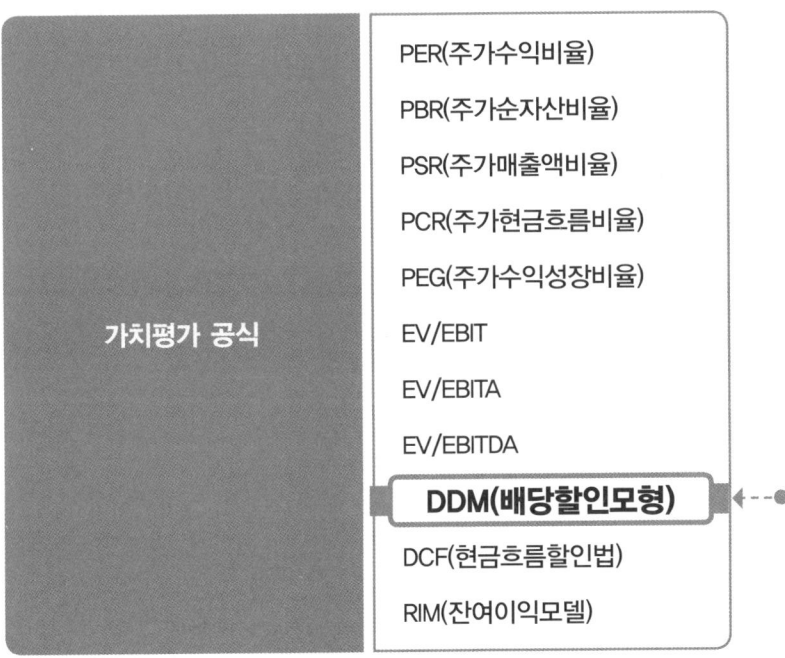

1. 개념 정의

배당할인모형(DDM: Dividend Discount Model)은 향후 기업이 주주들에게 지급할 배당금을 현재가치로 환산하여 모두 합한 값이다. 주식의 가치를 P, 할인율을 r, i기의 예상 배당금을 D_i, 영구성장률을 g(growth)라 할 때 산식 및 의미는 아래와 같다.

2. 공식

$P = \{D_1/(1+r)\} + \{D_2/(1+r)^2\} + \{D_3/(1+r)^3\} + \ldots$

3. 기본 의미

위 공식으로부터 도출된 산식의 결과로, 만일 미래의 배당금(D_t)이 일정하게 지급된다면 주식의 가치 P는 D/r이 되고, 미래의 배당금(D_t)이 g%(영구성장률, growth)씩 정률로 성장하는 경우 주식의 가치 P는 D/(r-g)의 값을 가진다. 산식의 도출과정은 생략한다.

4. 내용 설명

배당할인모형은 주주에게 지급되는 배당금을 기준으로 하여 기업의 가치를 평가한 절대가치평가방법이다. 배당금은 주주에게 가장 확정적으로(현금보다 확실한 게 있을까) 들어오는 이익으로써 기업이 벌어들인 순이익의 일부일 뿐이다. 따라서 매출액, 순이익, 영업이익 등을 이용하는 여타 가치평가방법(PSR, PER, EV/EBITDA 등)에 비해 기업가치가 가장 낮게 산출되는 보수적인 평가방법이며, 그 정도가 심하여 실제 기업가치에 비해 현저히 낮은 적정가치가 도출되기 때문에 현실성이 떨어진다는 단점이 있다.

다만, 성숙기의 기업 중 이익의 대부분을 배당금으로 지급해주는 극히 예외적인(우리나라의 경우 거의 없다) 기업의 경우 배당할인모형의 수치가 기업가치에 근접하게 도출될 수도 있다. 단, 과거의 배당성향, 주주정책 등이 일관적으로 집행되어왔나 확인해보는 절차가 필요하다.

> **한국주식가치평가원 심층코멘트**
>
> 　배당할인모형은 가치평가 모델로 보자면 틀린 이론이라고 해도 잘못된 말이 아니다. 주주가 투자한 원금은 자본총계이며, 원금인 자본총계가 창출한 이익은 당기순이익이다. 그러므로 주주의 몫은 배당금만이 아니라 배당을 하지 않고 내부에 유보한 금액까지 합한, 당기순이익 자체이다. 배당금만을 기준으로 가치평가를 하면 필연적으로(배당성향이 100%가 아닌 이상) 적정한 가치보다 평가 절하된 값이 나온다.
> 　다만, 배당할인모형의 탁월한 점은 당기순이익 등을 기반으로 하는 가치평가방법의 근본적인 배경이론을 제공했다는 데 있다. 또한 투자자로 하여금 주식가치평가방법의 기본구조를 이해하게끔 하는 모델로써도 유용하다.

DCF(현금흐름할인법)

가치평가 공식	PER(주가수익비율)
	PBR(주가순자산비율)
	PSR(주가매출액비율)
	PCR(주가현금흐름비율)
	PEG(주가수익성장비율)
	EV/EBIT
	EV/EBITA
	EV/EBITDA
	DDM(배당할인모형)
	DCF(현금흐름할인법) ◀--●
	RIM(잔여이익모델)

1. 개념 정의

현금흐름할인법(DCF: Discounted Cashflow Method)은 비영업자산의 가치와 영업자산의 가치를 따로 구하여 합산하고, 이자발생부채를 차감하는 방식으로 자본총계의 적정가치를 구하는 가치평가방법이다.

이 중 비영업자산의 가치와 이자발생부채는 별다른 것이 아니라 단순히 수치를 가감하면 된다. 한편, 영업자산의 가치는 '기업이 미래에 벌어들일 잉여현금흐름(FCF=Free Cash Flow=세후영업이익-영업자산 증분)'을 현재가치로 환산하여 모두 더하는 방식으로 구한다.

즉 DDM이 배당금을 현재가치화 했다면, DCF는 FCF를 현재가치

화하여 영업자산의 가치를 구하고, 비영업자산의 가치를 합산, 이자
발생부채를 차감하여, 가치를 평가하는 방식이다.

2. 공식
적정 시가총액 = 영업자산 가치 + 비영업자산 가치 − 이자발생부채
P = 적정 시가총액 / 발행주식수
★ 영업자산 가치 = $\{FCF_1 / (1 + r)^1\} + \{FCF_2 / (1 + r)^2\} + ...$

3. 기본 의미
완벽한 DCF를 시행하려면 영업자산의 가치를 구하는 과정에서 미래의 FCF를 무한대까지 구해야 한다. 하지만 그것은 불가능한 일이기 때문에 5년이나 10년 정도까지만 FCF를 구하고 그 이후부터는 영구가치를 따로 계산한다. 일정 기간 동안의 FCF와 영구가치를 모두 현재가치로 환산한 후 더하면 영업자산의 가치가 구해진다.

4. 내용 설명
DCF는 이론상으로는 좋은 절대가치평가법이라고 할 수 있다. 하지만 미래 5~10년간의 FCF와 그 이후의 영구가치를 구하기까지 수많은 추정치가 필요하며, 이로 인해 평가자의 주관이 어쩔 수 없이 개입되게 된다.

보다 정교한 DCF를 시행하기 위해서는 미래 FCF를 구하는 것이 핵심이다. 구체적으로 FCF는 세후영업이익에 '감가상각비를 더하고 자본적지출증가분과 운전자본증가분을 빼주어'(더하고 뺀 계산 결과는 정확히 '영업자산 증분'과 동일) 산출된다. 즉, 세후영업이익에서 영업자산 증분을 빼면 된다.

한편, FCF를 현재가치화 할 때 CAPM(자본자산가격결정모형)에 기반한 가중평균자본비용(WACC)을 할인율(r)로 사용하기도 한다.

하지만 주가가 폭락할수록(변동성 확대) 적정주가가 더 낮아지는 (할인율 상승) CAPM 의 근본적인 결함으로 워렌 버핏 등 가치투자대가와 한국주식가치평가원의 운용, 저술, 교육 과정에서는 CAPM에 기반한 WACC을 사용하지 않고 가치투자이론에 맞는 더 나은 대안을 사용한다.

한국주식가치평가원 심층코멘트

DCF는 자본총계와 순이익으로부터 가치평가를 시작하는 절대 PER, 절대 PBR, RIM, PEG 등과 달리 총자산(영업자산과 비영업자산)과 세후영업이익 기반의 가치평가방법이다. 비영업자산의 처분가치를 인정한다는 것 자체가 EV/EBIT처럼 일종의 대주주 가치를 전제하고 있는 것이다.

그러므로 주식(자본총계) 투자자는 DCF로 적정가치를 구하는 것보다 DCF로 기업을 분석하고, 가치평가를 하는 과정을 이해하는 것이 더욱 중요하다. DCF를 통해 매출액과 비용, 할인율 등을 추정해보는 연습을 할 수 있으며, 그로 인해 영업자산의 수익 프로세스, 비영업자산의 가치 등을 파악할 수 있다.

RIM(잔여이익모델)

1. 개념 정의

잔여이익모델(RIM: Residual Income Model)은 미래의 초과이익(RI: Residual Income)을 추정하여 수익가치를 산출하고 여기에 순자산가치를 더하여 기업의 가치를 평가하는 현금흐름 기반의 절대평가방법이다.

2. 공식

P = 순자산 + 미래 RI의 현재가치
RI = ROE Spread(ROE − COE) × 자본

★ COE(cost of equity) : 자기자본(자본총계)의 할인율

3. 기본 의미

RIM은 DCF와 같이 현금흐름법을 따르는 절대평가방법이지만 미래의 초과이익만을 추정한다는 점에서 차이가 있다. 초과이익이란, 자본수익률(ROE) 중 자본총계의 할인율(COE)을 초과하는 만큼을 말한다. 예를 들면 자기자본이 100억 원, ROE가 20%이고 COE가 8%인 기업의 경우, ROE만큼에 해당하는 전체 순이익 20억 원(100억×20%) 중 COE만큼에 해당하는 8억 원(100억×8%)을 차감한 12억 원이 초과수익이다.

RIM에 의한 가치평가 계산방식은 COE에 해당하는 순이익은(위의 사례에서 8억 원) 자본총계의 장부가만큼을 그 가치로(수익가치는 불인정) 인정하고, ROE 스프레드(ROE-COE)만큼에 해당하는 순이익만(RI, 초과수익, 위의 사례에서 12억 원) 수익가치로 계산하여, 장부가격과 수익가치를 합산하는 방식이다.

4. 내용 설명

RIM은 수익가치와 자산가치를 명확히 분리하여 기업가치를 평가하는 방식이다. 수익가치는 미래 초과이익을 현재가치화하여 산출해내고 자산가치는 현재 장부가치를 바탕으로 산출한다. 그 후 수익가치와 자산가치를 더하면 기업의 최종 가치가 되는 형태이다.

RIM은 DCF에 비해 추정해야 할 항목들이 적어 평가자의 주관이 개입될 여지가 적다. 또한 RIM 방식은 현재의 순자산가액을 기본으로 하고 그 위에 미래 수익가치를 더하는 개념이기 때문에, DCF 방식으로 산출한 주식가치가 미래 현금흐름에 과도하게 의존하는 것에 비해서 미래 수익에 대한 의존도가 상대적으로 합리적이다.

한국주식가치평가원 심층코멘트

　RIM에 의한 가치평가 계산은 COE를 초과하는 ROE만큼의 수익가치와 COE만큼의 자산가치라는 이분법으로 알 수 있듯이 수익가치와 자산가치의 균형있는 밸류에이션 방식이다.

　DCF와 달리, RIM은 처음부터 자본총계와 순이익의 가치를 구하는 과정을 거친다. 즉 RIM은 여러 가지 면에서 주주(자본총계 소유자)합리성이 높은 가치평가방식이다.

　한편, 국제적으로도 PER 등의 상대평가(배수기반) 및 절대평가(할인율 기반), DCF 라는 영업이익에서 비롯된 절대평가, RIM 이라는 순이익에서 비롯된 절대평가 방식 등이 순서대로 상용화되기 시작했고, 국내 투자업계 역시 위 순서대로 개념들을 받아들이고 사용 중이다. 특히, 한국주식가치평가원에서는 국내에서 유일하게 여러가지 절대가치평가를 DDM 방식으로 간단히 체계화하여 교육하고 있다.

3. 기타 가치평가 용어

상대가치평가

기타 가치평가 용어	**상대가치평가**
	절대가치평가
	할인율
	WACC(가중평균자본비용)
	CAPM(자본자산가격결정모형)
	청산가치
	계속기업가치(존속가치)
	운전자본
	자본적지출

1. 개념 정의

기업의 가치를 평가하는 방법은 크게 상대가치평가와 절대가치평가로 나뉜다. 상대가치평가는 동종업계나 동일 기업의 과거 수치와(대개 배수법이다) 비교하여 현재 주가를 평가하는 방법이다.

2. 기본 의미

상대가치평가에 속하는 가치평가방법으로 PER, PBR, PSR, PCR, EV/EBITDA, EV/EBITA, EV/EBIT 등이 있다. 이 중 PER, PBR 등이 대표적으로 쓰이는 상대평가 방법이고 PSR, PCR은(경우에 따라서) PER을 보완해주는 효과적인 상대평가 방법이며 EV/EBITDA, EV/EBITA, EB/EBIT은 인수주체 기준 혹은 대주주 기준의 가치평가 방법이다.

3. 내용 설명

상대가치평가는 기본적으로 배수법을 바탕으로 한다. 배수법은 '기준이 되는 특정 항목에 대하여 현재주가 혹은 적정주가가 몇 배'라는 형식으로 나타나는 방식이다. 예를 들어 현재 PER이 10배라면 현재 주가가 주당순이익의 10배라는 말이다. 이 때 기준 항목에 따라 가치평가방법의 종류가 달라진다. 기준 항목이 순이익이라면 PER이 되고, 자기자본이면 PBR, 영업이익이라면 EV/EBIT이 되는 형식이다.

기초적인 상대가치평가는 중기적으로 주식시장이 부여한 주가의 합리성을 어느 정도 인정하는 방법이다. 예를 들어, 극히 예외적인 순간들을(급등 테마, 비일상 폭락) 제외하고 어떤 기업의 과거 PER 밴드(범위)가 6~8배라고 할 때 현재주가가 5배라면 저평가, 10배라면 고평가라고 판단하는 방식이다. 업계 평균 수치나 경쟁사와 비교할 때도 그 수치들에 비해 낮으면 저평가, 높으면 고평가라고 판단하게 된다. 이처럼 과거나 동종업계 주가의 합리성에 근거하면 기업의 현 상황을 중기적으로 올바르게 판단할 수 있다.

한국주식가치평가원 심층코멘트

　상대가치평가는 중기적으로 주식시장이 부여한 주가의 합리성을 어느 정도 인정하는 방법으로, 쉽다는 장점과 중기적으로만 맞을 수 있다는 단점이(치명적인) 있다.

　반드시 한 기업의 과거나 동종업계의 주가가 합리적인 것은 아닌데, 예를 들면 3~4년간 특정 업종이 성장테마를 타고 높은 PBR을 받았을 경우에(항상 성장업종은 꿈 → 경쟁과 손실 → 두려움 → 화려한 부활의 수순을 따름) 향후 수년간 경쟁과 손실로 인해 PBR이 급락할 수 있다. 이런 부분은 상대평가 방식으로는 피할 수 없다. 한국의 경우에도, 장기적으로 순환하는 조선업 관련주나, 대체에너지의 분산에 의해 리스크가 큰 원전수출 관련주 등 다양한 폭등과 폭락의(상대평가로는 문제가 없음에도 불구하고 폭락한) 과거 사례가 있다.

　그러므로 단기 혹은 중기적으로 상대가치평가를 통해 향후 적정가치를 계산해볼 지라도, 장기적인 적정가치평가를 위해서는 절대가치평가 방식까지 활용해야 유리하다. 한편, 한국주식가치평가원에서는 국내에서 유일하게 실적을 타당하게 조정하여 합리적으로 생대가치평가하는 법을 강의하고 있다.

대가치평가

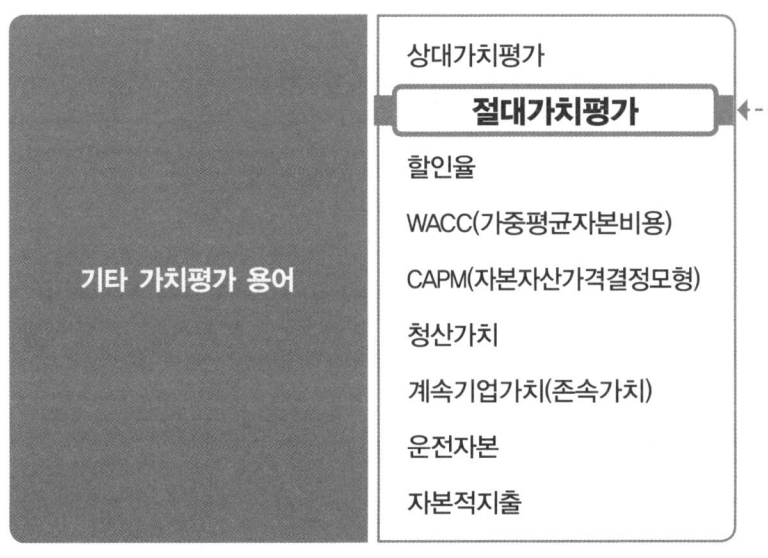

1. 개념 정의

절대가치평가는 타 기업이나 과거와 비교하는 것이 아니라, 현재 및 향후에 기업이 창출할 이익을 기반으로 기업의 본질적인 가치를 평가하는 방식이다. 절대가치를 구하는 방식으로 현금흐름에 의한 가치평가법, DDM(연금계산) 방식에 근거한 가치평가법 등이 있다.

2. 기본 의미

대표적인 절대가치평가법으로 DCF, RIM, PER 등이 있다. DCF는 잉여현금흐름을, RIM은 초과이익을, PER은 순이익을 기준이익으로 삼아 기업의 가치를 평가한다. 여기서 특이한 점은 표면적으로는 상대가치평가법인 PER, PBR 등도 본질적으로는 절대가치평가법이라는 것이다.

3. 내용 설명

절대가치평가법은 현재 및 향후에 기업이 창출할 이익을 기반으로 가치를 산정하는 방식이다. 그런데 절대가치평가 방식은 대개 현금흐름에 기반하거나 연금계산방식에 기반한다.

우선 현금흐름 방식에 기반한 가치평가방법은 미래이익을 몇 년 이상(대개 5~10년 사이) 구체적으로 추정하고 그 기간을 초과하는 미래이익은 영구가치로 계산하여, 추정한 미래이익과 영구가치를 모두 현재가치로 환산하여 합산하는 방식이다.

다음으로 연금계산방식에 기반한 절대가치평가 방법은 미래 이익을 일일이 추정하는 대신에, 기준이익에 고유의 할인율(해당 기업 이익의 안정성, 성장성 감안)을 적용하여 가치평가를 한다.

현금흐름 방식의 장점은 구체적인 추정 과정에서 기업에 대한 깊은 분석과 각종 시나리오를 세워볼 수 있다는 점이 있고, 단점은 너무 번거롭고 굳이 그럴 필요가 없으며 가치평가 과정에서 가정이 많이 들어갈 수 있다는 점이다.

연금계산방식의 장점은 생각보다 간단하고 기준이익과 할인율만 잘 계산해내면 분석수준 별로 차이가 나겠지만 결과값에서 오차를 거의 없앨 수 있다는 점이다. 반면에 연금계산방식의 단점은 너무 간단해서 초보자가 기준이익과 할인율을 잘못 산입하면 결과값의 범위를 신뢰할 수 없다는 점이다.

한국주식가치평가원 심층코멘트

　RIM, DCF 등은 기본적으로 현금흐름 할인방식의 절대평가법이나, 연금계산방식의 절대평가법으로도 사용할 수 있다. PER, PBR 등은 상대평가방식으로만 알려져 있으나 연금계산방식의 절대평가법으로 활용할 수 있다. (PER은 원래 할인율에 기반한 절대평가방식이나, 그것을 이해하기 쉽게 분모분자를 뒤집어 상대평가방식인 배수법으로 상용하고 있음) 가치평가방식의 개념설명은 비교적 간단하지만 공식과 계산은 각각 별도의 교육 혹은 책이 소요되는 분야이다.

　실제로 관심기업의 가치를 계산하려면 몇가지 실전투자이론을 숙지해야 한다. 다만, 우선적으로 연금계산방식의 간단한 기초산식만을 살펴보면, 합당한(일시적 경기변동 등을 감안한) 주주이익이 C, 할인율이 r, 영구성장률이 g라고 할 때 현재의 적정한 시가총액(주식수로 나누면 적정주가) P는 $C/(r-g)$가 된다. C가 100억 원, r이 10%, g가 2%일 때, 적정한 시가총액은 '100억 원/(10%−2%)'를 계산하여 1,250억 원이 된다.

인율

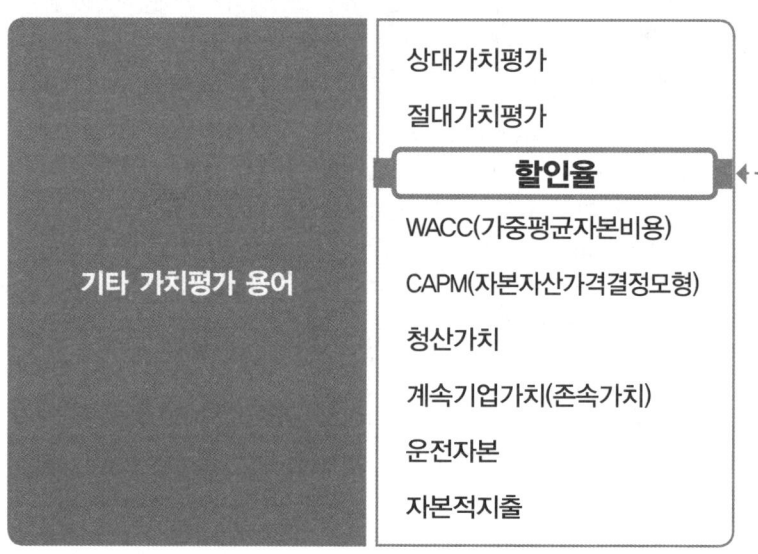

1. 개념 정의

할인율은 미래의 화폐가치를 현재의 화폐가치로 전환할 때 사용되는 교환비율(할인하여 교환)이다. 주식투자에 있어서 할인율이란, 할인대상이 현금이 아니라 기업의 미래이익(순이익, 세후영업이익 등)이라는 점이 핵심이다.

2. 공식

할인율 = 무위험 이자율 + 리스크 프리미엄

3. 기본 의미

5년 후의 화폐가치가 10억 원이고 할인율이 10%인 경우 현재 화폐가치를 구하는 공식은 '10억 원/{(1+10%)^5}'이므로 10억 원을

1.61051로 나누면 약 6.2억 원이 된다. '현재 화폐가치=미래 화폐가치/{(1+할인율)연도수만큼 제곱}'인 것이다.

즉, 미래 화폐가치가 크고 할인율이 낮을수록 현재의 화폐가치가 높아지게 된다.

4. 내용 설명

절대가치평가를 사용하려면 할인율이 반드시 사용된다. 미래 주주이익을 현재가치로 환산해야 하기 때문이다. 만일 기업에 맞는 적정한 할인율을 넣지 못하면 최종적으로 도출되는 적정가치가 틀리게 산출될 것이다. 따라서 할인율은 절대가치평가에서 중요한 요소이다.

할인율은 무위험 이자율에 기업마다 합리적인(주식시장 전체, 업종, 개별 기업 등 감안) 리스크 프리미엄을 더하여 도출된다. 무위험 이자율은 보통 국채이자율을 사용하며, 리스크 프리미엄이란 분석할 기업 고유의 리스크를 반영한 수치이다. 현재가치는 할인율에 반비례하므로 리스크가 높은 기업의 적정주가 역시 낮아지게 된다.

한국주식가치평가원 심층코멘트

할인율의 역수는 PER이다. 할인율을 이자율로 비교하자면, PER에서 시가총액은 은행에 예금한 원금이고, 당기순이익은 이자에 해당한다. PER이 20이라는 이야기는 할인율이 5%라는 말이고, PER이 10이라는 이야기는 할인율이 10%라는 말이다.

즉, 기업 고유의 적정 할인율을 추정한다는 말은 그 기업의 적정 PER을 도출한다는 말과 같다. PER, PBR 등 가치평가방법을 사용함에 있어서 기초적인 수준에서는 상대평가법만으로 사용하지만 분석 및 가치평가능력이 있는 경우 반드시 절대가치평가방법으로도 사용해야 한다.

한편, 경영학계에서는 자기자본의 할인율로 CAPM을 사용하기도 하는데, 이는 더 나은 대안이 없을 경우 현재 모델이 다소 오류가 있더라도 일단 사용하고 보는 학계의 경향에 따른 현상이다. 하지만 워렌 버핏 등 가치투자 대가들은 CAPM이 난센스라는데 하나같이 동의한다.

투자대가들의 권위와는 상관없이 평가원에서도 CAPM은 명백히 틀린 개념이며, 이에 기반한 CAPM 및 WACC 방법으로는 결코 적정주가(내재가치)를 평가할 수 없음을 알고, 훨씬 합리적인 대안으로 고유운용, 분석평가, 투자교육을 진행하고 있다.

WACC(가중평균자본비용)

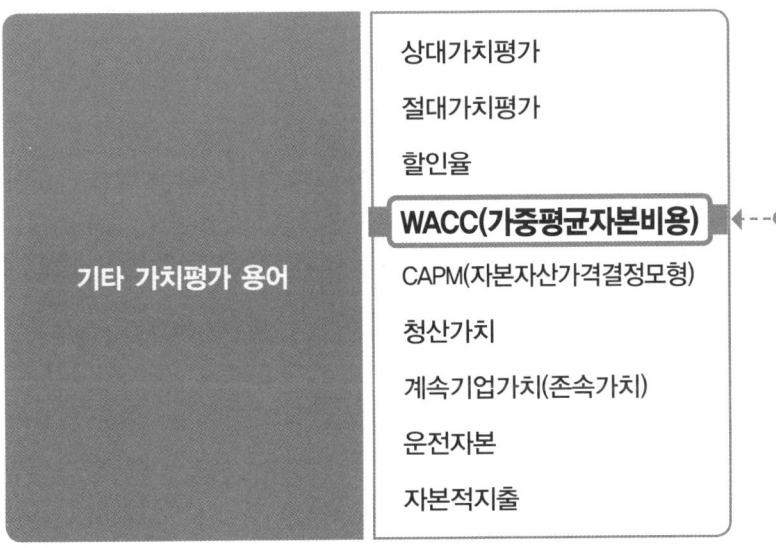

1. 개념 정의

가중평균자본비용(WACC: Weighted Average Cost of Capital)이란 자기자본비용과 타인자본비용을 가중평균한 기업의 총자본비용을 말한다.

2. 공식

$$WACC = 자기자본비용 \times \frac{자기자본}{총자본} + 타인자본비용 \times \frac{타인자본}{총자본}$$

★ 자기자본비용 = 자기자본할인율, 타인자본비용 = 이자율

3. 기본 의미

WACC은 기업 전체(총자산)의 가치를 평가할 때 사용되는 할인율로 주주의 몫(자기자본)만을 평가할 때 사용되는 할인율(개별종목의

고유할인율)과 타인자본할인율(해당 기업 부채의 이자율)의 가중평균할인율이다.

4. 내용 설명

WACC은 기업의 총자산에 해당하는 할인율(요구수익률)로 투하자본수익률인 ROIC와 비교하여 기업의 사업 건전성을 파악하는 도구로 사용된다. WACC보다 ROIC가 높다면 자본조달비용에 비해 투하자본수익률이 높다는 뜻이므로 효과적으로 사업을 하고 있다고 판단할 수 있고, 반대의 경우 조달비용보다 수익률이 낮으므로 기업의 가치 구성요소 중에서 수익가치를 마이너스로 볼 수 있다.

WACC은 채권자와 주주의 요구수익률을 한데 묶어 계산한 할인율이다. 따라서 기업 전체의 가치를 평가하는 DCF에서(기업가치부터 계산 후 부채 차감) 사용된다. 타인자본비용은 부채에 따른 이자비용을 말하며 보통 현재의 차입 금리를 사용한다. 자기자본비용은 '무위험이자율+리스크프리미엄'의 결과값을 사용하며, 여러 방식 중에서 학계에서는 관행적으로 CAPM을 사용하기도 한다.

그러나 CAPM 방식에 의하면 이익성장과 배당이 매우 안정적인 우량기업일지라도, 시장상황과 루머 등으로 주가가 급락할 시 적정주가가 더 낮아지는(할인율 상승) 아이러니가 있어 실제 투자에 있어서는 명백히 오류가 있는 방식이다.

한국주식가치평가원 심층코멘트

WACC은 가중평균 자본비용(할인율)으로 두 가지 구성요소인 자기자본할인율과 부채이자율에 의해서 수치가 결정된다. 기업이 속한 업종의 이익지속성이 불확실하고 개별기업의 수익확대능력(투자의사결정 등)이 열위에 있을 경우 자기자본할인율이(리스크) 높다. 또한 기업의 중장기적인 실적이나 최근의 자금사정이 좋지 않으면 부채의 차입금리가 높다. 이런 기업의 경우 WACC(총자산의 할인율) 역시 매우 높아 투자하기에 좋지 못한 기업이 된다.

CAPM(자본자산가격결정모형)

```
┌─────────────────────┬──────────────────────────┐
│                     │ 상대가치평가              │
│                     │ 절대가치평가              │
│                     │ 할인율                    │
│                     │ WACC(가중평균자본비용)    │
│   기타 가치평가 용어 │ **CAPM(자본자산가격결정모형)** ◀--●
│                     │ 청산가치                  │
│                     │ 계속기업가치(존속가치)    │
│                     │ 운전자본                  │
│                     │ 자본적지출                │
└─────────────────────┴──────────────────────────┘
```

1. 개념 정의

자본자산가격결정모형(CAPM: Capital Asset Pricing Model)이란 균형상태에 있는 자본시장을 가정하고, 자본자산의 기대수익과 위험과의 관계를 나타낸 모형이다. 자기자본비용이 r, 무위험수익률이 R_f, 시장 기대수익률이 $E(R_m)$, 베타가 β일 때 산식은 아래와 같다.

2. 공식

$r = R_f + \{E(R_m) - R_f\} \times \beta$

3. 기본 의미

위 식에서 '$E(R_m)-R_f$'는 시장리스크 프리미엄에 해당된다. 즉 주식시장 전체의 리스크를 '(주식시장의 리스크−무위험수익률)+무위험수익률'로 이분한 것이다. 굳이 그렇게 이분한 이유는 주식시장에서 개별 종목의 리스크를 구할 때 베타를 곱하기 위해서이다.

개별 종목의 리스크를 구하는 과정을 이해하기 위해 주식시장의 리스크가 10%이고 무위험수익률이 4%인 국가를 가정하면, 주식시장의 리스크프리미엄은 6%(10-4)이다. 이 때 개별기업의 베타가 2.0일 경우 무위험수익률 4%에다가 주식시장 리스크프리미엄의 두 배(베타값)인 12%를(6%×2) 더한 결과값인 16%가 그 기업의 할인율(CAPM에 의한)이 되는 것이다.

4. 내용 설명

CAPM은 효율적 시장가설을 전제로 하고 있다. 효율적 시장가설이란 주가에 모든 정보가 반영되어 있다는 이론으로 어떤 증권분석 방법을 사용하더라도 시장의 수익률을 앞지를 수 없다고 주장한다. 또한 CAPM은 개별기업의 총 위험을 체계적 위험과 비체계적 위험으로 나누고, 비체계적 위험은 분산투자로 제거할 수 있다고 말한다.

CAPM 산식에 들어가는 주식시장 리스크 프리미엄은 체계적 위험이며, 베타는 개별주가의 변동성을 수치화한 것으로 비체계적 위험이다. 베타가 1이면 시장과 동일한 주가변동성을 가지고 있는 것이고 베타가 커질수록 주가변동성 역시 커진다고 생각하면 개념을 이해하기 쉽다.

한국주식가치평가원 심층코멘트

　CAPM은 얼핏 합리적인 것처럼 보인다. 하지만 경영학 개념 중 일부는 실무적으로 검증된 반면 일부는 실무적으로 검증되기 이전의 개념들인데, CAPM은 '해당 모델 속에서는 논리관계가 옳으나' 실제 투자에서 검증 결과 오류가 있고, 가정 자체가 틀린 개념이다.

　개별 기업의 할인율로 CAPM을 적용할 때 치명적인 약점이란 바로 베타가 주가변동성에 기인한 배수라는 것이다. 기업의 가치를 결정하는 할인율은 이익의 안정, 수익, 성장성에 의해 결정되어야 하나, 일시적으로 테마를 타고 주가가 급등한 후 급락하거나 혹은 루머에 의해 급락한 종목의 경우 베타(주가변동성)가 높아져서 할인율이 상승하고 적정주가가 급락한다. 즉 주가가 점점 더 하락할수록 적정주가는 점점 더 하락하는 자기순환적인 오류에 빠지는 것이다.

　그러나 개별종목의 경우 몇 년 간의 실적상승과 주가상승 정도가 일치하지는 않지만 수많은 기업들을 하나의 집단으로 볼 경우 평균적으로 이익의 변동성과 주가의 변동성이 유사한 경향을 보일 수 있다. 그러므로 매우 많은 기업에 분산투자하는 계량적 펀드의 경우(백 여 종목 이상의) 제한적으로 CAPM의 효용가치가 있을 수 있다. 다만 그럴 경우에도, 적정가치와 가격변동성을 연결하는 CAPM의 논리 자체가 오류라는 점은 알고 있어야 손실을 막을 수 있다.

청산가치

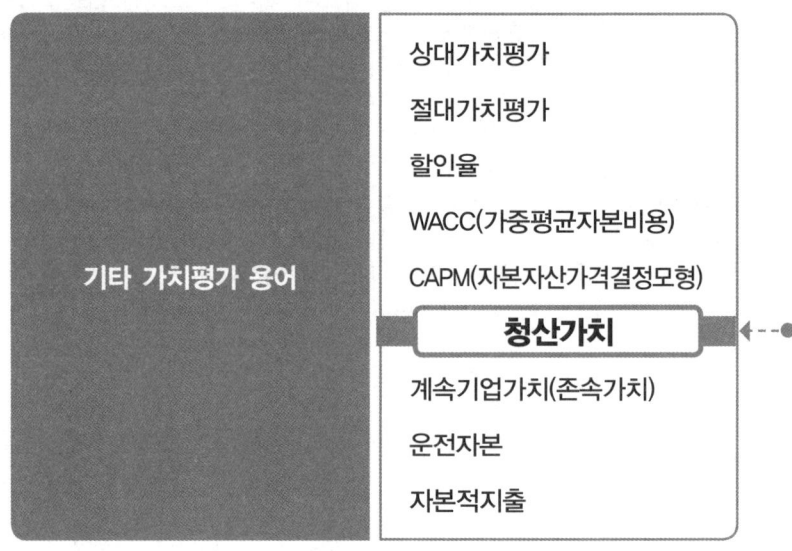

1. 개념 정의

청산가치란 회사를 청산하려 할 때 보유자산을 모두 현금화하고 부채를 전부 상환한 뒤 최종적으로 주주에게 돌아가는 금액을 말한다. 일반적으로 기업의 청산은 존속가치보다 청산가치가 클 때 이루어지게 된다.

2. 기본 의미

이론상 청산가치는 장부가와 같으나 실제 현상은 다르게 나타난다. 기업이 청산할 때는 보유 자산을 급하게 현금화하는 경우가 많기 때문에 헐값에 매각될 때가 많다. 따라서 청산가치는 장부에 적힌 자기자본 액수보다 낮은 경우가 대부분이다.

3. 내용 설명

　청산가치는 PBR 가치평가 방식의 기초적인 활용방식과 밀접한 관계가 있다. 일반적으로(항상 그렇지는 않다) PBR이 1배이면 기업이 어떠한 프리미엄도 없이 정확히 청산가치만큼 거래된다는 이야기이다. 만일 PBR이 1배 이하이면 기업이 청산가치에도 못 미치는 가격으로 거래되고 있다는 뜻이지만 이러한 현상은 주식시장에서 흔히 일어난다.

　왜냐하면 계속기업으로서의 존속가치가 현저히 낮더라도 대주주의 기업청산 의지가 없다면, 해당 기업의 적정가치는 수익가치로 평가 및 인식되며, 그 결과 기업의 주가는 PBR 1배 이하로 거래되는 것이 맞기 때문이다. 또한 부실자산이나 우발채무 등으로 인해 실제 청산가치가 장부가치보다 낮을 수도 있다. 이 경우에도 PBR 1배 이하에서 거래되는 것이 타당하다.

한국주식가치평가원 심층코멘트

　기업의 장부상 총자산은 항목 별로 실제 공정가치가 차이가 난다. 청산을 염두에 둔 기업의 경우, 실제로 유형자산에 대해 제값을 못 받을 것은 물론이고, 업종에 따라서 재고자산도 수십 퍼센트 이상 할인될 수 있으며, 매출채권 역시 전부 회수할 수는 없는 경우가 있기 때문이다. 그러므로 실제로 청산을 염두에 둔 기업이라 할지라도 장부가(PBR 1.0)보다 훨씬 낮은 가격으로 회수될 수 있다.

　한편, PBR이 1이하인 기업 중 그나마 청산의도가 있는 기업이 위와 같다는 것이지, 대부분의 기업 오너들은(기업의 성장단계가 단순히 쇠퇴기에 접어들었다는 이유 등으로) 청산할 의도가 없고 또한 충분한 지분율을 소유하고 있을 경우 그 외 주주들이 청산을 강제할 수가 없다. 그런 수많은 기업들의 경우, 기업가치는 청산가치가 아니라 계속가치로 평가하는 것이 옳다.

　위와 같이 저 PBR이 정상적인 경우를 제외하고, 수익성이 좋으면서도 예외적으로 주식시장의 폭락이나 일시적인 기업실적의 하락 등으로 특정 기업의 PBR이 하락했을 때, 해당 기업의 평소 수익능력에 비해서 저평가되었다면 좋은 투자기회가 될 수 있다.

계속기업가치(존속가치)

기타 가치평가 용어	상대가치평가 절대가치평가 할인율 WACC(가중평균자본비용) CAPM(자본자산가격결정모형) 청산가치 **계속기업가치(존속가치)** ←--• 운전자본 자본적지출

1. 개념 정의

계속기업가치란 청산가치와 대비되는 단어로 기업이 청산되지 않고 계속된다는 가정 하에 구한 기업가치를 말한다. 계속기업가치는 주로 기업의 수익성과 성장성 정도에 따라 그 가치가 결정된다.

2. 기본 의미

상장회사들은 대부분 계속 영업하면서 수익과 자본을 확대할 계획을 가지고 있다. 따라서 주식시장에서 거래되는 기업들은 대부분 계속기업가치에 따라 평가받으며, 실제로 기업가치 평가방법 역시 (청산의도가 있는 예외적인 경우를 제외하면) 기업의 수익성, 성장성에 기반한 것이 많다.

3. 내용 설명

계속기업가치란 기업이 계속 사업을 영위한다는 것을 가정하고, 이익에 기반한(안정, 수익, 성장성) 가치평가를 하는 것을 말한다.

그 중 이익 중심의 가치평가방법은 실질적인(특별손익을 제외한) 당기순이익에 적절한 배수를 곱하거나(상대평가) 적절한 할인율을 적용하는(절대평가) 것이다.

한편, 자본배수 중심 가치평가방식의 경우, 중장기적으로 유지할 수 있는 자본수익률과 특정 기업의 적절한 할인율(주식시장, 업종, 기업고유 감안)을 활용하여 가치평가를 실시한다.

한국주식가치평가원 심층코멘트

한편, 계속기업가치는 평가주체가 명확히 다를 경우 다른 값을 가질 수 있다. 평가주체는 크게 대주주를 제외한 주주, 대주주, 인수주체로 나눌 수 있으며, 기업 경영과 관련된 의사결정을 할 수 없는 대부분의 투자자(개인, 기관)들이 대주주를 제외한 주주에 속한다.

대주주를 제외한 주주들의 몫은 자기자본과 순이익이며 이를 평가하는 가치평가법으로는 PER, PBR, RIM 등이 있다. 이와 달리 대주주의 몫은 이익 외에도 처분가능한 비영업자산 항목들이 있다. 이를 평가하는 가치평가법으로는 EV/EBITDA, DCF 등이 있다. 마지막으로 인수주체의 경우 본래 소유하고 있는 회사와의 시너지 효과를 고려하면, 피인수회사에 대해서 대주주가치보다 더욱 높은 가치로 평가할 수 있다. 따라서 같은 기업에 대해서도 대주주를 제외한 주주, 대주주, 인수주체의 순으로 적정한 기업가치의 금액이 커지게 된다.

운전자본

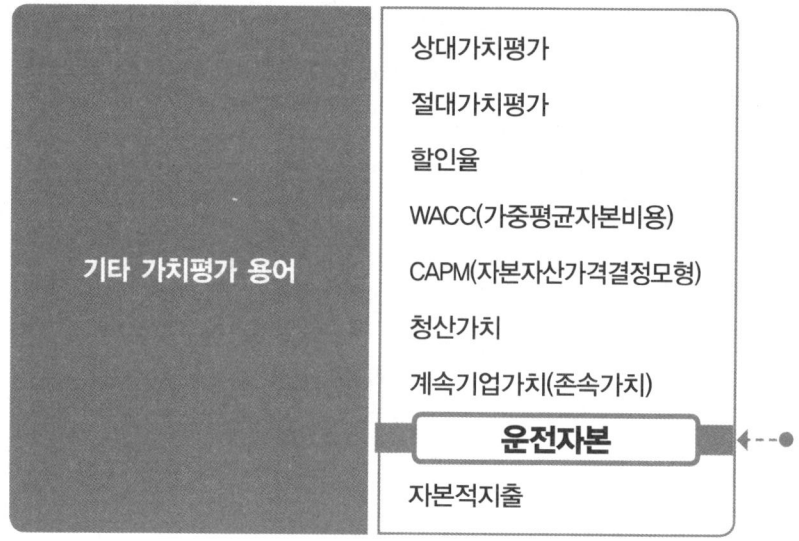

1. 개념 정의

운전자본(순운전자본과 같은 의미)이란 기업이 일상적인 생산 및 판매활동을 영위할 때 필요한 자금을 말한다.

2. 공식

운전자본(순운전자본) = 유동자산 − 유동부채

★ 보다 일관성있는 항목 중심으로
운전자본(순운전자본) = 매출채권 + 재고자산 − 매입채무

3. 기본 의미

기업 입장에서 운전자본은 적을수록 좋다. 운전자본이 적다는 것

은 기업에 필요한 일상적인 자금이 적다는(일상적인 필요자금이 커지면 그만큼 돈이 묶이므로) 뜻이기 때문이다. 매출액이 커지면 운전자본 역시 이에 비례해서 자연스럽게 커지지만 매출액 증가율에 비해 운전자본 증가율이 과도한 현상은 기업에 불리하게 작용한다.

4. 내용 설명

운전자본이 증가했다는 말은 그만큼 일상적인 기업활동에서 필요한 자금이 증가했다는 뜻이며, 운전자본이 감소했다는 말은 필요자금이 감소했다는 뜻이다. 그러므로 운전자본 증가는 현금유출로, 운전자본 감소는 현금유입으로 이해할 수 있다.

한편, 순운전자본회전율을 통해 매출액 대비 운전자본의 증가 속도를 알 수 있다. 순운전자본회전율이 크게 변동이 없다면 매출액증가율과 순운전자본 증가율이 유사하다는 뜻이다. 한편, 순운전자본회전율이 급락한다면 매출액증가율에 비해서 순운전자본 증가율이 훨씬 크다는(현금 악화) 뜻이다. 이 수치를 통해 운전자본의 급격한 증가를 포착할 수 있다.

한국주식가치평가원 심층코멘트

운전자본이 증감함에 따라서 기업이 창출한 현금흐름이 감소하기도 증가하기도 하므로, 기업가치평가에 있어서 운전자본이 중요항목 중의 하나이다. 예를 들면 DCF 등 여러 가치평가 방식에서 운전자본 증가분은 영업활동 현금유출로써 현금흐름을 감소시킨다.

한편, 운전자본이 급격히 증가했을 경우 그 원인파악과 향후 개선여부를 판단하기 위해서는 매입채무, 재고자산, 매출채권 중 어느 항목에서 문제가 발생했는지 확인해야 한다.

자본적지출

| 기타 가치평가 용어 | 상대가치평가
절대가치평가
할인율
WACC(가중평균자본비용)
CAPM(자본자산가격결정모형)
청산가치
계속기업가치(존속가치)
운전자본
자본적지출 ←--• |

1. 개념 정의
자본적지출은 기업이 향후 오랜기간에 걸쳐 이익을 확대하기 위해 투자하는 금액을 말하며, 일반적으로 토지, 공장, 기계장치 등 유형자산 투자가 대부분이다.

2. 공식
자본적지출 = (사업과 관련한)투자활동으로 인한 현금유출 중 유형자산 증가 부분

3. 기본 의미
자본적지출은 현금흐름표 중 '투자활동으로 인한 현금유출액 중 유형자산 증가' 부분에서 찾을 수 있다. 비유동자산에 대한 투자 중에

서 향후 일정시기에 걸쳐 감가상각을 해야 하는 자산인 유형자산에 대한 지출을 말한다.

4. 내용 설명

기업이 속한 산업의 특징에 따라 자본적지출의 규모 차이가 나타난다. 주기적으로 대규모의 설비투자가 필요한 산업(예를 들어 자동차, 철강 산업)은 자본적지출 규모가 크며, 추가적인 설비투자가 많이 필요치 않은 산업(예를 들어 여행, 교육, 게임 등 서비스산업)은 자본적지출 규모가 작다.

만약 투자하려는 기업이 대규모 설비투자가 필요한 기업이라면 자본적지출 부분을 주의 깊게 조사해야 한다. 이들 기업은 적시에 설비투자를 못하거나 혹은 과하게 유형자산에 투자하는 등 잘못된 투자 의사결정을 내릴 때마다 향후 이익과 현금흐름에 미치는 타격이 크기 때문이다.

한국주식가치평가원 심층코멘트

자본적지출은 워렌 버핏이 싫어한 항목이다. 왜냐하면 기업의 내재가치란 향후 기업이 벌어들일 총 순이익(혹 현금흐름)을 현재가치화한 것이기 때문이다. 자본적지출은 주주 관점이건 기업 전체(총자산) 관점이건 간에 순이익 혹은 현금흐름에서 차감되어야 할 비용인 것이다.

다만, 자본적지출에서도 끊임없는 유형자산의 개보수와 생산량 확충을 위한 유형자산의 신설 등은 달리 보아야 한다. 일례를 들면 자동차 업종 독과점 기업에서 끊임없는 개보수에 지출되는 자본적지출은 기업가치를 크게 늘리지 못하지만 성장 업종에서(전자부품, 대체에너지 등) 점차 시장점유율이 높아지면서 신규생산을 위해 유형자산을 신설하는 경우에는 기업가치를 높일 수 있다.

Chapter V

THE CONQUEST OF FINANCIAL STATEMENTS

기타 투자용어 및 공식 설명

배당성향

1. 개념 정의

배당성향은 기업이 한 해 동안 벌어들인 당기순이익 중에서 주주에게 지급하는 배당금이 얼마나 되는지를 보여준다. 배당성향이 40%라면 순이익 중 40%를 배당했다는 뜻이다.

2. 공식

배당성향 = (배당금 총액 ÷ 당기순이익) × 100(%)

3. 기본 의미와 내용 설명

기업이 벌어들인 당기순이익은 회사 내부에 유보되거나 배당금의 형식으로 주주에게 돌아간다. 이때 배당성향은 내부 유보금이 아닌 주주에게 배당된 금액의 비중을 말한다. 배당성향은 성숙기업이냐 성장기업이냐에 따라 그 수치의 정도가 다르다. 성숙기업은 안정적으로 순이익을 꾸준히 내지만 앞으로의 투자처가 마땅치 않은 경우가 많기 때문에 배당성향을 높여 주주에게 이익을 환원하게 된다. 반면 성장기업은 기업의 성장을 위한 투자금 마련이 필요하기 때문에 배당성향을 낮추어 회사에 자금을 유보하며 이를 통해 성장을 위한 투자활동을 지속적으로 시행한다.

사내유보율

1. 개념 정의

사내유보율이란 당기순이익 중 기업의 재투자를 위해 회사 내에 얼마만큼의 금액을 남겼는지 보여주는 비율 지표이다. 사내유보율이 80%라면 순이익 중 80%를 회사에 유보했다는 말이다.

2. 공식

사내유보율(%) = 100% − 배당성향(%)

3. 기본 의미와 내용 설명

100%에서 배당성향을 빼면 사내유보율이 도출된다. 사내유보율은 기업의 성장을 위해 투자자금이 많이 필요한 성장기업에서 높게 나타난다. (자연스럽게 배당성향은 낮아진다.) 반면, 안정적으로 현금흐름이 창출되나 향후 투자자금이 많이 필요치 않은 성숙기업은 사내유보율이 낮다. (이익을 주주에게 환원하므로 배당성향은 높다.)

한편, ROE에 사내유보율을 곱하면 자기자본성장률이 도출되며, 이는 주주의 몫이 복리로 얼마나 빨리 성장하는가를 나타내는 중요한 지표이다.

배당률

1. 개념 정의

배당률은 1주당 액면가 대비 주당배당금이 얼마나 되는가를 나타내는 지표이다. 예를 들어, 주당배당금이 1,000원이고 액면가가 5,000원일 때 배당률은 20%가 된다.

2. 공식

배당률 = (주당배당금 ÷ 액면가) × 100(%)

3. 기본 의미와 내용 설명

액면가란 기업이 주식을 처음 발행할 때의 가격으로 100원, 200원, 500원, 1,000원, 2,500원, 5,000원, 10,000원의 7종류가 있다. 현재 상장되어 있는 회사들의 액면가는 500원과 5,000원이 많으며 이는 배당률 산정의 기준이 된다.

배당률은 개념상 배당으로 인한 수익률을 측정하는 지표이지만 주식투자자의 배당 관련 수익률과는 무관하다. 주식투자자는 매수가격과 주당배당금, 혹은 시장가격(현재 주가)과 주당배당금을 비교해야 의미가 있으며, 액면가와 비교하는 것은 사실상 무의미하기 때문에 주식투자자 입장에서 활용해야할 지표는 아니다.

당수익률

1. 개념 정의

배당수익률은 주가에 비해 주당배당금이 얼마인가를 나타내는 지표로 시가배당률 혹은 시가배당수익률이라고도 한다. 주가가 50,000원이고 주당배당금이 2,500원일 때 배당수익률은 5%이다.

2. 공식

배당수익률 = (주당배당금 ÷ 주가) × 100(%)

3. 기본 의미와 내용 설명

배당수익률이야말로 배당으로 인한 투자자의 진정한 수익률을 알려주는 지표이다. 현재 주가 기준으로 배당수익률이 5%라면 투자자가 해당 기업에 지금 당장 투자할 때 투자금의 5%를 배당으로 받는다는 뜻이다. 단, 작년 배당금을 기준으로 하기 때문에 전년도 배당금이 올해에도 유지될 수 있는지 반드시 체크해야 한다.

배당수익률은 주가가 낮아질수록 높아진다. 주가가 낮아지면 해당 기업이 저평가일 가능성이 높다는 뜻이므로, 배당수익률이 높은 기업에 투자할 시 매매차익도 크게 될 확률이 높다.

유상증자

1. 개념 정의

유상증자란 기업이 자금조달을 위해 주주에게 신주를 나눠주고 그 대가로 자금을 받는 것을 말한다.

2. 기본 의미와 내용 설명

유상증자를 실시하면 회사에 현금이 유입되어 기업의 자산과 자본이 늘어나게 된다. 이를 통해 열악했던 기업의 재무구조를 개선시킬 수 있고, 유입된 현금을 유망한(또한 큰 자본이 필요한) 사업에 투자하여 기업과 주주가치를 향상시킬 수도 있다. 다만, 유상증자의 목적자금이 기업의 운영자금이라면 문제가 크다고 할 수 있다. 일상적인 영업활동과 경영활동에 필요한 돈을 기업활동을 통해 조달하는 것이 아니라 주주에게서 추가조달하는 것은 결코 바람직하지 않다.

유상증자에는 크게 세 가지 형태가 있는데, 유상증자의 형태에 따라 기존 주주들의 이익을 침해시키는 결과가 발생하기도 한다. 첫 번째는 기존 주주들에게 신주를 배정하는 방식이고, 두 번째는 특정 제3자를 택해 배정하는 방식이며, 세 번째는 기존 주주를 포함한 일반 투자자를 대상으로 신주를 공모하는 방식이다. 이 중 특정한 제 3자에게 (낮은 가격으로) 신주를 배정하는 유상증자 방식은 기존 주주들의 주주가치를 훼손시킬 가능성이 크므로 투자자는 이에 유의해야 한다.

무상증자

1. 개념 정의
무상증자란 기업이 기존 주주에게 무상으로 새로운 주식을 나누어 주는 것을 말한다.

2. 기본 의미와 내용 설명
무상증자는 일견 복잡하게 보이지만 결과적으로 기업이나 주주에 끼치는 영향은 미미하다. 무상증자는 기업의 자본구조를 바꾸는 것이다. 자본은 크게 자본금, 자본잉여금, 이익잉여금으로 나뉜다. 무상증자는 자본잉여금과 이익잉여금의 금액을 자본금으로 옮기는 행위이다. 이렇게 되면 발행주식수가 늘어나게 된다. 하지만 무상증자로 인해 자금이 유입되거나 하는 효과는 없기 때문에 적정한 기업가치(시가총액)는 그대로이다.

한편, 주식시장에서 무상증자를 하게 되면 주식수가 늘어나게 되므로 시장에서 해당 기업의 거래가 활발해지는 효과가 있다. 또한 무상증자로 주식수가 늘어나므로 주가가 하락하고, 이를 저평가로 오해한 다수의 투자자들로 인해서 주가가 일시적으로 상승하기도 한다. 그러나 기업경영이나 실적에 특별한 변동이 없다면 무상증자로 주식수가 늘어난 만큼, 결국 그 비율대로(주식수가 2배가 되면 주가가 반으로 하락) 주가가 하락하게 된다.

하지만 현금이 유입되거나 실적이 올라가는 현상은 발생하지 않기 때문에 궁극적인 기업가치의 변화는 없다고 보아도 무방하다.

유상감자

1. 개념 정의

유상감자란 기업이 자기자본을 줄이고 그 대가로 주주에게 현금을 지급해주는 것을 말한다.

2. 기본 의미와 내용 설명

증자가 주식수를 늘리는 것이라면 감자는 주식수를 감소시키는 것이다. 감자는 유상감자와 무상감자로 나뉘는데, 유상감자란 주식수를 줄이는 대가로 주주에게 현금을 지급하는 것이다. 유상감자를 시행하면 현금이 유출되어 기업의 자본과 자산이 감소한다. 대신 ROE와 같은 수익성 지표가 상승하는 효과가 있어 기업을 매력적으로 보이게 한다. 또한 유상감자 이후 자본 효율성이 상승하여 기업의 수익성이 증가하는 경우도 있다.

주식시장에서 자본을 줄이는 행위인 유상감자는 거의 발생하지 않으나, 간혹 성장 여력이 적고 현금이 꾸준히 유입되는 기업의 경우 유상감자를 시행하여 주주에게 현금을 돌려주기도 한다.

상감자

1. 개념 정의

무상감자란 기업이 주주에게 아무런 대가없이 주식을 소각하여 자본금을 감소시키는 것을 말한다.

2. 기본 의미와 내용 설명

무상감자는 자본감소의 방법 가운데 하나이며, 보통 누적 결손금이 커져서(마이너스 이익잉여금 등) 자본잠식에 이른 경우에 자본금 규모를 줄여서 회계상의 손실을 털어내는 방법이다. 주주에게 아무런 보상도 없이 자본금을 줄이는 것으로, 실제 총자산은 변하지 않기 때문에 형식적 감자라고 말하기도 한다. 무상감자에 의한 자본감소는 당연히 주주들에게 부정적인 영향을 미친다.

대개 여러 개의 주식을 합하여 적은 수의 주식을 발행하는 주식병합의 방식이 일반적이다. 3 대 1로 진행되는 무상감자를 예로 들면, 3주를 보유한 주주는 1주만 보유하게 되고 감소한 주식수에 대해서는 어떤 보상도 받지 못한다.

우선주

1. 개념 정의
우선주란 의결권이 없는 대신 보통주에 앞서 배당이나 잔여재산 분배에 대한 권리를 가지는 주식이다.

2. 기본 의미와 내용 설명
우선주란 보통주에 비해서 우선적인 권리를 부여한 대신에, 의결권을 제한하는 것이 일반적이다. 우선주는 크게 이익배당우선주, 전환우선주, 상환우선주 등으로 나눌 수 있다.

그 중 이익배당우선주란 보통주보다 이익배당에 대한 권리를 유리하게 부여한 우선주로써 그 권리성격에 따라 누적적우선주와 참가적우선주로 구분할 수 있다. 특정 년도의 배당률이 이미 정해진 우선주 배당률에 미치지 못했을 때 다음 년도에 보상받을 수 있는 것이 누적적우선주이며, 보통주에 앞서 배당을 받고 기업의 이익에 대하여 추가적으로 참가하여 배당을 받을 수 있는 것이 참가적우선주이다. 기업 입장에서 우선주는 자금조달을 용이하게 하기 위하여 발행하며, 자본 항목에 속하긴 하지만 일정한 배당을 꾸준히 주는 특성 때문에 부채에 가까운 성격을 가진다.

한편, 우선주 중에는 3~10년가량 지나면 보통주로 바뀌는 것이 있는데, 이를 '전환우선주'라 한다. '상환우선주'도 있는데, 상환우선주란 특정기간동안 우선주의 성격을 가지고 있다가 기간이 만료되면 발행회사에서 이를 되사도록 한 주식이다. 상환우선주는 상환을 전제로 발행되기 때문에 만기가 있다.

일반적으로 의결권이 없는 우선주는 보통주에 비해 할인된 가격에 거래된다. 이러한 특성을 이용하여 보통주와의 가격 차이가 큰 우선주에 투자한 후 수익을 올리는 우선주투자법도 존재한다.

사주

1. 개념 정의

자사주란 자기주식의 줄임말로 회사 스스로가 매수하여 보유하고 있는 자기 회사의 주식을 말한다.

2. 기본 의미와 내용 설명

자사주 매입 행위에는 소각을 목적으로 하는 경우도 있고 주가안정을 목적으로 하는 경우도 있다. 자사주를 소각하게 되면 주식수가 줄어들기 때문에 한 주당 주주가치가(주당 순익 등) 증가하게 된다. 따라서 자사주 소각은 기업이 특별한 힘을 들이지 않고 주주의 가치를 높이는 행위이다. (세금이 지출되는 배당보다 매력적이다.)

단, 매입된 자사주가 반드시 소각되는 것은 아니고 시장에 다시 출회되는 경우도 있다. 이 경우에도 기업과 기존주주 입장에서는 자기주식 매매차익을 얻을 수 있기 때문에 이익을 얻게 된다. 일반적으로 기업 스스로는 자기주식이 저평가 상황일 때 매수하기 때문이다. '자사주를 매수하는 기업을 사라'는 투자전략이 유효한 경우는 위와 같이 저평가된 자사주를 매수할 경우에 한한다. 한편, 자사주가 많은 기업의 경우 기업가치를 평가할 때 자사주가 출회된다는 전제하에 보수적으로 가치평가를 하는 것도 좋은 전략이다.

CB(전환사채)

1. 개념 정의

전환사채(CB: Convertible Bond)란 기업이 자금조달을 위해 발행하는 채권의 일종으로 주식으로 전환할 수 있는 권리가 부여된 채권이다.

2. 기본 의미와 내용 설명

전환사채 보유자는 해당 증권을 주식으로 전환해도 되고 끝까지 채권으로 가지고 있어도 된다. 채권으로 가지고 있을 경우 확정이자분만을 얻을 수 있으나 일반 채권에 비해서 이자율이 낮아 수취이자금액이 적다. 단, 주가가 상승하는 경우 주식으로 전환 후 매각하여 상당한 매각차익을 얻을 수도 있다. 전환사채를 주식으로 전환할 경우 해당 증권을 보유하지 않은 기존주주들의 주주가치는 희석(하락)된다. 전환사채가 주식으로 전환되면서 주식수가 늘어나기 때문이다. 특히, 특정 제3자에게 유리한 조건으로 전환사채를 발행하는 경우 기존주주들은 상당한 피해를 입게 되는 경우도 있다.

따라서 투자자는 전환사채를 빈번하게 발행했었는지, 재무구조, 대주주 지분율 및 상속문제 등을 살펴 앞으로도 전환사채가 발행될 가능성이 있는지, 전환사채가 이미 발행되었다면 앞으로 주식으로 전환될 사채가(미전환된 전환사채) 얼마나 남았는지 등을 체크해야 한다.

BW(신주인수권부사채)

1. 개념 정의

신주인수권부사채(BW: Bond with Warrant)란 기업이 자금조달을 위해 발행하는 채권의 일종으로 특정 가격에 신주를 인수할 수 있는 권리를 부여한 채권이다.

2. 기본 의미와 내용 설명

신주인수권부사채 보유자는 신주를 인수할 수 있는 권리를 가지고 있으므로 지급받는 이자는 일반 사채에 비해 작다. 하지만 싼 값에 주식을 매수할 권리가 있으므로, 주가가 상승할 때 이를 통해 상당한 매매차익을 노릴 수 있다. 전환사채의 경우 기존의 채권이 사라지고 주식을 얻게 되는 것이라면, 신주인수권부사채는 기존의 채권을 유지한 채로 주식을 추가로 매수하는 형태이다.

기업 입장에서 신주인수권부사채를 발행할 때 일반 채권을 발행하는 것보다 적은 비용으로 자금을 조달할 수 있다는 장점이 있다. 그러나 기존 주주들은 신주인수권부사채의 권리 행사 시 주식수가 증가하여 주주가치가 훼손되는 피해를 보게 된다. 특히 제3자에게 유리한 조건으로 신주인수권부사채를 발행할 때 나머지 주주들은 상당한 피해를 입는다. 따라서 투자자는 기존에 신주인수권부사채가 빈번하게 발행되었는지, 앞으로 신주인수권부사채가 발행될 가능성이(재무구조, 대주주 지분율 및 상속문제 등) 있는지 등을 점검해야 한다.

듀퐁방정식

1. 개념 정의
듀퐁방정식은 순이익률, 총자산회전율, 레버리지를 곱하여 ROE를 산출해내는 방정식을 말한다.

2. 공식
ROE = {(순이익 / 매출액) × (매출액 / 총자산) × (총자산 / 자기자본)} × 100(%)

3. 기본 의미와 내용 설명
글로벌 화학업체인 듀퐁에서 자본수익률(ROE)을 경영지표 단위로 분해하기 위해서 개발했기에 듀퐁방정식이라고 불린다. 기업의 성격을 순이익률, 총자산회전율, 레버리지를 통해 파악할 수 있다. 같은 ROE를 기록하고 있더라도 순이익률이 낮고 총자산회전율이 높은 기업은 박리다매형, 순이익률이 높고 총자산회전율이 낮은 기업은 후리소매형 사업을 하고 있음을 알 수 있다. 또한 듀퐁방정식은 높은 레버리지(부채가 많음)로 인해 ROE가 높은 기업을 걸러낼 수 있다.

한편, 듀퐁방정식의 세 가지 재무손익비율 중 특히 변동성이 심한 항목에 대해서 적정 수치로 조정하면, 중장기적으로 유지가능한 ROE를 산출할 수 있다.

chapter5. 기타 투자용어 및 공식 설명

Chapter VI

THE CONQUEST OF FINANCIAL STATEMENTS

IFRS 핵심정리

1

" IFRS란? "

1. IFRS의 도입

- 바람직한 국제적 자본흐름을 고취하기 위한 국제회계기준에는 미국식 GAAP 기준과 유럽식 IFRS 기준이 있다.
- IFRS 회계 방식에서는 기존의 개별재무제표에서 연결재무제표와 (종속기업이 있는 경우, 이하 동일) 별도재무제표로 바뀌며, 그 중 연결재무제표를 주재무제표로 삼는다.
- 모든 상장기업은 2011년부터 IFRS 방식을 도입했으며, 2013년 1/4분기부터 기말보고서는 물론 분·반기 보고서까지 연결재무제표 및 별도재무제표를 모두 공시해야 한다.
- 위 GAAP 방식을 한국에 맞게 도입했던 방식을 K-GAAP, IFRS 방식을 한국에 맞게 도입하고 있는 내용을 K-IFRS 라고 한다. 그리고 6부에서 서술하는 모든 내용은 K-IFRS에 대한 설명이다. 다만, 편의상 이후 본서에서는 'K-(한국형)'를 생략하고, GAAP 기준과 IFRS 기준이라 간단히 서술한다.

2. IFRS 장점과 한계

- IFRS는 규정보다(~해야 한다) 원칙 중심의(비강제성) 회계기준으로, 기업의 업종과 사업성격에 따라서 재무제표 작성의 재량권이 확대되었다.
- IFRS의 주재무제표는 지배기업과 종속기업을(지배기업의 지배를 받는) 모두 포함하는 연결재무제표이며 기업집단(종속기업을 포함한)의 재무손익 내용을 파악하기가 용이하다. 다만, 연결재무제표로는 지배기업만의 재무손익 내용을 전혀 알 수가 없어 개별재무제표를 함께 공시하게 하고 있다.
- IFRS는 모든 자산과 부채의 공정가치를 원칙으로 하지만 기업별로 원가모형이나 재평가모형 중 선택할 수 있다.
- 위와 같이 IFRS 회계방식은 규정이 아닌 원칙이 중심이라 투자자가 일관성있는 기준에 따라 기업별로 비교하거나 내용을 파악하기 어렵다는 단점이 있다. 이에 주요 투자기관 사이트와 포털의 기업별 재무제표 내용은 개인 및 기관투자자들의 편의를 위해 대체로 GAAP 기준으로(기업간 비교를 위해) 수정된 수치를 보여주고 있다.
- 지배기업 투자자(주주)의 몫은 지배기업이 소유한 몫과 정확히 일치하는데, 종속기업의 수치를 모두(소유하지 않은 지분율까지) 포함하는 연결재무제표만으로는 한계가 있다. 이에 지배지분이라는 개념(후술)으로 이를 완전히 해결하고 있다.

3. 연결재무제표와 개별재무제표의 활용도

- 재무손익비율이나(매출액영업이익률 등) 가치지표를(PER 등) 분

석할 때, 종속기업이 없는 등의 이유로 연결재무제표 작성 의무가 없는 기업은 개별재무제표를 활용한다.
- 종전의 GAAP 기준 재무제표와 IFRS 기준 재무제표의 차이의 원인은 지분법 투자주식과 종속기업의 회계처리 방법이다.
- 연결재무제표에서 종속기업의 수치가 100% 합쳐진(소유하지 않은 지분까지) 항목들은 매출액 이하 손익계정과 총자산 이하 모든 재무계정이다. 다만, 당기순이익과 자본총계 항목의 경우 진정한 주주의 몫인 지배지분을(모기업 수치와 자회사에 대한 모기업 지분율 만큼 수치를 합산) 별도로 표시하고 있다.
- 기업의 매출액, 재고자산 등 항목과 매출채권회전율 등 비율 분석에 있어서 과거 자료와 비교시 개별재무제표 기준으로 분석하는 것이 옳다.
- 연결재무제표를 작성한 기업은 당기순이익과 자본총계(순자산, 자기자본) 항목만 포함된 각종 재무손익비율 및 가치지표(PER, ROE 등)를 계산할 때, 반드시 지배지분 당기순이익과 지배지분 자본총계 수치를 사용해야 한다.

2

"IFRS로 인한
재무제표 변화"

1. 연결재무제표와 연결 범위(재무손익 공통)

- IFRS 회계에서 주재무제표로 인식하는 연결재무제표의 모든 항목들은 종속기업의 수치를 100%(지배기업이 100% 소유하지 않아도) 포함하고 있다.
- GAAP 기준에서 지분법적용투자주식 항목이 IFRS 기준에서 종속기업 항목과 관계기업 항목으로 나뉘었다.
- 기본적으로 지배기업이 50% 이상의 지분율 혹은 기타 50%를 초과하는 실질 지배력을 가진 자회사를 종속기업으로(지배기업이 선정여부를 결정) 선정한다. 한편, 지배기업이 20% 이상 50% 미만의 지분율을 소유한 기업을 관계기업이라고 한다.
- 연결재무제표에서 대부분의 항목은 종속기업의 모든 수치가 합산되어 기업집단의 실상을 알 수 있으나, 주주의 몫인 지배지분(지배기업 수치와 지배기업 소유지분에 해당하는 자회사 수치)의 실상을 알기가 어렵다. 다만, 자기자본과 당기순이익 항목의 경우 주주의 몫인 지배지분(후술)을 별도로 기재하고 있다. 그러므로 PER, PBR, ROE 등은 지배지분자본총계, 지배지분순이익 등을 종전처럼 활용할 수 있다.

■ 연결재무제표

연결대상 유무	K-IFRS 기준(현재)	
	개별재무제표	연결재무제표
구 분	(모기업 실질 재무제표)	주재무제표
종속기업이 없는 회사	관계기업 → 지분법	작성의무없음
종속기업이 있는 회사	관계, 종속기업 → 원가법 or 공정가치법	관계기업 → 지분법 종속기업 → 연결

■ 종속, 관계기업 구분 등

지분율 범위	50% 초과	20%~50% 이하	20% 미만
구 분	종속기업	관계기업	기타 피투자기업
인식 방법	지배기업에 연결	지분법	공정가치 등

★ 금감원 자료 참조

2. 지배지분과 비지배지분 설명(재무손익 공통)

- 지배지분은(자본총계, 당기순이익 항목 기재) 지배기업만의 재무손익 수치, 종속기업 수치 중 지배기업 지분율 만큼 수치, 관계기업 수치 중 지배기업 지분율 만큼 수치 등을 모두 더한 수치이다.
- 자기자본과 당기순이익의 경우 기업집단의 실상보다 투자자(주주)의 몫을 계산하는 것이 훨씬 중요하므로, 지배지분과 비지배지분으로 별도로 구분하고 있다.
- IFRS 연결재무제표의 지배지분 수치(자본총계 및 당기순이익)는 종전기준(GAAP) 수치와 금액상 큰 차이가 없다.
- 투자자의 몫은 지배지분의 초과도 미만도 아닌, 정확히 지배지분만큼에 해당한다. 그러므로 투자자는 항상 지배지분 자기자본 및 지배지분 당기순이익을 기준으로 적정 시가총액(주가)을 평가해야 한다.

■ 지배지분과 비지배지분 이해

총자산	부채	매출액	비용
	지배지분 자본		지배지분 당기순이익
	비지배지분 자본		비지배지분 당기순이익

★ 지배지분(진정한 주주의 몫) : 모기업의 개별 수치(자본, 순익 등) + 종속기업과 관계기업의 수치 중 모기업의 지분율 만큼

3. 재무상태표 관련 변화

- 기업이 제출하는 재무상태표에서는 자산과 부채의 유동성과 성격에 따라 기업별로 분류를 달리 할 수 있다. 다만, 주요 투자기관 및 포털에서는 일관된 기준(유동성)과 순서로 분류가 되어 있다.

- 재무상태표는 지배기업과 종속기업을 모두 포함한 기업집단의 실질적인 재무내용들을 알려주기 때문에, 연결 대상의 범위를(종속기업 현황) 알아야 비로소 수치의 의미를 알 수 있다.

- 연결기준 재무상태표의 자본총계는 지배지분 자본총계와 비지배지분 자본총계로 구분되며, 실질적인 주주의 몫은 '지배기업만의 수치'와 '자회사 수치 중 지배기업 지분율 만큼 수치'의 합산인 지배지분 자본총계이다.

  ★ 모기업만의 자본총계가 1000억(자회사 항목 제외), 60% 소유한 종속기업의 자본총계가 400억, 30% 소유한 관계기업의 자본총계가 200억일 경우,
  지배지분 자본총계 = 1000억+(400억×60%)+(200억×30%) = 1300억

4. 포괄손익계산서 관련 변화

- 연결포괄손익계산서는 지배기업과 종속기업을 모두 포함한, 기업집단의 실질적인 실적을 알려준다. 다만, 지배기업만의 실적

이나 종속기업만의 실적을 바로 알 수 없다.
- 연결포괄손익계산서 상 비용항목들은 기능별 분류와 성격별 분류법 중 하나를 선택할 수 있다. 다만, 주요 투자기관과 포털에서는 기능별 분류(매출원가, 판관비, 영업외비용 순)법으로 기업간 비교가 용이하게 보여주고 있다.
- 연결포괄손익계산서에서 모든 수치들은 종속기업을 100% 포함하고 있지만 투자자(주주)의 몫에 해당하는 당기손익과 총포괄손익의 경우 지배지분을 따로 기재하고 있다.

5. 현금흐름표 및 주석 변화

- 현금흐름표는 (연결재무제표라는 것 외에는) GAAP 방식과 IFRS 방식 간의 중요한 차이가 별로 없어, 이전처럼 손익계산서 보완 목적으로 효과적으로 활용할 수 있다.
- IFRS 방식은 사업보고서의 재무제표 항목분류 및 기재에 있어서 기업에 재량권을 부여하므로, GAAP 방식에 비해서 주석의 중요성이 더욱 높아졌다. 투자자는 주석내용을 참조하여 세부적인 재무손익 항목을(판관비의 구성, 금융상품의 구성 등) 확인할 필요가 있다.

3
IFRS로 인한 재무상태표 주요 항목 변화

1. 금융자산 항목 변화
- 금융자산은 당기손익인식금융자산, 매도가능금융자산, 대여금 및 수취채권, 만기보유금융자산 등 크게 4가지로 분류한다.
- 금융자산은 공정가치로 평가하며, 금융자산의 손상에 대한 객관적 증거가 있을 때 장부에 기록한다.
- 금융자산 중 주요 항목으로, 당기손익인식금융자산의 경우 평가손익과 처분손익을 모두 당기손익에 반영하며, 매도가능금융자산의 경우 평가손익은 기타포괄손익에만 반영되다가 매도시에 비로소 당기손익에 반영한다.

2. 재고자산 항목 변화
- IFRS는 선입선출법, 평균법, 후입선출법 중 후입선출법을 금지하고 있다. 이에 따라 IFRS 적용을 전후하여 정유, 가스, 비철금속 등 에너지 및 원자재 성격의 재고자산을 보유한 상당수(후입선출법을 적용했던) 기업의 이익이 일시적으로 증가했다.
- 선입선출법 등 재고자산 회계처리 방식에 따라 매출원가가 변동된다. 예를 들면 기본적인 인플레이션을 감안할 시 먼저 입고된 재고자산을(가장 싼) 매출원가로 투입하는 방식인 선입선출법

이 매출원가가 작고 이익이 크며, 후입선출법의 경우 반대이다.
- 현재 선입선출법과 평균법 중 기업이 선택할 수 있으며, 기업의 재고자산 회계처리법은 주석에서 확인할 수 있다.

3. 자산재평가 관련 변화
- 자산 재평가는 토지, 건물 등 유형자산이 취득원가보다 가격이 상승했을 경우 재평가 과정을 통해 공정가치로 기재하는 것이다.
- 한편 자산재평가결과는 당기손익이 아니라 자산과 자본총계에만 반영된다. 심지어 재평가 결과 가격이 상승한 유형자산을 처분한다해도 당기손익에 기록되지 않고 자산과 자본수치만 변경된다. 이는 유형자산의 목적이 투자부동산과는 달리 생산판매활동에 있기 때문에, 근본적인 수익도 아니고 지속 및 반복가능한 수익도 아니기 때문이다.
- 자산 재평가는 원칙이지 규정(의무)이 아니므로 기업에 따라 재평가 여부를 선택할 수 있다.
- 다만 자산재평가를(중장기적으로 가격상승) 통해 기업이 얻을 수 있는 것은 부채비율의 하락이며(부채는 고정, 자본은 증가), 기업이 잃을 수 있는 것은 ROE 하락(순익은 고정, 자본은 증가)이다. 그러므로 자산재평가 자체는 호재도 악재도 아니며, 자산재평가 결정을 왜 했는지 이유를 살펴 헤아리는 것이 중요하다.

4. 대손충당금과 상환우선주 항목 변화
- 상환우선주는 일정한 기간 후 상환을 전제로 발행한 우선주로써 IFRS에서는 자본이 아니라 부채로 재분류된다.
- 기존에 일정한 비율로 설정하던 대손충당금을 IFRS에서는 객관적인 증거가 있는 손실에 한하여 설정하도록 하고 있어, 일부 기

업들의 대손충당금이 줄어들었다.
- 구체적으로 대손충당금 설정이 큰 비중을 차지하는 업종(은행업종 등) 및 기업들의 대손충당금이 줄어들 수 있으며, 향후 돌발악재가 발생할 경우 일시에 큰 대손이 발생할 수 있다.

5. 영업권 항목 변화
- 영업권은 기업간의 인수합병(M&A) 시, 인수기업이 피인수기업을 장부가 이상의 가격으로 인수할 때(그 초과분만큼) 발생한다.
- GAAP 기준에서는 영업권 상각을 했으나, IFRS에서는 영업권 상각을 하지 않고 정기적으로 영업권 평가를 한다.
- 기업 입장에서 좋은 점은 인수합병을 하더라도 상각비가 발생하지 않아 이전에 비해 당기손익이 개선된다는 점이며, 투자자 입장에서 조심해야 할 점은 영업권 평가 결과 영업권 손상이 확정되면 일시적인 상각비용이 한꺼번에 발생한다는 점이다.

★ 무형자산 참고(영업권 및 개발비)

- 영업권 : 기업인수시 지불하는 프리미엄(인수대금−피인수기업의 공정가치 순자산)을 영업권이라 하며, 기존 GAAP 기준에서는 매년 일정 비율을 일괄적으로 상각했다. IFRS에서는 영업권 일괄 상각 대신 매년 손상 여부를 평가하도록 하고 있어, 피인수기업의 무형적 실질가치(수익능력)에 따라 다르게 인식할 수 있게 되었다. 한편, 피인수기업의 공정가치 순자산보다 싸게 인수한 경우 이를 당기손익에 수익으로 인식한다.

- 개발비 : 개발비를 무형자산으로 인식하기 위한 요건으로, 기술적 실현 가능성과 기업의 판매(혹 사용) 의도 및 능력, 향후 수익 창출 방법 등이 충족되어야 하지만 GAAP기준에 비해서는 완화된 편이다. 한편, 내용연수가 유한한 개발비는 상각하며, 내용연수가 무한한 개발비는 상각하지 않고 무형자산(개발비)의 손상징후가 있을 때 손상여부를 검토한다.

4. IFRS로 인한 손익계산서 주요 항목 변화

1. 매출액 이하 손익항목 변화

- 연결재무제표 기재에 따라 종속기업의 수치가 100% 지배기업에 더해지므로, 매출액 이하 각종 비용(매출원가, 판관비 등) 및 수익(매출총이익, 영업이익, 당기순이익 등)이 대체로 커지게 된다. 다만, 지배지분 당기순이익의 경우는 종속기업의 수치가 100% 더해지지 않고, '지배기업만의 당기순이익' 더하기 '지배기업의 지분율만큼에 해당하는 종속관계기업의 당기순이익'의 합산을 기재한다.

2. 매출인식 관련 변화

- IFRS에서는 아파트 등 자체분양공사의 매출인식기준이 진행기준에서 완성기준으로 변경되므로, 완성되기 전까지 단계적으로 부채가 증가하고 수익이 없다가 완성된 후 일시적으로 부채가 감소하고 수익이 발생한다.
- 자체분양공사의 경우에는 완성기준이 적용되지만 도급건설(시행사, 시공사)방식 공사의 경우에는 진행기준을 적용한다. 그러므로 자체분양공사의 비중이 높은 건설사 외에는 큰 영향을 받지 않는다.

3. 환율 관련 실적 변화
- 달러나 유로 등 특정 지역으로의 수출비중이 높은 기업의 경우 기존 GAAP 방식으로는 환율변화에 따라 실적변동폭이 컸다.
- IFRS에서는 원화가 아닌 통화를 기능통화로 선정하고 기능통화를 기준으로 재무제표를 작성함으로써 환율변화에 따른 실적변동을 줄일 수 있다. 주석의 '연결재무제표 작성 통화'에서 재무제표 작성에 사용된 통화를 볼 수 있다.
- 분반기 재무제표를 기능통화인 달러로 작성할 경우 기말 보고서 재무제표에서 원화로 환산하지만 이때에도 환율변화에 따른 외환손익을 당기손익에 기재하지 않는다. 원화가 아닌 달러를 기능통화로 삼은 대표적인 사례로는 현대상선 등이 있다.

4. 당기손익 항목 변화
- GAAP에서는 자본총계에 기타포괄손익누계액을 기재하는데 그쳤지만 IFRS에서는 재무상태표뿐 아니라 포괄손익계산서에도 기타포괄손익을 기록한다.
- 기타포괄손익은 말 그대로 당기손익으로 미확정되었고 영업에 무관한 '기타'및'포괄'손익으로써 해외사업장환산외환차이, 매도가능증권평가손익, 유형자산재평가 및 보험수리적 손익 등의 항목으로 구성되어 있다. 한편, 총포괄손익은 당기손익에 기타포괄손익을 가감한 결과이다.
- 당기손익, 기타포괄손익, 총포괄손익 중 투자자가 가장 유심히 지켜보고 분석해야 할 지표는 진정한 주주의 몫인 '지배주주 당기손익' 항목이다.

5
" 재무손익분석 및 가치평가 관련 변화 "

1. 재무손익분석 관련 변화

- 종속기업이 없는 등의 이유로 연결재무제표 작성 의무가 없는 기업은 개별재무제표를 사용해서 각종 재무손익비율, 가치지표 등을 구한다.
- 이전 GAAP 기준 개별재무제표의 경우 모든 자산, 부채, 수익 및 비용 항목은 지배기업만의 수치로 기재하되, 지분법투자주식에 대해서 지분율 만큼 수치를 합한 자본총계와 당기순이익을 인식하고 기재했다.
- 현행 IFRS 기준 연결재무제표의 경우 모든 자산, 부채, 수익 및 비용 항목에 대해서 종속기업의 수치를 100%(지분율이 100% 미만일지라도) 합하여 기재한다. 다만, 자본총계와 당기순이익 항목의 경우, '지배기업만의 수치'와 '종속 및 관계기업 수치 중 지배기업의 지분율 만큼 수치를 더한' 지배지분 수치를 기재하고 활용한다.
- 연결재무제표에서 기업집단 기준으로(종속기업을 포함) 기재하는 항목은 매출액, 영업이익, 영업현금흐름, 자산, 부채 등으로 기업집단의 실제 매출액과 부채 등을 파악할 수 있다.
- 다만, 연결재무제표에서는 고유한 사업구조를 가진 지배기업만

의 수치를 파악할 수 없으므로, 재무손익비율 등을 과거와 비교할 때 개별재무제표를 사용한다.

2. 가치평가(밸류에이션) 관련 변화

- IFRS 적용 이후 연결재무제표에서는 투자자(주주)에 귀속되는 수치를 알 수 없는 단점이 있으나, 연결재무제표의 지배지분 자본총계와 지배지분 당기순이익은 정확히 투자자에 귀속되는 수치이다.
- 지배지분 당기순이익, 지배지분 자본총계 등을 활용할 수 있는 PER, PBR, ROE, PEG 비율은 지배지분 수치를 활용하는 한 GAAP 기준과 동일하게 활용, 비교할 수 있다.

■ 지배지분 수치로 과거와 동일하게 사용가능한 가치평가 지표

가치평가 지표	공식	관련항목
PER	시가총액 ÷ 순이익	지배지분 당기순이익
PEG	PER ÷ 순이익 성장률	지배지분 당기순이익
PBR	시가총액 ÷ 자기자본	지배지분 자기자본
ROE	순이익 ÷ 자기자본	지배지분 자기자본 및 당기순이익

Chapter VII

THE CONQUEST OF FINANCIAL STATEMENTS

가치투자대가 스타일별 성공투자, 재무분석

> # 1
> ## 투자대가별 가치투자 스타일

　가치투자의 정의는 다양한 버전이 있지만 평가원에서 정리하자면 '가치투자란 안정성, 수익성, 성장성을 감안한 적정 가치보다 싸게 사서 비싸게 팔거나, 복리효과가 있는 기업일 경우 적정 가치보다 싸게 사서 오래도록 보유하는 것'을 말한다.
　위에서 정의한 가치투자의 범위 내에 있으면서도, 극도의 안정성을 중시하는 스타일부터 최대한의 변동성을 활용하려는 스타일에 이르기까지 가치투자의 투자스타일 범위는 상당히 넓다. 글로벌한 투자대가들만도 수십 명 이상의 사례를 들 수도 있다. 그러나 스타일 별로 주요 인사들만 언급하자면 벤저민 그레이엄과 월터 슐로스, 존 네프, 워렌 버핏, 마리오 가벨리, 필립피셔, 존 템플턴, 앙드레 코스톨라니 등을 꼽을 수 있다. 그 중에서도 특히 자신만의 투자원칙이 가장 뚜렷하게 드러나는 투자자 스타일별로(설명과 이해를 쉽게 하고자) 벤저민 그레이엄과 워렌 버핏, 필립피셔를 들 수 있다.
　벤저민 그레이엄과 워렌 버핏, 필립피셔 등 세 명은 그 순서대로 저평가 종목, 스노우볼 종목, 성장 종목을 가장 선호하고 가장 주력으로 투자했다고 볼 수 있다. 우선, 벤저민 그레이엄의 장기는 널려있는 싼 주식 가운데 명백히 비지떡인 종목들을 제거하고 그나마 향후 주가상승의 여력이 있는 절대 저평가 주식들에 분산투자했다는 데 있다. 한편, 워렌 버핏의 장기는(투자인생 중 중반 이후) 좋은 사업모델과 높은 자본수익률을 유지해 왔고 유지할 수 있는(미래를 의미) 우량한 기업에 유리한 조건(적당하거나 싼 가격)으로 투자하는 능력이다. 마지막으로 필립피셔의 강점은 시장의 변화와 경쟁자와의 사이에서 끊임없이 성장할 능력이 있고 성장을 위해 노력하는 기업에 투자하고 기업의 펀더멘털이 오래도록 유지되는 것을 관찰, 감시하는 것이다.

'제 가치보다 싸게 사서 비싸게 팔거나, 오래 보유하면서 복리효과를 누린다'는 가치투자의 기본원칙에는 모두 동의하면서도, 각 전문가의 장기는 모두 다르다.

일반투자자들이 이해하기 쉽게 평가원에서 간단히 설명하자면 세 명의 투자스타일이 다른 이유는 시대적 배경과 투자자로서의 포지션 차이로 인한 것이다.

벤저민 그레이엄은 주로 대공황 시기에 유명해졌고 그 이후 일정 기간 동안 투자를 했기 때문에, 망하지 않을 기업, 만에 하나 청산할지라도 최소한 기업이 보유한 순유동자산만으로도 투자자에게 보상을 줄 수 있을 정도로 매우 싼 기업이 매력적으로 다가왔을 것이다.

워렌 버핏 같은 경우는 가장 보수적인 벤저민 그레이엄식 꽁초투자를 거치면서 제대로 된 투자자로 거듭났지만 평생을 거쳐 투자하면서 매매를 자주 하기 어려운 수준으로 자금이 커지고, 또 사업모델과(그는 업종에도 관심이 많다) 복리수익률에 보다 큰 관심을 가지면서 스노우볼 기업을 선호하게 되었다. 물론, 그에게는 필립피셔와 찰리멍거가 있었다고 말할 수도 있겠지만, 필립피셔 및 찰리멍거와 가까이 지냈다고 할지라도 월터슐로스나 존 네프 같은 투자자들은 워렌 버핏과 같은 투자성향으로 옮겨가지는 않았을 것이다.

마지막으로 필립피셔의 경우는 워렌 버핏과는 달리 대주주의 위치에 있지 않았고(전형적이고 능수능란한 자본가가 아닌) 탁월한 개인적

분석력으로 무장한 일종의 펀드매니저(몇 명의 고객자금만을 굴리는)였기 때문에, 사업모델만 중요한 것이 아니라 경영자의 여러 가지 자질(사업확대, 경영전략 등)을 절대적으로 중시한 것이다. 경영자가 기업을 망칠 경우 버핏처럼 경영자를 경질, 교체할 수 없기 때문에 애초에 알아서 오래도록 잘 해 나갈 수 있는 경영자까지 크게 신경을 쓴 것이다.

우선 세 명의 투자대가들을 위와 같이 간단히만 정리했지만 주식투자자들은 저평가 주식과 수익성 좋은 주식(스노우볼), 성장성까지 겸비한 주식 등 여러 가지 스타일 중에 자신이 가장 맞는 스타일을 알아 나가야 할 것이다. 물론 그 이후에는 저평가 주식 중에서도 촉매를 고려하는 마리오 가벨리식 접근법, 성장주 중에서도 산업의 혜택을 온몸으로 받는 중소형 기업에 집중하는 랄프 웬저식 전략 등 점점 더 세분화로 흘러갈 수도 있다. 그럼에도 불구하고 가치투자의 큰 세 가지 기둥은 누가 뭐라 해도, 그레이엄, 버핏, 피셔 스타일일 것이다.

보다 실전적이고 응용론에 관한 것은 그 난이도 상 한국주식가치평가원의 실전가치투자 종합완성 교육, 주식가치평가사 교육 등에서 설명할 수밖에 없지만 본서에서는 세 가지 가치투자스타일 별 주요 재무손익비율을 개략적으로나마 알아보자.

2
" 재무제표로 2배 수익내는 법, 저평가 종목 투자 "

누가 재무제표를 보고 두 배 수익을 낼 수 있다고 말한다면, 자극적인 말처럼 들릴 것이다. 하지만 사실 꼭 그렇지만은 않다. 100원 짜리를 40원에 사서 80원에 팔면 두 배로 원금을 늘릴 수가 있는 것이다. 누가 100원 짜리를 나한테 40원에 팔겠느냐는 핀잔을 들을까봐 미리 말하지만 주식시장에서는 그런 일이 종종 발생한다. 과일 생산량이 많아져서 가격이 내려가면 이때다 하고 많이 사먹고, 반대 상황에서는 값싼 과일주스로 대체하는 것이 소비자들이다. 즉, 소비할 때는 현명하다. 그러나 주가가 내려가면 더 내려갈까봐 팔아대고 반대 상황에서는 더 높게 오르기를 기대하면서 마구 사들이는 것이 투자자들이다. 즉, 투자할 때는 기쁨과 두려움이 마구 섞여서 현명하지 못하다.

다시 정리하자면 100원 짜리가 40원에 거래되고 있을 때 40원에 사서 80원에만 팔면 두 배로 돈을 늘릴 수 있다. 벤저민 그레이엄은 대략 이런 방식으로 분산투자해서 6개월에서 2년 정도 안에 수익을 내고(수익을 못 내도 매도) 또 그런 방식으로 싼 종목들을 주워 담는 것을 반복했다.

한편 평가원에서는 저평가가 해소되는 기간과 관련해서 짧으면 6개월 안에 주가가 회복되겠지만(단순히 하락한 주식이 아니라 저평가된 주가의 회복임), 회복기가 길어질 경우에도 대략 1.5년에서 2.5

년 사이 정도를 넘어서지 않을 것으로 판단한다. 왜냐하면 경기등락의 사이클과 주식시장의 짧은 사이클 기간이 크게 차이나지 않기 때문인데 대략 3년에서 5년 사이기 때문이다. 주식등락의 대략적인 사이클인 3~5년의 반에 해당하는 1.5년에서 2.5년이 넘도록 주가가 적정선으로 회복되지 않으면, 다시 한 번(미래수익 펀더멘털에 이상은 없는지) 심각하게 검토할 필요가 있다. 여전히 좋은 기업이라면 팔 필요는 없다. 갑자기 계단식 급등 과정을 거쳐 기업가치에 도달하는 경우도 많기 때문이다.

그레이엄, 월터 슐로스 등 기타 다양한 제도권, 재야의 가치투자자들이 투자하는 절대저평가 투자전략 방식으로 성공하려면, 주로 재무적 안정성과 가치지표의 저평가에 주목하되, 보조적으로 최소한의 수익성을 보면 된다.

'평가원이 간단히 정리하는 투자대가별 재무투자비율' 챕터에서 간단히 언급하는 재무비율 항목을 참조하자.

3
재무제표로 10배 수익내는 법, 스노우볼과 성장주 투자

앞서 설명한 두 배로 주식자산이 증가하는 정도가 아니라, 열 배라고 하면 어디서 의심을 살 수도 있겠다. 하지만 재무제표로 10배 수익을 내는 방식은 절대 테마주를 통한 것도 아니고 내일이 어떻게 될지 모르는 불확실한 차트의 추세를 이야기한 것도 아니다.

물론 단순히 저평가된 주식을 사서 파는 것으로는 안전하게 10배를 벌 수 없다. 왜냐하면 100원 짜리가 10원 이하에 팔리는 경우는 거의 없으며, 생각보다 부실한 기업이기 때문에 실제로 100원 가치가 아닌 경우가 많기 때문이다. 혹은 100원 짜리를 40원에 사서 400원에 팔려면 적정한 가격보다 4배나 주가가 올라야 하는데, 이런 도박 혹은 투기에 가까운 행위는 가치투자는 물론, 투자라고 할 수조차 없기 때문이다.

재무제표로 10배를 확실히 벌 수 있는 방법은 수익성과 활동성이 뒷받침되는 기업을 매수하는 것이다. 쉽게 말해서 주가가 10배가 되려면 주식가치가 시간을 두고 열 배 정도가 되어야 하는 것이다. 그렇기 위해서는 매년 20%의 복리수익률을 주는 기업을(비율은 낮지만 좋은 기업들이 많이 있다) 최초 매수할 때 40%만 할인해서(100원 짜리를 60원에) 매수하면 약 10년에 걸쳐 10배를 벌게 된다.

구체적으로 10년간의 복리증가율인 1.2의(20% 복리수익률) 10제곱이 6.2배이며, 60원이 100원으로 되어(100원 짜리를 60원에 샀으므로) 저평가가 해소될 때의 수익률이 1.67배이다. 즉, 10년 동안 복리로 가치가 증가하면서 저평가가 해소되면 10배가 조금 넘게(6.2 곱하기 1.67) 주가가 오른다. 저평가가 어떻게 해소될 지 알까 못 미덥겠지만 굳이 10년이 아니라도 4년을 넘는 기간을 투자해서 저평가가 해소되지 않는 경우가 별로 없다는 것은 실제 투자경험으로는 물론이고 증권시장의 다양한 이론으로도 거의 확실하다. 물론 저평가가 아닌 기업은 10년을 투자했어도 주가가 안 오르는 경우가 있을 수 있고, 특히 기업가치 상승률이 무시할 정도로 미미하거나 마이너스인 경우에는 오르지 않는 경우가 당연한 것이다.

즉 수익성이 좋고, 좋은 수익성이 꾸준히 유지만 되는(활동성으로 검토 가능) 기업을 싸게 매수하면, 복리수익률 효과로 10년간 10배의 수익을 낼 수 있는 것이다. 가치상승률이 20% 이상인 국내외 소수 우량기업들의 과거 10년간 자본총계, 당기순이익 및 주가상승률을 살펴보면, 위험하지 않으면서도 10배 전후가 된 사례를 다수 볼 수 있다. 다만, 배당수익률을 모두 합한 복리효과 수익률이 그러하기 때문에, 투자자는 배당금으로 재투자를 해야 그런 상승이 나올 수 있다. 광주신세계, 고려아연 등 경기변동, 비변동, 내수 및 수출을 막론하고 가치상승률이 높은 좋은 기업들이 자주 그런 모습을 보인다.

그런데 스노우볼이 아니라 성장주는 어떤 기업이고 기대수익률은 어떤가? 필립피셔가 선호하는 소위 정통 성장주란, 지금은 이익을 못 내지만 향후 큰 이익이 기대되는 꿈만 가득한 '허황된 종목'이 아니다. 현재 매출액과 이익이 성장가도에 있으며, 향후에도 그 속도가 쳐지지 않도록 경영진의 시장을 읽는 능력이 훌륭하고, 기업의 주력제품과 미래 먹거리가 탄탄하며, 영업능력과 비용처리 능력 등이 기본 수준 이상 되는 기업이 바로 성장기업이다.

이런 성장기업은 스노우볼 기업보다 한술 더 떠서 이익에 앞서서 매출액 자체가 높은 비율로 증가하고 있고, 그에 따라 자연스럽게(매출액증가율보다 고정비증가율이 낮으므로) 훨씬 큰 이익상승률을 보여주는 기업이다. 당연히 중장기적으로 주가상승률도 큰 폭의 이익상승률과 유사한(앞서거니 뒤서거니 하면서도) 상승률을 보여준다. 당연히 성장주를 투자하려면 수익성과 활동성 외에도 성장성에 해당하는 재무비율을 잘 살펴보아야 한다.

결론적으로, 기업에 감놔라 대추놔라 할 만한 워렌 버핏의 적극성 및 대주주 포지션과 지극히 날카로운 눈과 내성적인 성향을 동시에 지닌 필립피셔의 성품 및 펀드매니저 포지션 등의 차이가 있어, 두 투자 대가는 자신만의 투자스타일과 선호하는 특징의 기업이 조금 달랐다.

물론, 워렌 버핏도 성장주를 완전히 배제하지는 않았으며, 필립피셔도 스노우볼을 완전히 배제하지는 않았지만 두 사람 사이의 약간 다른 투자성향 차이를 개략적으로 스노우볼과 성장주의 차이라고 표현해도 큰 무리는 없다.

4
"간단히 정리하는 투자대가별 재무투자비율"

그레이엄 스타일을 추종하는 투자자는 저 PER, 저 PBR 등을 최우선적으로 살펴 저평가된 종목들을 걸러내며, 저평가 종목들 중 부채비율과 유동비율 등의 안정성을 최우선적으로 살핀다. 더불어 6개월에서 2년 사이에 추가적인 주가하락 방지를 위해, 배당수익률이 높은 기업을 선호하고 최소한 적자를 내지 않는(적자를 연속적으로 내면 기업가치가 하락함) 기업으로 투자대상을 제한한다.

안정성이나 저평가 정도에 비해서 사업수익성 및 미래성장성 등을 깊이 검토하지 않는 그레이엄 스타일로 투자하는 가치투자자들이 잊어서는 안 되는 또 하나의 투자전략이 바로 분산투자이다. 투자한 기업들이 대체로 저평가 국면을 벗어나서 일정 기간 내에 주가가 오르는 와중에, 일부 종목은 주가가 하락하거나 심지어 상장폐지라는 예외적 상황이 발생할 수도 있기 때문에, 철저히 분산투자하여 리스크를 방지하는 것이다.

반면에 워렌 버핏과 필립피셔의 스타일로 투자하는 가치투자자는 광범위한 분산투자가 오히려 방해가 된다.

우선, 워렌 버핏 스타일을 추종하는 투자자는 자기자본순이익률과 영업이익률 등 수익성 비율을 중시하여, 투자자의 투자수익률과 기업의 마진율을 동시에 철저히(오랜 기간의 수치 및 내용) 검토한다. 물론 실제 현금유입이 원활한 기업으로 제한하기 위해서 재고자산회전율, 매출채권회전율 등 활동성도 점검한다. 또한 불필요한 현금유출을 해야 하는 업종을 피하기 위해 자본적지출(실적 유지, 시설 보수 등 목적)이 별로 발생하지 않는 기업을 선호한다. 이렇게 여러 가지 면에서 좋은 기업임이 확인되면 비로소 가치평가를 통해 저평가되었거나 혹은 적정 가격 전후로(매우 좋은 기업이라면 대개 적정 가격 이상으로 거래됨) 떨어졌을 때 매수한다.

물론, 스노우볼 기업임을 최종적으로 확인하려면 재무손익 및 가치지표 뿐 아니라 사업모델과 주주정책까지도 살펴보면 좋을 것이다.

마지막으로 필립피셔 스타일을 추종하는 투자자는 성장성도 매우 중시하기 때문에, 위에서 언급한 재무비율 외에도 지금까지의 매출액 성장률과 향후 매출액성장률(현재 주력제품의 판매수명과 미래 먹거리 개발), 매출액연구개발비(연구개발비÷매출액) 비율 등을 매우 중요시해야 한다. 또한 경쟁사 대비 우월한 영업이익률과(제조 및 영업관련 비용 통제를 의미) 영업이익률 유지·개선 추이를 살펴봐야 한다.

기타 재무구조나(안정성) 유동성 등을 살펴보아, 큰 규모의 증자로 인해 주주가치가 희석될 수 있는지 검토하고, 재무손익비율 외에도 경영진의 시장선도 능력과 노사간 관계 등도 점검해야 할 것이다.

벤저민 그레이엄 스타일의 주요 재무손익비율은 안정성, 워렌 버핏 스타일은 수익성과 활동성, 필립피셔 스타일은 수익성, 활동성 및 성장성 등이라는 것을 알았으면, 이제 스타일별로 중요한 재무손익비율에 따라서 구체적인 항목별 수치를 보면서 그 내용을(수치를) 해석하기만 하면 된다.

본서의 앞부분에서는 구체적인 재무제표 항목과 재무손익비율 항목에 대해서 중요하고 핵심적인 내용들을 효과적으로 설명하려고 노력했다. 그러므로 관심기업에 대해서 자신의 투자스타일에 맞게 본서에서 설명하는 재무손익비율들을 참조함으로써 기업의 현 상황 및 과거로부터의 추이, 경쟁사 대비 우열을 파악할 수 있을 것이다.

　재무제표 항목, 재무손익비율, 가치지표와 투자용어 등 책에서 다루고 있는 깊이와 넓이를 넘어서는 내용, 즉 주식가치와 관련하여 유기적으로 어떤 비율들을 상호 비교하고 분석하는가, 또한 좀 더 전문적으로 어느 정도 수치 이상이어야 바람직한가 등 보다 생생하고 정교한 설명이 필요한 실전·응용 주제에 대해서는 평가원의 투자교육을 소개하는 것으로 갈음하고자 한다.

　무릇, 날카로운 명검일수록 충분한 지도와 함께 가장 단단한 갑옷을 입고 연습해야 하며, 그렇지 않을 경우 오히려 칼의 주인을 다치게 할 수 있다. 그러므로 가능한 한 본서를 통해서 주식투자에 반드시 필요한 재무제표, 재무손익비율, 가치지표 및 투자용어 등 전체 내용을 빠짐없이 설명하려고 노력했으며, 기 출판된 재무제표 서적들에 비해서 투자자를 위한 목적으로는 위 목적을 충분히 달성할 수 있으리라 생각함에도 불구하고, 책의 수준에서 밝히고 설명하기 어려운 한계선을 넘어서지는 못했음을 아쉬워하는 바다.

　책에서 다룰 수 있는 수준과 깊이까지는 서술했지만 생동감과 보다 효과적인 교육의 형태가 아니면 익히기 어려운 대표적인 소주제들은 개략 아래와 같다.

- 기업가치 상승구조와 기업활동 관련하여 재무손익비율을 입체적으로 읽는 방법
- 장기적으로 만족스러운 주가상승률과 매우 높은 주가상승률을 보이는 기업들의 재무손익비율 형태
- 자산과 부채, 손익에 있어서 영업/비영업 계정을 따로 효과적으로 분석, 이해하는 법
- 효과적인 분식회계(이익, 비용, 자산 등) 감지법

- 8가지 비율공식에 따른 고급 재무손익비율 분석 프레임
- 영업(사이클) 및 영업외 실적조정을 통해 합리적으로 유지가능한 실적을 도출하는 법
- 유망하고도 저평가된 기업을 스크리닝하는 정량적 스크리닝 기준 등

위 주제들을 완전히 해결하고 활용하기 위해서는 수많은 수강생들이 인정하고 평가원이 자부하는 '실전가치투자 종합완성'과정 및 '주식가치평가사 과정'의 문을 두드리면 될 것이다.

Chapter VIII

THE CONQUEST OF FINANCIAL STATEMENTS

부록
— 가치투자체계 육성시스템

1 재무손익, 기타 투자용어 정리

■ 재무상태표 핵심 항목 풀이

항 목	내 용
자산	기업이 소유한 재산의 목록 현황
유동자산	1년 내 현금화가 가능한 자산
당좌자산	판매과정 없이 현금화 가능한 자산
현금, 현금성 자산	현금 및 보통 예금
단기금융자산	단기로 운용하는 자금
매출채권, 기타채권	제품·상품 외상 채권, 기타 미수 매각대금, 미수수익, 선 지급한 비용 등
재고자산	판매과정을 거치면 현금화가 가능한 자산(상품, 제품, 재공품, 원재료 등)
비유동자산	현금화하는 데 1년 이상 소요될 자산
투자자산	본업과 무관한 투자자산(장기투자증권, 관계기업/조인트벤처 투자 등)
관계기업/조인트벤처투자	경영권 행사를 목적으로 보유한 피투자기업
유형자산	영업활동을 위한 유형자산(토지, 건물, 기계장치, 차량, 건설 중 자산 등)
무형자산	무형적 권리에 해당하는 자산(개발소용 비용 및 인수합병 시 공정가치 초과 매입액)
부채	기업이 지불해야 할 비용 또는 자금조달 현황
유동부채	1년 이내에 지불해야 할 부채

매입채무, 기타채무	원재료, 상품 구입, 기타 외상매입금, 미리 받은 돈, 각종 미지급금
단기금융부채	금융기관에서 차입한 단기부채
비유동부채	지불기한이 1년 이상인 부채(장기금융부채 및 기타 영업관련 부채)
장기금융부채	사채(채권자 귀속)와 장기차입금(금융기관 귀속)
자본	기업의 총자산에서 지불해야 할 부채를 차감한 주주 귀속 자본
자본금	액면가 기준으로 주주가 출자한 금액
자본잉여금	자본거래의 결과로 발생한 차익(액면가를 초과한 만큼의 주식발행초과금 등)
자본조정	계정 불분명으로 자본에 가감한 내용, 자사주(자기주식) 매입 시 자본조정
이익잉여금	영업활동으로 발생한 이익 중 배당을 제외한 사내 유보금

■ 손익계산서 핵심 항목 풀이

항 목	내 용
매출액	제품 및 상품의 판매액
매출원가	제품 및 상품에 소요된 원가비용(재료비, 노무비, 경비, 외주가공비 등)
매출총이익	원가(원재료 등)를 차감한 이익
판매비와 관리비	판매 및 관리 비용(인건비, 감가상각비, 연구개발비, 광고판촉비 등)
영업이익	영업관련 실제 이익(=수익-비용)
영업외수익	부대수익
이자수익	예금 등에 의한 이자수익
배당금수익	타 기업의 주식을 보유하여 수령한 배당금
지분법이익	피투자회사의 이익에 대해 지분율 만큼 반영된 이익
영업외비용	부대 비용
이자비용	차입금 등에 의한 이자

지분법손실	피투자회사의 손실에 대한 지분율 만큼의 손실반영
당기순이익	영업이익에서 영업외손익을 가감하고 법인세까지 차감한 주주의 이익

■ 재무손익비율 핵심 항목 풀이

항 목	내 용
안정성	부채비율, 유동비율 등 기업의 재무유동성과 안정성을 나타내는 비율
부채비율	공식 : 부채총액/자기자본(%) 일반적으로 100% 이하가 안전하나 현금유입이 빠르고 연속적인 기업의 경우 다소 높아도 무방
유동비율	공식 : 유동자산/유동부채(%), 일반적으로 200% 이상이 안전하나, 현금유입이 빠르고 연속적인 기업의 경우 다소 낮아도 무방
순차입금비율	공식 : (금융부채-현금·현금성자산-단기금융자산)/자본총계(%) 일반적으로 30% 이하가 안전하나 현금유입이 빠르고 연속적인 기업의 경우 다소 높아도 무방
수익성	매출액에 대한 백분율로 기업의 수익 창출능력을 나타내는 비율
매출액총이익률	공식 : 매출총이익/매출액(%) 매출원가를 차감한 기업의 수익능력 비율. 높으면 좋으나 기업강점(원가우위, 차별화)이 다를 시 단순비교 불가
매출액영업이익률 (영업이익률)	공식 : 영업이익/매출액(%) 판관비까지 차감한 기업의 수익능력 비율. 주요비용을 모두 차감한 이익률로 기본적으로 높으면 양호
매출액순이익률 (순이익률)	공식 : 순이익/매출액(%) 영외손익 및 법인세까지 고려한 수익능력비율. 주주에게 귀속되는 최종이익률로 기본적으로 높으면 양호
ROE (자기자본이익률, 자기자본수익률)	공식 : 순이익/자본총계(%) 주주귀속 자본총계의 수익 창출능력 비율. 부채비율이 과다하지 않다는 전제 하에서 ROE가 높을수록 양호
ROA (총자산이익률, 총자산수익률)	공식 : 순이익/총자산(%) 총자산(부채, 자본 포함) 수익 창출비율. 재무레버리지효과를 제거한 수익률로 ROA가 높을수록 양호

ROIC (투하자본이익률, 영업자산이익률)	공식 : NOPAT(세후영업이익)/IC(투하자본 혹은 영업자산)(%) 영업자산(투하자본) 수익 창출비율. 영업에 활용된 자산만을 고려한 수익률로 ROIC가 높을수록 양호
활동성 비율	주요 자산의 매출액에 대한 회전율로 자산활용도를 나타내는 비율
총자산회전율	공식 : 매출액/총자산(횟수) 총자산의 효과적 이용도를 나타내는 비율. 크면 좋으나 기업특성(박리다매, 후리소매)이 다를 시 단순비교 불가
유형자산회전율	공식 : 매출액/유형자산(횟수) 영업관련 유형자산의 이용효율 측정비율. 크면 좋으나 기업특성(제조업, 서비스업 등)이 다를 시 단순비교 불가
재고자산 회전율	공식 : 매출액/재고자산(횟수) 재고자산이 팔리는 속도의 회전율. 크면 좋으며 대개 과거로부터 현재까지의 수치를 비교
매출채권 회전율	공식 : 매출액/매출채권(횟수) 매출채권을 회수하는 속도의 회전율. 크면 좋으며 대개 과거로부터 현재까지의 수치를 비교
매입채무 회전율	공식 : 매출액/매입채무(횟수) 매입채무를 상환하는 속도의 회전율. 작으면 좋으며 대개 과거로부터 현재까지의 수치 비교
성장성 비율	주요 재무손익항목의 전년(주로) 대비 증가율로 경영성과측정 비율
매출액 증가율	공식 : (당해년 매출액/전년 매출액)−1(%) 기업실적의 전체적인 성장비율. 높으면 좋으며 경기변동형기업은 한시적, 성장기업은 지속적으로 높음
영업이익 증가율	공식 : (당해년 영업이익/전년 영업이익)−1(%) 기업의 본질이익 성장비율. 높으면 좋으며 매출액 증가 혹은 비용절감 등 원인파악이 중요
순이익 증가율	공식 : (당해년 순이익/전년 순이익)−1(%) 기업의 주주귀속이익 성장비율. 높으면 좋으며 영업이익 증가 혹 영업외수익 증가 등 원인파악이 중요
매출원가율	공식 : 매출원가/매출액(%) 한 단위의 수익을 위한 비용(원가)의 비율. 낮으면 좋으나 기업강점(원가우위, 차별화)이 다를 시 단순비교 불가
판매관리비율 (판관비율)	공식 : 판매관리비/매출액(%) 판관비의(경영효율성) 매출액 대비 비율. 낮으면 좋으며 판매관리비 중 미래이익을 위한 비용 외 축소는 긍정적

■ 기타 핵심 투자용어 풀이

용 어	내 용
GAAP (일반적으로 인정된 회계원칙)	기업의 재무손익에 대한 재무제표 작성시 신뢰성과 비교가능성 제고를 위해 따라야할 원칙으로 주주중심 미국식 회계원칙. 연결기준 기업실체를 알 수 없다는 단점에도 모기업 영업과 지분법 실적을 구분하는 장점이 존재
IFRS(국제회계기준)	회계처리 및 재무제표의 국제적인 통일성 제고를 위해 국제회계기준위원회에서 제정하는 회계기준, 경영실체 중심 유럽식 회계기준. 연결기준 기업실체를 파악 가능한 장점과 종속회사의 비소유지분까지 합하는 단점이 존재
연결 재무제표	모기업이 실질적으로 지배하고 있는 종속회사를 모기업과 함께 하나의 기업집단으로 보아 개별 재무제표를 종합하여 작성하는 재무제표
종속기업	모기업이 피투자회사의 지분을 50% 초과하여 소유하거나 그렇지 않더라도 실질적으로 지배하는 경우 피투자회사는 종속기업. 연결재무제표에서 재무손익항목을 모기업에 합하여 연결함
관계기업	모기업이 피투자회사의 지분을 20% 이상 50% 미만 소유거나 그렇지 않더라도 실질영향력을 발휘하는 경우 피투자회사는 관계기업. 연결재무제표에서 재무손익항목을 모기업에 연결하지 않고 지분법 만큼 인식함
감가상각비	토지 등 특수자산을 제외한 공장, 기계장치 등 대부분의 유형자산에서 해마다 감소하는 가치분으로 매출원가와 판관비의 비용으로 처리
자본적지출	기업이 미래의 이윤창출을 위해 유형자산 등에 투자하는 비용으로 지출액은 일시 현금 유출되어 자본화되었다가 효익의 발생기간 동안 비용처리
PER (주가수익비율)	공식 : 주가 / 주당순이익(배) 현재의 주가를 주당순이익으로 나누는 수익가치 배수법. 평가원은 절대할인율에 근거한 절대PER 추가교육
PSR (주가매출액비율)	공식 : 주가 / 주당매출액(배) 현 주가를 주당매출액으로 나누는 경기변동형 혹 성장가치 배수법. 평가원은 실적조정에 근거한 절대PSR 추가교육
PBR (주가순자산비율)	공식 : 주가 / 주당순자산(배) 현재의 주가를 주당순자산으로 나누는 청산가치 혹 수익가치 배수법. 평가원은 절대PER에 근거한 절대PBR 추가교육

EPS (주당순이익)	공식 : 당기순이익 / 발행주식수(원) 기업이 벌어들인 순이익을 기업이 발행한 주식수로 나눈 값으로 1주당 창출한 이익을 나타내는 지표
BPS (주당순자산)	공식 : 자본총계 / 발행주식수(원) 기업의 자본총계를 발행주식수로 나눈 값으로 1주당 주주자본을 나타내는 지표. 단, 청산가치를 말할 때는 자본총계에서 무형자산, 이연자산 및 사외 유출분을 차감하여 주식수로 나눔
EV/EBITDA	공식 : (시가총액+순차입금)/이자, 법인세, 유무형자산 상각비 차감 전 영업이익(배) 인수자 입장의 인수비용과 인수 후 현금흐름을 비교한 수익가치 배수법
PEG	공식 : PER / 예상 EPS 증가율(배) 주당순이익 증가율 대비 주가의 고/저평가를 계산하는 방식으로 주로 성장주 평가법
DCF (현금흐름할인법)	향후 기업이 창출할 순 현금흐름을 적정 할인율로 현재가치화하여 영업가치를 평가하는 기업가치평가법. 평가원은 간결한 연금법 DCF까지 교육
RIM (잔여이익모델, 초과이익모델)	현금흐름할인모형의 하나로 자기자본비용을 초과하는 이익의 현재가치와 자본총계를 합하는 가치평가법. 평가원은 간결한 연금법 RIM까지 교육
OWNER EARNING (주주이익)	워렌 버핏, 맥킨지 등이 언급한 실질 주주이익(순이익에서 투하자본증가분을 제외)에 근거한 가치평가법. 평가원은 간결, 합리적인 오너어닝법 교육
듀퐁분해	ROE를 매출액순이익률, 총자산회전율 및 재무레버리지율 등 인수로 나누는 기업활동 분석 툴. 평가원은 8대 재무손익비율 및 듀퐁 7분해 등 심층교육

2

" 주식투자 체계
(격자구조) 및
정통가치투자 공부 "

대한민국 주식투자 성공시리즈
— 현명하게 수익내는 가치투자자가 되기 위한 필독서

실전가치투자 공부편	실전가치투자 활용편
−재무제표 · 재무비율 · 투자공식 −완벽가이드 −글로벌 가치투자거장 분석 −계량가치투자 포트폴리오 −거시경제 가치투자전략 −실전MBA 핵심 −역발상전략 행동경제학	−산업 · 업종분석 −다이어리

■ 실전가치투자 공부편

『대한민국 주식투자 재무제표 재무비율 투자공식』 − 성공시리즈 5
 − 각종 재무제표 및 재무손익비율, 가치평가용어 및 공식, 기타 투자용어, IFRS 핵심정리, 가치투자거장별 주요 재무비율 등 주식투자에 기본적으로 필요한 모든 기업의 언어를 종합적으로 정리

『대한민국 주식투자 완벽가이드』-성공시리즈 1
- 성공을 위한 투자철학과 투자태도, 주식시장평가 및 종목분석, 운용전략전술 등 실전가치투자 체계를 A부터 Z가지 소개하는 종합기본서

『대한민국 주식투자 글로벌 가치투자거장 분석』-성공시리즈 6
- 상대적으로 더 비중을 두는 요소에 따라 저평가, 수익성, 성장성 중심 가치투자 스타일별로 구분하고, 17인의 가치투자대가들을 나눈 후, 각 투자전략전술, 투자공식 등을 구체적이고 심층적으로 정리

『대한민국 주식투자 계량가치투자 포트폴리오』-성공시리즈 7
- 미스터 마켓과 블랙스완을 극복하고 기대수익률 극대화와 손실위험 최소화를 달성하기 위한, 자신만의 체계적인 주식투자운용(포트폴리오 관리) 필독서.

『대한민국 주식투자 거시경제 가치투자전략』-성공시리즈 8
- 체계적인 거시투자 포트폴리오 원칙과 전략에 따라 주식, 채권 등 자산을 배분하고 전술적으로 최적 비중으로 조절하며 누적수익률을 극대화하기 위한, 가치투자자의 거시경제 부문 필독서

『대한민국 주식투자 실전MBA핵심』-성공시리즈 9
- 미시/거시경제학, 글로벌경제학, 기업/사업전략, 경쟁분석, 마케팅, 회계와 재무, 게임이론 등 주식투자자들을 위한 경영학입문 MBA 편, 가치투자자를 위한 심층MBA 핵심개념/용어 편으로 구성된 기본체계서

『대한민국 주식투자 역발상전략 행동경제학』-성공시리즈 10
- 애초에 돈을 잃게 된 군중심리를 역이용하여 수익을 내고, 행동경

제학의 핵심을 알고 손실을 유발하는 '또 다른 나'를 막는 실전가치투자 종합심리전략서

■ 실전가치투자 활용편

『대한민국 주식투자 산업·업종분석』-시리즈 3
- 최초로 전체 업종의 히스토리 및 중장기 특성, 향후 트렌드 등과 주요 업종별로 7~8년의 재무 및 주가추이를 다룬 산업업종분석 종합서

『대한민국 주식투자 다이어리』-성공시리즈 2
- 주식시장 평가(투자매력도) 및 주식비중 조절, 주식의 정량정성분석, 가치평가 및 운용을 위한 각종 양식을 실은 다이어리(1년 중 언제든지 시작가능한 양식)

글로벌투자대가 유망기업 월별리스트
프리미엄 정보서비스 개요

　오직 (주)한국주식가치평가원에서(이하 '평가원') 배타적으로 제공하는 〈글로벌투자대가 유망기업 월별리스트〉 서비스는,
　역사상 최고의 장기투자수익률을 기록했던 가치투자대가들의 투자 스타일과 전략, 그리고 그것을 가장 잘 이해하는 가치평가/기업분석 전문가의 선정 툴을 따릅니다.

　〈대한민국 주식투자 글로벌가치투자거장 분석(류종현 대표 저)〉에서 설명한 역사상 최고의 17명 투자대가들 중 재무손익, 가치지표 등 계량적인 측면에서 주식투자자들이 가장 효과적/합리적으로 최고의 투자성과를 낼 수 있는 네 명의 대가들을 선정하여(데이비드 드레먼, 존 네프, 존 템플턴, 로널드 뮬렌캠프), 대한민국 상장기업들 전체 중 네 명 대가들의 가치투자전략에 따라 최고의 투자후보군(종목)들을 류종현 대표이사가 직접 월별로 선정, 제공하는 정보서비스입니다.
　(일별, 주별, 월별, 분기별 리스트 중 가장 '투자기회를 살리는 효용'은 높고 '잦은 매매의 손실'은 적은 편이 월별 리스트임)

　구체적으로 수석 기업가치평가사이자 가치투자자협회 부회장, 한국M&A투자협회의 집행이사인 (주)한국주식가치평가원 류종현 대표이사가 총괄, 전담하여

1. 데이비드 드레먼, 존 네프(이 둘은 저평가 중심 가치투자 스타일 거장), 존 템플턴, 로널드 뮬렌캠프(이 둘은 수익성 중심 가치투자 스타일 거장) 등 투자대가 별로 상이한 계량적 기준(재무지표, 손익지표, 가치지표 기준)으로 직접 엄선, 선정하되,

2. 추가로 (주)한국주식가치평가원 류종현 대표이사만의 '공통의 기초 재무손익 비율'과 순이익 흑자 조건(최근 4분기 합산 기준)을 적용하여, 네 명의 투자후보종목군들을(상장사 전체 중 각 대가별로 TOP 30) 매월 한 번씩 가려냅니다.

3. 그리고 전월 말일 종가 기준으로 선정하여 매월 1일 혹은 첫 번째 개장일 개장시간 전에 회원들께 예약메일로, 최고의 유망기업 투자후보군들(거장 별로 top 30개, 전체 120개) 파일을 송부합니다.

4. 또한 중장기적으로 최고의 투자효용 및 투자성과를 유지하기 위해서,
한국가치투자자협회 소속 가치투자 카페 회원들, (주)한국주식가치평가원 회원들, 한국M&A투자협회 회원들 등 7만 명에 가까운 가치투자자들과, 그 외의 대한민국 주식투자자들 중에서
류종현 대표이사가 총괄, 전담, 선정하는 프리미엄 정보서비스를 오직 선착순 400명의 회원까지만 접수받고 일체의 추가접수 없이 마감할 예정입니다.

5. 대한민국 주식투자자(주식초보, 주식입문자도) 누구라도 중장기적으로 최고의 수익률을 쌓아나가는데 어려움이 없도록, 월별로 메일 송부하는 첨부파일에는 투자대가별 top 30 종목들과 각종 재무손익 가치지표 수치들 뿐만 아니라
〈어떻게 월별로 종목 포트폴리오를 운용하는지〉 그대로 따라하거나 참조할 수 있는, 쉽고도 간단한 운용팁을 교육차원에서 정리했습니다.
(12, 24, 36개월 등 장기서비스 신청시 운용팁에 따라 활용가능한 종목운용 엑셀양식도 함께 메일 송부)

6. 〈글로벌투자대가 유망기업 월별리스트〉 장기 회원 우대정책

〈글로벌투자대가 유망기업 월별리스트〉 정보서비스를 장기신청(24개월 및 36개월)하신 회원들께는
  신청하신 기간 중 2개월차부터 남은 서비스 기간까지 〈업종 재무손익가치지표 월별 종합정보〉를 함께(별도 신청과정, 추가비용 없이 자동으로) 첨부하여 보내드립니다.
  그러므로, 두 가지 정보서비스를 모두 제공받고자 하는 회원께서는,
  현재 선착순 400명으로 접수 중인 〈글로벌투자대가 유망기업 월별리스트〉를 36개월 혹은 24개월 기간 동안 신청하셔서, 서비스 2개월차부터 〈업종 재무손익가치지표 월별 종합정보〉까지 받으시기 바랍니다.

업종 재무손익가치지표 월별 종합정보
프리미엄 서비스 개요

평가원에서 제공하는 〈업종 재무손익가치지표 월별 종합정보〉 서비스는 50개가 조금 못 되는 세부업종들에 대해서(세부업종 내 상장 종목 수가 10개 이상인 대부분의 세부업종) 재무손익가치 지표군들을 월별로 제공하며, 주요 재무손익가치 지표별로 세부업종들의 순위를 제공하는, 국내 가치투자업계 유일의 월별 업종 종합정보 서비스입니다.

50개가 조금 못 되는 각 세부업종별로
- '업종 PER, 업종 PBR, 업종 PSR, 업종 예상배당수익률, 업종 ROA, 업종 ROE' 등

저평가 정도와 자본수익률 정도를 정리하며,
- '업종 영업이익률, 업종 순이익률, 업종 부채비율, 업종 이자보상배율, 업종 매출액증가율, 업종 순이익증가율' 등

수익성, 안정성, 성장성 지표를 정리합니다.

위와 같이 세부업종별 재무손익가치지표를 정리하는 것에 그치지 않고, 상대적인 투자매력도를 판단할 수 있는 몇 가지 재무손익가치 지표별로 세부업종들의 순위를 매겨서 제공합니다.
- '업종 PEG비율(PER/순이익성장률) 순위, 업종 ROE/PBR 순위, 업종 PBR 순위, 업종 예상배당수익률 순위' 등

수익성장성 대비 저평가 기준, 단순 저평가 기준, 예상배당수익률 기준 등으로 상대적인 순위를 매깁니다.

그러므로, 대한민국 주식투자자, 가치투자자들께서는 〈업종 재무손익가치지표 월별 종합정보〉를 통해서

1) 개별 세부업종들의 각종 유용한 정보를 얻을 수 있고,
2) 개별 세부업종들의 과거 대비(서비스 이용기간 중 과거자료) 각종 지표들의 추이(개선, 악화 등)를 볼 수 있고,
3) 세부업종 간에 다양한 재무손익가치 지표들을 비교해서 볼 수 있고(업종별 비교)
4) 개별기업들을 분석하고 투자하기 전에 투자매력도가 상대적으로 높은 업종들을 파악하기 위해, 효과적인 몇 가지 지표들을 기준으로 세부업종별 순위를 파악할 수 있을 것입니다.

※ 대한민국 가치투자자들의 중장기적인 기대수익률은 극대화하고 손실위험은 제로에 수렴하도록 감소시키기 위해서, (주)한국주식가치평가원에서 제공하는 두 가지 정보서비스의 보다 구체적인 내용, 효용 및 활용법, 비용 등 자세한 내용은 평가원 홈페이지의 팝업과 공지사항(www.kisve.co.kr) 등을 참조하시기 바랍니다.

한국주식가치평가원 실전가치투자 교육

주식투자를 통해 지속적이고 안정적이면서도 상대적으로 높은 수익률을 창출하기 위해서는 '주식투자의 체계(격자구조)'를 배우고 이에 따라 투자해야만 합니다.

그리고 유망한 관심기업의 사업모델을 이해하고 재무손익비율을 입체적으로 이해하며 적정주가를 스스로 산정할 수 있을 때 비로소 수익률이 극대화되는 것입니다.

왜냐하면 사업구조와 재무손익비율, 그리고 가치평가 능력은 주식투자자에게 마치 날개를 달아준 것과 같이 자신감과 안정감, 그리고 탁월한 성과를 약속해주기 때문입니다. 이하 주식투자 체계를 한 눈에 볼 수 있는 그림과 주식투자체계를 익힐 수 있는 정규 실전투자교육을 소개합니다.

또한, 평가원은 보다 많은 투자자들을 만나고 지방에 거주하시는 투자자들도 쉽게 접할 수 있는 교육을 제공하기 위해서, 서울지역에서만 진행했던 교육과정을 온라인 교육으로 전환할 예정입니다.

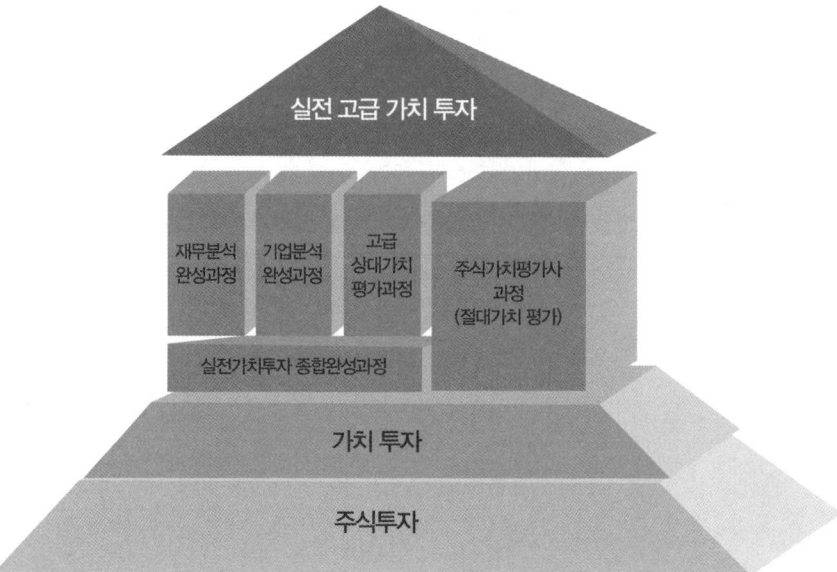

■ **실전가치투자 종합완성 과정 : 재무/기업 분석, 고급상대평가**
※ ㈜한국주식가치평가원 홈페이지에 방문하시면 교육 수강후기를 확인하실 수 있습니다.

구분	주차	주제	세부 주제
재무 분석 완성	1주차	재무분석, 기업분석, 고급상대평가 개괄	기업가치 상승구조 및 순서 (사업, 자산, 매출, 비용, 레버리지, 나선형 성장, 순익) 기업(재무 포함)활동과 3대 재무제표 관계 이해 / 4대 재무손익비율 관계 이해 기업가치 이해 (안정성, 수익성, 성장성 등 내재가치) 및 기업활동과 주가 : 기업설립(사업) – 전략 및 활동 – 사업보고서와 실적 – 주가 기업활동에 따른 투자수익률 이해 – 기업활동과 투자수익률 기본(ROIC, ROA, ROE, 소수주주 및 대주주 매력도) – 비교적 높은 주가상승률의 기업필요조건, 매우 높은 주가 상승률의 기업필요조건 기업가치의 기반(자산가치, 수익가치, 성장가치 등을 모두 포함) 기업의 가격변동성(주식 한 주의 가격, 기업전체 가격, 내재가치) 및 경기변동형, 경기비변동형 사례 가치평가(적정주가 산정)의 목적(복리투자수익, 1회성 투자수익 및 복합수익률)
		주요 재무제표 및 세부 재무항목 심층 이해	재무상태표, 포괄손익계산서, 현금흐름표 등 재무제표의 체계적인 이해 (3대 재무제표 관계 확립) 재무상태표 종합 이해 자산, 부채, 자본 각각 종합 이해, 주요 항목별 핵심의미, 영업/비영업 계정 구분 등 – 유동자산, 비유동자산, 유동부채, 비유동부채 세부항목 등 – 자본금, 자본잉여금 / 이익잉여금 / 자본조정 및 기타포괄손익누계, 지배지분 자본 손익계산서 종합(수익과 비용) – 매출액 / 매출원가 및 매출총이익 / 판관비 및 영업이익 (2대 비용의 차별적 성격) – 지속성 있는 영외손익 항목 / 순환하는 영외손익 항목 (이익변동성 제거, 버핏 주주이익) 현금흐름표 종합(발생주의와 현금주의의 쉽고 명확한 개념 정리) – 영업활동, 투자활동, 재무활동 현금흐름의 주요항목별 유기적 이해 (재무손익 관련) – 기업의 성장단계별 현금흐름특성, 투자적격여부, 분식회계 감지법 (매출채권, 재고자산, 무형자산)

구분	주차	주제	세부 주제
재무 분석 완성	2주차	고급 재무비율 분석 및 주식수익률 이해 (사례 훈련)	재무비율 통합 이해 - 8대 고급재무비율(4대 재무비율을 기본으로)의 유기적 이해 및 주식투자수익률 관련 설명 기업 사례(2개 기업)를 통한 8대 고급재무비율의 체계적 이해 - 안정성 재무비율의 핵심 이해 및 실전의미, 주요비율 구체적 기준 수치 등 - 수익성 재무비율의 핵심 이해 및 실전의미, 주요비율 구체적 기준 수치 등 - 활동성 재무비율의 핵심 이해 및 실전의미, 주요비율 구체적 기준 수치 등 - 성장성 재무비율의 핵심 이해 및 실전의미, 주요비율 구체적 기준 수치 등
		IFRS 완전정복 및 지배지분 활용	IFRS 개괄 (기준과 특징, 투자자 영향, 연결재무제표 도입, 종속기업 이해) IFRS 기준 3대 재무제표 (재무상태표, 포괄손익계산서, 현금흐름표 변화 및 중요 포인트, 지배지분 등 간결한 완벽이해, 기타포괄손익, 주석정보의 증가와 활용법 재무제표 개별 항목 주요 변화(GAAP 대비 IFRS 변화) 및 가치평가 기준(지배지분) 정리 - 금융자산, 환율, 자산재평가, 매출인식, 재고자산, 대손충당금, 영업권, 개발비 / 주석 정보 활용법 지배지분의 구성 이해(지배기업, 종속 및 관계 일부) / 재무손익분석, 주가산정 등 지배지분 활용 자산 및 부채, 손익(재무상태표와 손익계산서) 등 주요 항목 (영업 vs 비영업 / GAAP vs IFRS)
		투자지표와 재무비율, 한국주식가치 평가원 고급 실적조정/ 추정 및 전문 스크리닝	본질적 투자지표(수익률과 복리) 및 부가적 투자지표(대주주 매력도)가 주식수익률 좌우 본질적 투자지표 : ROIC(IC증가), ROA, ROE, 유보율 혹 재투자율의 관계와 공식들의 의미 부가적 투자지표 : EV, EBIT(D)A, EV/EBIT(D)A의 실질 의미와 용어(공식)의 의미 고급 재무손익추정법과 실적조정법 - 비용률의 심층적 이해와 KISVE 전문(체계적, 간단) 실적조정법 - 경기변동성을 합리적으로 제거한 실적조정(영외손익 뿐 아니라 영업손익까지) 한국주식가치평가원 전문 스크리닝 툴 설명 - 기업수익률, 주주수익률, 소수주주 및 대주주 가치 등 최고의 스크리닝 산식 설명

구분	주차	주제	세부 주제
기업 분석 완성	3 주 차	내부자 기업활동 이해 및 사업보고서 (심층사례 분석)	기업가치와 비즈니스 시스템 (비즈니스 시스템 > 고객 부가 가치 > 수익창출 > 내재가치) 비즈니스 시스템 이해(실전분석 도구로써 기업사례 제시) - 연구개발, 제품기획, 제품조달, 제품제조, 영업 및 판매, A/S 등 유지관리 등 활동별 핵심개념 정리, 재무제표 수치사례, 사업보고서 및 홈페이지 참조 사례 제시. - 기업실제 내부활동 사례를 설명하여 경영자의 관점을 쉽 고 체계적으로 이해 / 기업별 KSF(핵심성공요인) 구분 투자자가 알아야할 사업보고서 핵심구조 및 주요 항목 이해 - 사업보고서 이해과정(사업, 경쟁력, 스프레드, 영업자 산, 자본배분, 주주친화, 인적자산 분석 등) - 실제 기업사례를 들어 사업보고서 분석과정을 훈련 (항목 별 사업보고서 대조 및 심층해석 설명)
		워렌버핏 및 필립피셔 분석툴 (심층사례 분석)	워렌버핏의 기업분석 프레임(3분류와 10항목, 실제 투자대 가 관점, 기업사례 강의) - 사업, 재무, 경영 3분류별 10가지 항목의 유기적인 이해, 개인 및 기관투자자 시사점(교훈) 필립피셔의 기업분석 프레임(3분류와 15항목, 실제 투자대 가 관점, 기업사례 강의) - 사업, 재무, 경영 3분류별 15가지 항목의 유기적인 이해, 개인 및 기관투자자 시사점(교훈) ※ 각(10~15) 항목별 실제 사업보고서, 홈페이지, 재무자 료(네이버 금융, FN가이드 등) 설명
		한국주식가치 평가원 심층 기업분석 프로세스 (심층사례 분석)	'KISVE 심층 기업분석 프로세스(5~6단계)' 체득을 위한 실 제사례 분석 (분석의 깊이는 높이고 시간은 줄이는 최고의 분석 프레임으 로, 각 프로세스 별 실제 상장사들의 사업보고서, 재무손익 데이터, 홈페이지, 핵심 자회사 중 비상장사 자료까지 분석) - 비즈니스 분석 (연혁과 현황, 제품과 원재료 비중 및 가 격, M/S, 판매처와 매입처, 매출과 가동률, 설비투자 및 R&D) - 계열회사 확인 (계열회사 비중 및 순익추이, 상장-비상장 공통 재무손익비율 검토) - 지배구조 검토 (최대주주, 자사주 및 배당, 임원) / 직원 및 기타 주의사항 한국주식가치평가원 약식 Frame 제공(실전분석에 활용할 최고의 도구) 기업분석 추가포인트(BW, CB 등 주가희석요소의 핵심 및 희석(가치하락)비율)

구분	주차	주제	세부 주제
기업 분석 완성	4 주 차	기업분석 작성자 기준 사례 전문분석자 사례 상장기업 전체 6분류	상장사(들)에 대한 기업분석 심층 참조 (작성자 기준의 사업계획서 사례) - 국내 상장사의 사업보고서 작성기준 이해 (규정된 작성자 기준의 실제보고서 양식 참조) 기타 분석 전문가/아마추어 리포트(기본적 비즈니스 모델에 충실 vs 최근 이슈 해석에 충실) 참조, 성장, 이익변동성 등에 따른 상장기업 6분류법(분류별 기업들의 투자매력도와 투자전략, 리스크)
		기업분석 정보 체계 (응용) 및 내부자 경영 전략, 고급분석 도구 (심화)	기업분석 정보체계 및 의미(주가, 오픈된 정보인 2차 정보, 미공개 현장정보인 1차 정보, 단계별 자료 참조 실습(실제 어디로 접속하여 어떤 자료를 얻는지 구체적 심층설명) - 2차 정보 (사업보고서, 증권사 리포트, 기업 홈페이지, 업종협회, 통계자료 수집 및 분석) - 1차 정보 (장점과 유의점, IR담당, 매장, 기업현장, 경쟁사 및 전후방업체 IR 담당 등) 내부자 관점 기업분석툴 (외부환경에서 기업의 입지, 제품전략에 이르기까지 사례분석) - 기업분석 능력을 높여주는 3C 분석, 5 Force 분석, 경쟁전략에 따른 SWOT, PPM 기본분석 - 트렌드 분석(변화의 원인), 이익방정식(일목요연한 이익분해)으로 향후 실적 시나리오 전망, 손익분기점 공식 간단이해 및 업종별(변동비형, 고정비형) 투자전략 이해.
		재무, 기업분석 격자구조 확장 및 완성 (투자대가들의 재무, 기업 중점요소, 해자 및 독점)	고급재무분석 격자구조 확장 - 존 네프, 벤저민 그레이엄, 워렌버핏, 마리오 가벨리 등 각 대가들의 재무분석 툴(공식)과 활용법 - 마법공식 심층 장단점 이해 및 한국주식가치평가원 전문 스크리닝 공식 정리 광의적 기업분석 격자구조 확장(기업분석 대가 배우기, 경제적 해자와 독점 분석) - 필립피셔 (사실수집, 투자기업 분류, 주식시장의 힘, 피해야 할 잘못, 성장주 발굴법) - 랄프웬저 (소형주의 실질매력과 리스크, 산업/기술의 수혜, 강소기업의 핵심 지지대) - 경제적 해자(해자의 정의와 원천, 심층분석) / 독점의 기술(자산독점과 상황독점, 독점 방어벽 등)

구분	주차	주제	세부 주제
고급 상대평가 완성	5주차	가치평가도구 개괄 및 고급 상대평가 (실적 및 배수 조정)	가치평가 핵심개념 및 실전공식 등 의미설명(주주기준, 기업기준, 수익률 기준) 적정주가산정(가치평가) 도구 이해 (하나의 체계적인 프레임으로 쉽게 이해) - 가치평가기간별 3방식, 가치평가방법 3방식, 가치평가주체 3수준 - 가치평가 기준이익 혹 자본의 기준수치(언제 수치를 쓸 것인가) 결정 상대가치 이해 및 고급상대가치 - 기본적인 배수법 및 실적 변동 이해 / 복합비교 배수법 조정 및 실적조정법(영업사이클 조정)이해 * 하나의 프레임으로 여러 가지의 밸류에이션(적정주가산정) 도구를 마스터 : PER, PCR, PSR, ROE(듀퐁분해, KISVE 고급분해)와 PBR(기본, 응용 PBR), PEG비율(실전활용), 존 템플턴 5년이익 PER, EV/EBIT(D)A(인수자 기준), 조엘 마법공식, KISVE 절대 스크리닝
		고급 상대평가 (실적, 배수 조정) 사례/실습	본격 상대가치 훈련(현재실적과 현재배수 대신, 조정실적과 복합비교 배수법) 조정실적(기본 : 영외손익 조정, 고급 : 경기변동/비변동 따른 영업사이클 조정) 복합비교 배수법(중급 : 역사적 밸류에이션, 고급 : 필요시 기타 업종내 비교) PER - 심층이해를 통한 실전 상대가치 PER (보조지표 PCR) / PSR - 실전 상대가치 PSR PBR - 청산시 자산항목별 간단계산비율, 한국주식가치평가원 입체 PBR(수익가치 프리미엄) ROE(듀퐁 3분해, 변동성 한계) - 한국주식가치평가원 고급 3분해로 유지가능한 ROE로 조정 전문 PEG비율(공식 심층이해 및 활용 요건) & 전문 템플턴 5년이익 PER EV/EBIT(D)A 의미와 활용(강력한 보조지표) / 조엘 마법공식 & 한국주식가치평가원 절대 Screening
		고급 상대평가 전용 밸류에이션 엑셀파일 실습	고급상대가치평가 과정 전용 엑셀파일(실적조정 및 고급상대평가, KISVE 지재권)로 실제 관심기업의 영업, 영외손익을 조정(외국계 기관 수준), 고급상대평가를 경험하여, 관심종목의 적정주가를 계산
		스노우볼 기업 (관심기업) 재무, 기업 분석 및 가치평가 -수료 후 전원 과제제출	KISVE 고급재무분석 프레임, 기업분석 심층 프로세스로 관심기업을 분석, 고급상대평가(실적조정, 적정배수)로 적정주가를 계산하여, 전 수강생 과제제출(각 과제별 평가원 1page 리뷰).

■ 주식가치평가사 자격증 과정 : 절대가치평가, 할인율

※ ㈜한국주식가치평가원 홈페이지에 방문하시면 교육 수강후기를 확인하실 수 있습니다.

주차	주제	세부 주제
1주차	밸류에이션 (주식가치 평가사) 개괄	가치와 가격 (내재가치, 실적, 기업전체가격, 주식가격, 거래와 투자) 기업가치의 특성 (물건-현금-상품-기업, 경기변동/비변동 기업) 기업가치 상승구조 (법인격, 유기체의 나선형성장 및 비용률 감소로 인한 이익률 상승) 주가와 기업가치의 관계 (자본수익률과 할인율, 이익의 안정성, 지속성, 성장성) - ROE, ROA, ROIC 등 유기적 이해 주가와 기업가치평가의 이해(자본 및 이익기반 가치평가, 현재가치, 할인율, 성장률)
	재무분석 및 기업분석 핵심 (참고사이트 포함)	재무상태표, 포괄손익계산서, 현금흐름표 등 재무제표의 간결한 이해 (기업의 설립/활동 이해를 통해, 3대 재무제표 의미 및 관계 명확히 확립) 재무제표별 항목 이해 (중요 영업관련 항목, 발생주의와 현금주의, 기업성장단계 지표) 각종 재무비율 의미 (안정성/수익성/활동성/성장성의 기본의미와 중요도) IFRS 핵심이해 (연결시기와 종속기업), 밸류에이션 기준 수치(지배지분 자본, 순익) 기업분석 개괄(분석의 이유와 분석 기반자료 등) 사업보고서 구조 및 주요 항목 (사업, 주주구성, 관련기업, 임직원 등) 한국주식가치평가원 기업분석 프로세스 핵심 (5~6단계 체계적 프로세스) 기업분석 부가훈련(각종 증자, 하이브리드 사채) 및 정보사이트

주차	주제	세부 주제
2주차	가치평가도구 개괄 및 절대평가법 안내 (절대할인율)	평가도구 이해(체계적인 프레임) 및 가치평가도구 효용 이해 - 가치평가기간별 3방식, 가치평가방법 3방식, 가치평가주체 3수준 - 접근주체(주주자본접근, 기업접근)별 기업가치의 차이 - 할인율(유사위험도 리스크, 금융공학 WACC과 실질 절대할인율)과 영구성장률 - 가치평가 기준이익 혹 자본의 기준수치 결정 절대가치평가의 선행작업(기업의 사업내용, 재무분석 등 조사) 투자자의 무기고, 절대 평가도구 설명(가치평가방식 3방식 분류, 비상장과 상장가치) - IRR, NPV, 고든법(DDM), 절대 PER, PCR(PER 보조), 절대 PSR, 절대 PBR(수익가치, 고급분해), ROE 분해(듀퐁 3분해 및 KISVE 절대 7분해), DCF(3가지 간단 응용), EV/EBIT(D)A (기업기준), RIM(DCF 진보), EVA와 MVA 이해, 일부 M&A공식, PEG비율, 버핏 오너어닝(3가지 간단 응용), 조엘 그린블란트, 템플턴 5년이익 배수법, 한국주식가치평가원 Valuation 등 200여 가지 주요 툴 (많이 배우되, 체계화하고, 가장 효과적인 3~4개의 밸류에이션을 주로 활용하게끔 훈련)
	배수법과 절대가치평가 이해	배수법은 표면적으로 상대가치, 근본적으로 절대가치(절대할인율 관련 넓고 깊은 이해) 절대할인율 - 할인율 실전/공식 이해, 채권성 우량주 할인율 범위, 전 종목 할인율 범위 절대 PER - 배수법 이해 및 절대가치화, 할인율과 성장률, 금융공학과 투자대가 의견 PCR - PER의 보조지표(발생주의와 현금주의) 절대 PSR - 심층 이해 및 분해, 경기변동고려 각종 비율 조정법 간단이해 PBR (청산가치) - 재무상태표 항목별 공정가치(청산 위한) 산정 이해 절대 PBR(수익가치-입체분석) - 강력한 툴, 한국주식가치평가원 입체 PBR(자본수익률, 재투자율, 할인율 및 성장률) PBR 프리미엄의 근거, ROE (듀퐁 3분해, 한국주식가치평가원 조정 3분해 혹 7분해), EV/EBIT(D)A 효용 및 취약점, 계산법 등 (CAPEX의 주기성과 워렌버핏, 맥킨지)
	주식가치 평가사 전용 밸류에이션 엑셀파일 실습	주식가치평가사 자격증 과정 전용 엑셀파일(각종 절대평가, 자본수익률 및 할인율)로 기본적인 고든법과 실제 관심기업의 절대 PER, 절대 PSR, KISVE 절대 PBR(수익가치 PBR 테이블, 듀퐁 분해와 심층분해 포함), EV/EBITDA 등 내재가치, 즉 절대평가를 경험하여, 실전투자이론을 더욱 구체적으로 이해

주차	주제	세부 주제	
3주차	DCF 프레임 1부	정의 및 전체 프로세스 - DCF 방식 정의, 전제, 접근법, 간단프레임 - 영업가치(잉여현금), 비영업가치, 약식 사례 - DCF 전체 프로세스(5단계) 과거실적 분석 - 재무제표 재분류, 용어이해 - 이익률 및 재투자율, 감가상각과 CAPEX 자본비용 추정 - 금융적 WACC 이해 및 베타(한계점)개념 - 실질 절대할인율 이해 및 투자대가 기술	DCF 이론의 체계적 이해를 통해 다른 주식가치평가 이론의 구조를 철저히 이해함 - 20여 가지 전문 가치평가법을 함께 심도 깊게 이해가능
	DCF 프레임 2부	미래실적 예측 - 거시환경 및 지표, 산업 및 수급, 경쟁 - 시나리오 및 매출, 성장률 추정 및 검토 잔존가치 추정, - 영업가치 중 잔존가치 개념, 단일/다기간법 - FCF 및 IC 잔존가치의 타당성 결과의 산출 및 해석	
	DCF 평가 실제사례	양수도 건에 대한 DCF 실제 산정 사례(기업명 비공개) 1건 및 인수합병 건에 대한 DCF 실제 산정 사례(기업명 비공개) 1건 소개 및 설명	

주차	주제	세부 주제	
4주차	신조류 (절대평가) 평가법	RIM (DCF의 진화, RIM 개념 및 효용, RIM과 간단연금법 RIM 공식 및 사례 설명) 올슨모델 (초고급 RIM, 평균회귀, 지속성 계수), 주주귀속현금흐름 모델(맥킨지, 버핏과 KISVE) EVA와 MVA (기업기준의 RIM 유사개념, 참조) 행동재무론 (비합리 행동, 반전 및 모멘텀)	한국주식가치평가원의 정통 실전투자이론 교육을 통한 효과 – 그간 핵심적인 내용에 있어서는 베일에 쌓여있던 심도깊은 이론들을 일목요연하고도 쉽게 이해함 – 최종적으로, 강력한 자신만의 몇 가지 무기를 습득하기 위한 자연스러운 사고의 확장 과정을 거침
	주요 업계 평가법 (절대평가)	존 템플턴 (숫자, 확률의 투자자, 5년주가이익 배수법, 성장주와 평균회귀), PEG (피터 린치, 과거분석, 핵심이익 모니터), M&A 가치평가 2 사례, SOTP (의미, 유의), KISVE 절대(입체) PBR (ROIC, ROE 심층분해) 조엘 그린블란트 (마법공식 개념 이해, 장단점) 워렌 버핏 평가(흐름, 연금, 효율배수법) 설명 한국주식가치평가원 절대평가 Valuation (사업, 수익, 절대평가 안전마진 및 대주주 매력도)	
	주식가치 평가사 전용 밸류에이션 엑셀파일 실습	주식가치평가사 자격증 과정 전용 엑셀파일(각종 절대평가, 자본수익률 및 할인율)로 RIM, 존 템플턴, 등 내재가치, 즉 절대평가를 경험하여, 실전투자이론을 더욱 구체적으로 이해	

주차	주제	세부 주제
5주차	거시환경과 심층 시장평가 및 고급 포트폴리오	경기(선행,동행,후행). 경제성장률, 민간소비, 금리(무위험수익률)와 주식시장(자료참조법) 간단 증권시장 4국면(구분, 특징, 심리) 심층 시장평가 (기본-절대수익비교 FED모델, 보조-GDP 비율, 고급-KISVE 조정 PBR), 포트폴리오 고급 운용법 (시장평가 기반한 자산배분 및 시장등락 허위 시그널 읽기, 바텀업(꽁초투자, 스노우볼 투자)/톱다운(성장주, 경기변동주) 방식별 주식운용 전략, 종목수, 매매절차 및 모니터링
	행동금융학 이해, 리스크 관리 4단계 및 심층 스노우볼 투자	행동금융학 이해(손실로 이어지는 심리와 행동패턴을 파악, 극복) – 과도한 자신감, 과잉반응과 반응부족 등 11가지 항목 설명(극복), 워렌버핏 사례 리스크 관리 4단계(워렌버핏, 케인즈, 계량관리, 조지 소로스 등 단계별 전략과 선택) 스노우볼 종목 유형 구분(거래형, 현금형, 성장형, 전환형)과 투자전략/기술
	발표 및 조언 (신조류, 업계, 한국주식가치평가원 등)	신조류와 업계, 한국주식가치평가원 방식 등 4주차 강의까지 배운 적정주가 산정법(밸류에이션)을 모두 활용하여 전 수강생 과제 제출(각 과제별 평가원 1page 리뷰) 발표자 가산점 및 평가원 대표 조언, 깊은 수준의 실전 가치평가 훈련을 경험
	자격증 시험 (투자체계 최종정리, 복습)	5주간에 걸친 주식가치평가(절대평가) 과정 내용을 단기간에 효과적으로 재정리하여 중급 수준 이상의 한국주식가치평가원 전문투자자로 완성, 시험을 통해 실전투자이론 실력을 복습하고 점검하는 과정을 마침

전문가 추천

"어느 분야에서 정상에 오른다는 것은 정말 축복받은 것이다. 더욱 축복받는 것은 그 정상에 오른 사람과 함께 한다는 것이다. 여러분들이 류대표의 지식과 경험을 공유한다는 것은 정말 축복받는 것이다."

- 가톨릭대 경영학부 김종일 교수
(한국기업평가원 수석자문위원, 한국/미국공인회계사,
McKinsey Valuation 대표역자, 前 굿모닝신한증권 임원 등)

"지금까지의 주식투자 및 가치평가 교육 중 수준과 내용, 모든 면에서 최고이다."

- 스틱인베스트먼트 엄상률 상무(前 삼성전자)

"KISVE의 투자교육으로 당신의 투자실력은 노도광풍처럼 성장할 것이다."

- 하이투자증권 파생상품운용부문 박형민 이사

"투자실패의 근본적 원인을 알고 싶다면 류대표의 실전투자교육이 반드시 필요할 것이다."

- 저축은행중앙회 최병주 이사

"전문적인 주식(기업)가치평가를 정통으로 배우려면 필히 류대표의 투자교육을 받아라."

- 이스트브릿지 파트너스 김기현 상무

"개인투자자들이 기관투자자 이상의 투자체계를 체계적으로 쉽게 확립할 수 있는 방법은 한국주식가치평가원 류대표의 강의 외에는 없다."
- NH농협생명 투자운용부 펀드매니저 이은원 과장
(前 유리자산운용, VIP투자자문)

"공인회계사조차 인정하는 가치평가와 IFRS 부문 최고 전문가인 류대표님의 강의에 집중하라."
- 양원모 공인회계사(現 서울기술투자, 前 이상기술투자 투자팀장)

"류종현 대표님의 강연은 기업가치 평가와 IFRS의 깊이 있는 실전이론을 배울 수 있는 시간이 될 것이다."
- 현명한투자자들의모임 구도형 대표(가치투자 재야고수 좋은습관)

"실전과 이론을 정통으로 섭렵한 류대표님의 강의는 주식투자자들에게 정말 강력한 도구를 제공할 것이다."
- SNU VALUE(서울대 투자동아리) 前 회장 황인혁

★ 수많은 수강생들의 수강 후기는 (주)한국주식가치평가원 홈페이지의 'KISVE 투자교육' 중 '수강후기'를 참조하시기 바랍니다.

(주)한국주식가치평가원 홈페이지(www.kisve.co.kr)
무료회원 대상 주요 콘텐츠 소개

★ 전문칼럼
– 실전투자공식과 증권시장 응용, 활용법을 교육을 통해 배우는 것도 중요하지만, 투자실력을 전진하게 하는 기본마인드 자체를 구축하는 것도 부수적으로 필요합니다.
각종 기본적인 가치투자의 태도와 투자철학을 배양시키기 위한 전문칼럼은 지금 당장은 물론 오랜 기간에 걸쳐 지속적으로 투자태도와 철학에 좋은 영향을 줄 수 있는 내용들을 정리했습니다.

★ 투자의 거장소개
– 필립 피셔, 피터 린치 등 유명한 투자거장에서부터, 골드만삭스 등 투자기관 출신 애널리스트, 경영대학의 증권투자부문 전문 교수 등 알려지지 않은 작은 거장에 이르기까지, 크고 작은 투자전문가의 조언 중 평가원의 내부적 판단에 따라 회원들이 참고하고 배울 만한 내용을 간단히 소개합니다.

★ 증권시장 평가
– 단기적으로 큰 의미가 없을지라도 중기적 이상을 보면 반드시 큰 의미가 있는 국내 증권시장의 대략적인 고평가/저평가 수준을 한 달이라는 주기를 두고 가장 쉬운 방법에서 가장 합리적인 방법에 이르기까지 세 가지 방법으로 간략하게 정리합니다.
시장 전체가 싼지 비싼지 파악하는 행위는 주식비중을 늘려야 할지 줄여야 할지 등을 결정할 수 있는 근거가 되는 것입니다.

★ 주식기본용어
– 평가원에서는 홈페이지에서 가장 기본적인 주식용어들의 설명을 통해 입문자들의 주식투자용어 이해를 돕고 있습니다.

3

"실전가치투자
특강 수강증
(한국주식가치평가원)"

실전가치투자 특강 수강증

「대한민국 주식투자 재무제표 · 재무비율 · 투자공식」을 저술한 (주)한국주식가치평가원 류종현 대표이사가 강연하는 특강에 본 수강증을 지참하시면 무료로 수강하실 수 있습니다.
반드시 수강증을 지참하시어 무료로 특강을 수강할 수 있는 혜택을 꼭 누리시기 바랍니다.
자세한 강연내용, 일시 및 장소는 (주)한국주식가치평가원 홈페이지(www.kisve.co.kr)를 참고하시기 바랍니다.

- 신청방법 : 특강신청기간(매년 실시) 동안 customer@kisve.co.kr로 성함과 휴대폰번호를 남겨주시면 신청이 완료되며, 접수확인 후 SMS로 회신해드립니다.
- 특강당일 본 수강증을 절취하여 제출하시기 바랍니다.
- 홈페이지를 방문하시면 연간교육일정을 통해 특강날짜를 확인하실 수 있습니다.
- 특강주제, 일정, 장소 등 자세한 내용은 홈페이지의 공지사항을 참조해주시기 바랍니다.

성   함 :
휴대폰 번호 :
※ 본 수강증은 반드시 원본만 유효하며, 복제를 금합니다.

(주)한국주식가치평가원